吴敬琏集

现代公司与企业改革

吴敬琏 著

中国出版集团 东方出版中心

图书在版编目（CIP）数据

现代公司与企业改革 / 吴敬琏著. -- 上海 : 东方出版中心，2025. 7. --（吴敬琏集）. -- ISBN 978-7-5473-2778-4

I. F279.21

中国国家版本馆 CIP 数据核字第 20253E47H6 号

吴敬琏集 · 现代公司与企业改革

著　　者　吴敬琏
丛书策划　陈义望
项目统筹　郭银星
责任编辑　李　琳
特约编辑　刘亚萍
装帧设计　钟　颖

出 版 人　陈义望
出版发行　东方出版中心
地　　址　上海市仙霞路345号
邮政编码　200336
电　　话　021-62417400
印 刷 者　徐州绪权印刷有限公司

开　　本　710mm × 1000mm　1/16
印　　张　23.75
字　　数　260千字
版　　次　2025年8月第1版
印　　次　2025年8月第1次印刷
定　　价　128.00元

《吴敬琏集》总序

1930年，我在一个青年知识分子家庭里出生。不幸的是，我刚满一岁，父亲就因肺结核去世。在出身于有几代民族资产阶级传统的家庭的母亲的哺育下，我从少年时代就开始接触“怎样才能振兴中国”这个好几代中国人魂牵梦萦的问题。那时，我的理想是科学救国和实业救国，以为依靠现代科学与技术就能够发展起现代工业，抵御洋人的坚船利炮和货物倾销，建设富强的中国。至于要依靠什么样的社会制度来实现这种理想，我却几乎完全没有思考过，以为沿着先人们的足迹，在当时的制度下发展现代产业，似乎是顺理成章的。特别是在1945年下半年国共两党在谈判中达成和平建国的“双十协定”和1946年1月政治协商会议根据中国共产党提出的《和平建国纲领草案》通过了《和平建国纲领》之后，我更加相信这条道路走得通。

在我即将跨进成年人门槛的时候，这一切却急剧地改变了。

1946年2月，我在重庆目睹了国民党顽固派破坏政协成果的暴行，这使我强烈感到，在国民党一党专政的统治下，想要通过和平手段实现中国的振兴，是不可能做到的。这样，我逐渐由一个只关心“数、理、化、生”的中学生，变成了积极参与爱国民主运动的“前进分子”。

经过疗养肺结核病期间几年的阅读和思索，我对毛泽东在《新民主主义论》《论联合政府》等著作中阐明的革命道理完全心悦诚服，认为只有在共产党的领导下，打倒旧政权，建立新中国，中国才有振兴的希望。经过三年准备和十年建设，等工业化发展到一定程度后再进一步过渡到社会主义理想社会，成为我坚信不疑的道路。

虽然当时自以为已经成为一个追随共产党的革命青年了，其实我对于社会主义和它的理论基础马克思主义知之甚少，不仅缺乏对资本主义经济规律的认识，更谈不上对马克思社会主义纲领的真正领会。尽管我读过一些阐释马克思主义经济学的著作，西方文学作品揭露的“维多利亚时代”劳动阶级的悲惨生活也曾在我心中引起震撼，但总觉得那毕竟是在遥远的西方国度发生的事情，对我们具有现实意义的还是实现共产党的最低纲领，夺取政权和建设新民主主义经济。那时的我，就像我在 1957 年以后的多次政治运动中检讨过的，充其量只是一个“民主革命派”，或者叫作共产党在民主革命中的“同路人”。

由于既缺乏良好的理论素养，又没有经受过实际斗争的锻炼，我的思想在往后的历史风浪的冲击下就显得忽左忽右，缺少定力。

我就是在这种思想状态下迎来了中华人民共和国的诞生。怀着参加新民主主义经济建设的巨大热情，我在 1950 年春季进入金陵大学学习经济学。不过正规的经济学学习只进行了不到一年，我就投入到从抗美援朝开始的一连串政治运动，成了运动积极分子，并在 1952 年 9 月加入中国共产党。

1952 年院系调整，金陵大学经济系并入复旦大学经济系。开学不久，就按照 1951—1954 年整党中提出的“共产党员标准的八项条件”关于“现在为巩固新民主主义制度而斗争，在将来要为转变到社会主义而斗争"的规定，开展了为巩固新民主主义和准备向社会主义过渡的学习运动。在四年（1950—1954 年）大学期间，我主要学习的是当时刚刚由中国人民大学的苏联专家传授给中国教员的"社会主义政治经济学"和它在各个部门的应用——财政学、货币与银行、工业经济学等等。按照当时大学中占主导地位的观点，马克思对资本主义经济的分析，已经穷尽了有关市场经济的真理；而西方经济学在 20 世纪中叶以后，就再没有科学性可言了。列宁，特别是斯大林"在空地上"建立起来的社会主义政治经济学，囊括了社会主义经济的一切主要规律。因此，"苏联的今天，就是我们的明天"。只要遵循这一系列"社会主义经济规律"，也就掌握了政治经济学社会主义部分的真谛，它将指引中国迅速走向繁荣富强。

现在回想起来自己也感到相当奇特的是：使我对这些理论观点深信不疑的，并不是有关苏联社会主义经济的各种事实材料（对这类材料，我和我的老师们都掌握得不多），而是对"走俄国人的路"这一历史结论的信念。这种信念又因我国 20 世纪 50 年代上半期在"三年准备、十年建设"所取得的成就而得到加强。既然共产党的最低纲领的实施已使我们百孔千疮、灾祸纵横的祖国起死回生，当我们实现了党的最高纲领——建立社会主义社会和共产主义社会的时候，还有什么人间奇迹不能被我们创造出来呢？

1954 年，我从复旦大学毕业进入中国科学院哲学社会科学部（即中国社会科学院的前身）经济研究所从事研究工作。刚参加工作不久，就赶上了学习和贯彻过渡时期总路线以及实现农业、手工业和资本主义工商业改造的"社会主义高潮"。在敲锣打鼓进入社会主义社会欢欣鼓舞之后，迎来的却不是苏联政治经济学教科书描画的光昌流丽的图景，而是经济增长疲软、服务质量普遍下降的乱象。

加之1956年2月的苏共二十大揭露的事实，打破了我们对斯大林神话般的迷信。在经济研究所担任高级顾问的苏联财政专家毕尔曼（Aleksandr M. Birman）也向我们证实，苏联的经济管理体制存在严重缺失。当听到毛泽东《论十大关系》讲话集中批评苏联体制下权力和利益过分集中的弊病的党内传达时，我衷心地认为，他以自己敏锐的眼光洞察了事情的底蕴，也指出了改正的方向。根据《论十大关系》讲话精神，国务院在1956年5—8月召开“全国体制会议”并制定了《国务院关于改进国家行政体制的决议（草案）》，这个决议（草案）在10月获得中共中央政治局的批准，由此开始了中国的第一次经济体制改革。

1956年，我满怀热情地参加了经济管理体制改革的调研工作。我奉派参加对机械工业、轻工业、纺织工业和冶金工业企业的调查和对财税体制改革方案的研讨，从此开始了对中国社会主义经济体制问题的研究。

从1956年到1976年“文化大革命”结束，我国的经济体制是在两种对立的指导思想的支配下演进的：一种是在保持苏联式的计划经济的基本框架和国有经济的主体地位的前提下，扩大地方政府和生产单位的自主权，加强“对价值规律的自觉运用”，以便为命令经济注入某些活力；另一种是不断进行“经济战线、政治战线和思想战线上的社会主义革命”，加强政府对国民经济的管控，以便动员群众去实现国家的目标。这两种思路交替使用，而我自己则在两种思路之间摇摆。

在1956年从苏联模式“解冻”和重新思考中国国家工业化道路的浪潮中，我曾经热衷于按照第一种思路设想一种能够让价值规律发挥更大作用的社会主义经济管理体制。

20 世纪 50 年代中后期，反右派运动和批判修正主义的浪潮使经济研究所的研究工作不能继续下去了。加上我父母双双被打成右派，我自己被定成“中右”，我只有怀着力求涤除“资产阶级知识分子”和“民主革命派”“原罪”的心情，努力去跟上愈来愈“左”的时代潮流。在这样的背景下，我在 1960—1964 年期间写了好几篇所谓“符合社会主义政治方向”的论文，其实只不过是用寻章摘句、注经解经的方法来为“最高指示”作多少带有“理论色彩”的说明。

1966—1976 年的“文化大革命”彻底中断了经济研究所的工作。然而，我在晦暗时期的干校“牛棚”中，竟与顾准这位比我有更长的“革命”经历，也比我更早地对“左”的路线的实质有深刻认识的思想家结成了忘年之交，这使我获得了一个特别的思考的机会。我们冷眼观察当时的疯狂表演，以世界历史的发展为背景，对近代中国人走过的道路，特别是新中国成立 20 年的经历进行了认真的思索。通过这种反思，我对“四人帮”宣扬的“无产阶级专政下继续革命”理论的社会实质和政治经济后果有了更深一层的认识：若沿着他们鼓吹的路子走下去，势必走上“封建社会主义”之类的邪路。

在 1977—1978 年间我参加了经济学界批判“四人帮”的活动，在于光远等师长的教导和帮助下，我开始在批判极左路线的基础上对所有制关系、商品生产与商品交换、企业经营机制、知识分子的地位与作用等问题上做进一步的探索，寻求改善我国经济体制的道路。

1978 年年底召开的十一届三中全会做出了把全党工作重点转移到社会主义现代化建设上来、实行改革开放的历史性决策。但是，由于多年闭关锁国和文化禁锢，1978—1980 年间关于经济体制和经济政策的讨论，以今日的眼光看，无异是在黑暗中摸索，这就使得这些研究缺乏系统性，也没有形成整体性的分析框架。直到 1980 年年初和 1981 年春波兰市场社会主义学派的传人布鲁斯（Wlodzimierz Brus）和捷克斯洛伐克 1968 年经济改革的主要领导人锡克（Ota Sik）先后来华讲学，我才意识到，我们从苏联人那里习得的“社会主义政治经济学”，从理论范式到具体结论都存在很大的毛病，需要按照马克思主义“实事求是”的根本原则进行更新。

布鲁斯和锡克的讲学不但大大增进了我对波兰和捷克斯洛伐克这两个东欧改革先行国家理论创新和改革进程的了解，而且获得了更具普遍意义的两个重要启发：

第一，他们两位的讲学阐明了这样一个道理，即任何一种经济体制都是由一系列互相联系的经济关系组成的整体，每种体制都有自己逻辑一贯的运行规则。既然经济体制改革是由一种经济系统到另一种经济系统的跃迁，那么零敲碎打的改革不但不利于实现这种变革，还会引起经济运行的混乱。这也促使我把研究重点转向不同经济体制的比较和不同发展战略的比较。除了对苏联、东欧社会主义国家经济发展史的研究，我在这个时期还深入研究过日本、联邦德国和“亚洲四小龙”二战后的体制变迁和经济发展历程。

第二，他们两位在讲学中不但娴熟地运用马克思主义的理论工具，而且运用了不少现代经济学的新的分析手段，使长期闭塞的国内经济学家耳目一新。这也使我产生了出国访学的愿望。

对于我来说，更加具有基础性质的学术思想提升发生在 20 世纪 80 年代中期，1983—1984 年我到美国耶鲁大学做了三个学期的客座研究员。在耶鲁，我一边在社会政策研究所（ISPS）做“比较经济体制”研究，一边从“经济学 101”的经济学原理课程学起，对现代经济学进行系统性的补课。通过重新学习经济学，我品尝到了运用现代经济学的分析工具解答经济问题的愉悦。尤其重要的是，通过这一学习，我对市场经济的运作规律有了较之前清晰得多的认识。在这以前，我虽然和大多数赞同市场取向改革的同行一样，认同亚当·斯密（Adam Smith）用隐喻方式表达的一个观念，即在市场经济中有一只“看不见的手”能够引导只考虑自身利益的商品生产者去追求并不是出自本心的增进社会财富的目标，但是我们对于这只手的实际内容和运行机制却又不甚了了。这就使我们很容易接受所谓“市场社会主义”的改革主张，也就是在保持计划经济基本框架的前提下，扩大企业自主权，同时有条件地发挥政府管控下的市场（regulated market）对企业决策的影响。而由于这种认知缺失在当时的经济学界具有相当的普遍性，这对我国经济科学的发展和社会经济改革的实际进程都造成了很大的消极影响。就我个人而言，通过微观经济学的学习，我认识到市场决定价格是市场在资源配置中起主导作用的关键。在自由竞争的市场经济中，由供求关系决定的价格反映了各种资源的相对稀缺程度，因而基于市场价格的交换活动能够引导资源流向效益最高的地方，从而实现资源的有效配置，趋向于新古典经济学所说的“帕累托最优”状态。在理论认识提高之后，我对现实问题提出的意见也就有了更扎实一些的基础。

1984年年底，在参加中共十二届三中全会前期理论准备工作和中央财经小组为上海制定发展战略的调研工作所取得的成绩的鼓舞下，我加入国务院经济研究中心（现国务院发展研究中心的前身之一），从此开始了令人兴奋而紧张的政府咨询工作。在20世纪80年代到90年代初，我的工作主要集中在分析经济和社会发展形势，研究经济改革的目标模式、战略选择和方案设计等方面。其间，我参加了1986年国务院领导提出的“价、税、财配套改革”的方案设计工作，并担任“方案办”的领导成员。在“方案办”的领导班子中，我与思路相近的周小川、楼继伟等成为与“企业改革主线论”主张不同的“整体改革论”的主要代表。

90年代初期，我和一批有志于继续推进市场化改革的经济学家一起，系统总结了前期改革的经验，深入地研究了与进一步改革有关的理论和实际问题。我们课题组的研究成果为1992年中共十四大确定市场经济的改革目标和1993年中共十四届三中全会通过《中共中央关于建立社会主义市场经济体制若干问题的决定》制定全面改革的方案提供了经济学的支持。我在80年代中期比较明确地提出了中国的经济体制改革必须走出“一放就乱、一收就死”的怪圈，走市场经济的改革之路的思想。这些思想充分体现在这一时期的研究工作和改革方案设计之中。

与此同时，我的思想主张时常受到来自两方面的反对：一方面是反对市场经济的人们，他们坚持认为，计划经济才是中国走向富强的必经之路；另一方面是改革阵营的某些朋友，他们对我的责难是“理想主义”“急于求成”等。在“文化大革命”后期对过去的经历进行反思的时候，我就下定决心吸取自己以前由于“唯上”“唯书”竟至违背科学良知的教训。如果发现自己的认识是错误的，自然要从善如流，知错即改；如果还没有证明自己的认识是错误的，也不因“上”面讲过或“书”上讲过或者某种流行观点的压力而轻易改变。

1992年邓小平南方谈话之后，中国进入了一个新的改革时期。当时大部分生产资料价格已经在宏观经济紧缩的条件下自然而然地放开的情况下，营造市场经济的微观基础、增强市场微观主体就成为改革工作的重点，需要研究的新问题层出不穷。我开始更加深入地研究国有企业的公司化改革、现代金融体系和资本市场的建设、新型社会保障体系的建立、中小企业及高新技术产业的发展等问题。

1997年爆发的亚洲金融危机也波及中国。如何为国企解困，特别是如何保障数千万国企下岗职工的基本生活，成为亟待解决的问题。当时一种占主导地位的意见是，采取扩张性的宏观经济政策，“用急药、用猛药”，靠财政金融当局大量“放水”拉动经济增长。我认为这种凯恩斯主义式的政策只是一种短期有效的救急措施，发挥民间创业的积极性才是长久之计。事实上，我从90年代初期起，就注意到了东南沿海地区的浙江等地兴起的民营中小企业的发展对地方经济繁荣起到了非常重要的作用。问题在于：一方面，这些地区民营经济在国民经济中发挥着越来越大的作用，有望成为经济增长的引擎、国有企业下岗职工再就业的主要途径乃至解决“三农”问题的钥匙；另一方面，民营经济的成长环境和自身的经营又亟待改善。政府大力为民营经济的发展创造有利的环境，才是解决问题的正途。我为制定和实施“扶持民营企业发展的大战略”奔走鼓呼并在90年代后期取得一定的成效，为克服经济困难添加了一份不小的助力。①

由于市场化改革一度推进缓慢和法治不兴，某些有权力背景的人得以利用物资分配和价格决定的“双轨制”，用市场价格倒卖他

① 吴敬琏（1998）：《对经济形势的估量和放手发展中小企业的对策建议》，载《吴敬琏改革文选：探索与反思（上卷）》，香港：香港城市大学出版社，2021年，第488—494页。

们用低价获得的商品，攫取骇人听闻的巨额财富。面对愈演愈烈的“官倒”横行的腐败现象，由我和赵人伟、荣敬本两位研究员主持的《社会经济体制比较》杂志引进了“寻租”这个新的政治经济学概念，发动了一场以剖析腐败现象的制度根源、动员社会力量剔除腐败行为体制基础的大讨论。对于“寻租”问题的深入研究使我的思想超出了经济问题的范围。在 1998 年 10 月与经济学家汪丁丁的对话中，我提出要避免权贵资本主义的发展，“从经济的角度讲，就是要发展独立的民间经济和民间力量；从政治方面讲，就是要确立游戏规则，实行法治”。接着，受到钱颖一教授 2000 年 1 月《市场与法治》讲演的启发，我们正式提出“建设法治的市场经济”的纲领性口号。2001 年我受邀参加中共中央组织的知名学者北戴河休假，与同样受邀参加这次活动的法学泰斗江平教授一见如故，由于都怀着经济学家和法学家联手共同推进现代国家建设的愿景，我们作为联席主席成立了上海法律与经济研究所（后来迁到北京并改名为洪范法律与经济研究所），与众多学者共同努力为建设法治中国作出自己的贡献。

我除了在国务院发展研究中心从事咨询研究工作，也涉足其他的领域。比如，我在国家信息化专家委员会担任副主任，并积极参加了上海市委为半导体攻关战役做准备的调研工作。还在中国社会科学院研究生院、北京大学经济学院担任博士研究生导师，在中欧国际工商学院（CEIBS）担任终身荣誉教授。21 世纪初国有企业公司化改革时期，我还兼任过几家境内外上市公司的独立非执行董事。这些经历给了我更深入地感知资本市场运作和大公司运营的机会，磨炼了我对于经济现象的敏感，使我能够把自己在各个领域的研究连贯打通。

回首改革开放以来的40余年，可以聊以自慰的是，我努力恪守经济学人的职责，坚持我认为利国利民的主张。然而，我还是有许多的遗憾。我这一代人由于被卷入各种各样的政治运动，有一大半的时间都是在各种政治运动中被批来斗去，从而耽误了太多读书做学问的时间。虽然我从事经济学工作有70余年，但是真正的学术生涯却是从1976年“文化大革命”结束以后才开始的。因此，不敢稍有懈怠。

大约在3年前，资深出版人郭银星女士最先提出了将这些学术成果整理出版的动议并做了很多前期准备工作。经过各方努力，特别是在以陈义望先生为首的东方出版中心编辑团队的积极推动下，这项工作得以在今年年初正式启动。这套文集主要收录了本人的著作和文章，著作独立成卷，文章按照写作时间顺序编排并分卷。为了保存历史原貌，本次出版除对原稿的文字错讹做了修正，对注释、索引、参考文献等按照规范化的格式进行完善外，基本论点和行文均未做改动。

需要说明的是，中国的改革开放成绩斐然，但也并非一路凯歌行进，有时遭遇风霜雨雪，有时曲折迂回。哪怕在今天，基本的方向应该是明确的，但我们仍然会碰到许多疑难的问题，这些疑难问题的解决，一方面要学习新的东西，用新的技术、武器去解答这些问题；另一方面，就是总结过去的经验和教训，从中找到力量往前走。我作为一名在这一特定历史时期工作的学者，便不可避免地要在激烈的理论争论和各种利益冲突中艰难前行。我的思想在这40多年中有许多发展变化，在从旧时形成的种种观念出发逐步趋近符合于实际的认识的过程中，旧思想的影响是逐步消除的，前后的提法和论述也常常有所不同。有些时候确实是走了弯路，但也引发了我的重新思考。我们这一代人经历过的历史正在逐渐远去，但是那些历史波动和曲折所提供的经验教训还是可能为勠力同心建设美好中国和世界的人们提供参考的。

吴敬琏

2024 年 7 月

吴敬琏集

现代公司与企业改革

出版说明

20 世纪 90 年代初期，本书作者和由其领衔的整体改革课题组的一系列研究成果为 1992 年中共十四大确定市场经济的改革目标和 1993 年中共十四届三中全制定全面改革的方案提供了经济学的支持。在企业改革问题上，本书作者除与钱颖一教授合作了一篇力主大中型企业改革应当以建立现代公司为目标的论文《关于公司化》提交给十四届三中全会文件起草组之外，还依托整体改革课题组的研究成果，组织编撰了本书的第一版《大中型企业改革：建立现代企业制度》（由天津人民出版社于 1993 年 12 月出版发行），全书涵盖企业理论、公司制度历史沿革和我国改革现实问题，在对十四届三中全会以前中国国有企业改革历程进行总结性回顾的基础上论述了中国国有大中型企业建立规范的现代企业制度的必要性和可能性。

这时，十四届三中全会通过的《中共中央关于建立社会主义市场经济体制若干问题的决定》明确宣布建立现代企业制度即现代公司制度是国有企业改革的方向。随后全国人民代表大会颁布了《中华人民共和国公司法》，为建立现代公司制度提供了规范的程序指引和内容框架。在这个公司化改革的大潮次第展开的当口，本书作者意识到本书第一版存在着理论性较强而现实性不足等缺点，不能适应改革大步推进的形势，于是对其进行了全面的增补和修改。修订版吸收借鉴了国内外公司化改造的经验和现代经济学关于公司理论的最新成果，更加详实地论述了在从计划经济体制向市场经济体制转轨的现实条件下进行公司化改革的可选路径、必须解决的难点和主要的解决方案、新组建公司有效运行的基本条件等中国国有企业面临的实际问题。

修订后的书名改为更为明快的《现代公司与企业改革》，由天津人民出版社于1994年12月出版，并在1995年荣膺第二届中国国家图书奖。

2025年7月

再版前言

本书第一版是1993年12月出版的。虽然第一版的销行情况不错，在很短时间就印刷了两次，但是由于主要的写作工作是在1992年和1993年上半年完成的，时在1993年11月中共十四届三中全会决定在我国企业中建立现代企业制度即现代公司之前，使得书稿存在着总结我国企业改革经验和阐述现代企业制度的历史沿革和基本特征的部分写得比较充分，而向前看，即应当怎样在我国建立现代公司就写得比较原则，理论性较强而现实性不足的缺点。一年以来，按照《中华人民共和国公司法》进行建立现代企业制度试点的工作在全国各地次第展开，有关建立现代公司的难点开始暴露出来，各地也创造了不少解决困难的经验。与此同时，我们自己对现代公司的理论和实践问题的研究也有了进一步的深入。考虑到以上这些情况，我们决定趁再版的机会，对原书作全面的增订，书名也改得明快一点，叫《现代公司与企业改革》。

整个修改工作用了半年的时间。我们对第1—8章的修订是在第一版基本框架和基本内容的基础上进行的，只对个别部分作了增补和修改。对原书的第9和第10章，则作了全盘改写：由原来的2章改为3章，并尽量吸收了一年来对在我国大中型企业中建立现代公司提出的新见解和创造的新经验。其中，第9章主要讨论公司化改革的目标，即在中国现实条件下我们能够和应当建立什么样的现代企业制度问题。第 10 章研究怎样建立现代企业制度即必须解决哪些难点并对主要的解决方案进行比较。第 11 章讨论新建公司怎样才能有效运行，怎样改进它的运行条件和进行与之相适应的改革。

本版的修订工作，由吴敬琏负总责，张春霖和高旭东作了有力的协助。李连承担了改排的工作。组织行政则由肖梦担任。

本书的作者要特别感谢天津人民出版社的编辑同志。没有他们的紧张努力，本书不可能在这样短的时间内同读者见面。

吴敬琏

1994 年 10 月 28 日于斯坦福大学

前　言

中国经济改革从开始的时候起，就把国有企业的改革、特别是国有大中型企业的改革放到了中心的位置上。毛泽东在中国经济改革的开篇文章《论十大关系》中指出：为了调动一切积极因素，为社会主义事业服务，就必须处理好国家和工厂的关系，要考虑工厂的独立性问题。1984 年《中共中央关于经济体制改革的决定》把增强企业活力，提到以城市为重点的整个经济体制改革的中心环节的高度。但是，国有大中型企业改革虽然做了多种尝试，历尽曲折，却鲜有成就。究其原因，除了其他方面改革迟滞的牵制，主要是因为未能找到一种适合于现代市场经济的企业组织形式，并成功地实现由国有国营企业制度到这种新的企业制度的转变。

对于国有小型企业的改革途径，人们的认识比较容易取得一致。这就是通过“出租”或“出卖”，把它们转变为个体企业或集体企业。至于大中型企业应当采取什么样的企业制度，人们的看法就长期存在巨大的差别。只是经过长期的理论探索和对以往经验教训的认真总结之后，人们才逐步达成这样的共识：要取得企业改革、特别是国有大中型企业改革的成功，必须建立现代企业制度，把原来国有国营的大中型企业改造成为公司制的法人组织。

本书的目的，就在于对几十年来国有大中型企业改革的历程做一总结性的回顾，并以此为基础论述在大中型企业为什么要实行现代企业制度，什么是现代企业制度以及如何对国有大中型企业进行公司化改造，并建立起现代企业制度。

回顾以往几十年的社会主义国家的改革历程，国有大中型企业的改革可以归结为四种基本模式："工人自治""行政性分权""放权让利"和"企业承包"。许多社会主义国家曾在不同程度上采取上述办法或者与上述模式相仿佛的办法来进行改革，有些改革还在一定时期内取得过某些效果，但是，最终都没有能够使国有企业恢复生机和活力。原因就在于同传统的国有企业制度的缺陷类似，这些改革形成本身存在严重的缺陷。本书对这些改革"模式"的长短优劣逐一进行了分析，论述它们不能成功的深层原因。

中国从 1986 年末开始的国有大中型企业"股份制试点"是建立现代企业制度的有益探索，其示范效应和教育作用将要发生的深远影响不可低估。但是，由于对什么是规范化的现代公司制度、如何按公司制的基本规范对国有大中型企业进行改造，以及这一改革的实质和重点是什么等问题缺乏全面认识和准确把握，试点过程中建立起来的所谓"股份制企业"大都与符合国际通行规范的股份有限公司或有限责任公司相去甚远，并没有完满实现"试点"的目的。

针对这一实际存在的情况，本书根据公司制发生和形成的历史，论述了现代公司制度的主要特征，分析了我国"股份制试点"存在的问题，并在此基础上，提出了如何实现国有大中型企业的公司化，把它们改造为规范化的现代公司，以及需要与之配套进行的其他方面的改革。

全书共 10 章。第 1 章"导论"，综览现代企业理论（厂商理论）的主要命题，目的是为全书提供一个分析框架。第 2 章介绍经典作家对社会主义体制下企业制度的设想以及社会主义各国实际建立的国有企业体制，并对它们的根本缺陷进行剖析。第3—6章分别论述国有大中型企业改革的四种基本模式，分析它们的提出缘由、实施情况、体制特点和失败的原因。第7章论述公司制度的产生和发展、现代公司制度的两种主要类型、公司治理结构、不同国家公司制度的主要特点的比较等。第8章评价中国国有大中型企业的“股份制试点”，分析对公司制（试点中称为“股份制”）的种种认识误区和存在的问题。第9章提出国有大中型企业公司化改造的具体设想，重点阐述了建立层级持股的国有持股公司和实现公有产权重组的步骤，以及如何创建法人治理结构等问题。第10章论述与国有大中型企业改制相适应的配套改革措施。

这本著作经过集体努力而成，先后参与写作的有（按姓氏笔画为序）：王林、刘吉瑞、刘世锦、李飞、肖梦、邵建云、陈德蓉、周小川、张春霖、何德旭、胡季、高旭东、银温泉。初稿写出后，由吴敬琏总纂，数易其稿，才以现在的面貌呈现在读者的面前。它凝聚着作者们的心血。当然，书中如有错误，只能由总纂人负责。本书的研究成果得到了国家社会科学奖励基金和福特基金会的财务资助，在此表示感谢。同时，也要感谢李连同志为本书所做的打印、改样的工作。

吴敬琏

1993年11月30日

目 录

第1章　导论

几乎从50年代中期中国提出经济改革的时候起，就把国有企业的改革（当时叫作“企业管理体制改革”）放到了中心位置上。然而，几十年来虽然采取了多种对症治疗的办法企图减轻国有企业的病痛，国有企业的经营状况却很少有大的起色。为什么会出现这种状况？在很大程度上是由于治疗方法偏重于治表不治里的措施，而很少涉及企业的根本制度问题。1985年，日本东京大学的小宫隆太郎教授在对中日两国的企业作了细致的对比研究以后，对中国当时国有企业状况作了如下的判断：“我的印象是，中国不存在企业，或者几乎不存在企业。”① 在中国的新的一轮改革已经进行7年之久的1985年，一位备受尊敬的学者得出了“中国没有企业”的结论，不能不引起中国企业界和经济学界的很大震动。它引出的问题，不仅同实际的政策举措有关，而且涉及一系列具有根本性质的理论问题：什么是企业，什么是企业的基本功能，一个工商业单位要具备哪些条件才能成为真正的企业，如此等等。如果对这些基本理论问题没

① 小宫隆太郎：《竞争的市场机制和企业的作用》（提交给1985年5月11—14日在冲绳召开的“中日经济学术讨论会”的论文），中译文见吴家骏、汪海波编：《经济理论与经济政策》，北京：经济管理出版社，1986年，第328—379页。

有清晰的认识，改革就会抓不住要领，失去方向。弄得不好，关于改革的实际问题的探讨，几乎不可避免地会演化成“三岔口”式的无结果争辩。有鉴于15年改革中由于理论方面的准备不足所造成的危害，我们在进入本书的实质性问题讨论之前，要先根据长时期积累起来的经济学文献，把有关的基本理论理出一个头绪，以便为讨论我国国有企业的过去、现在和未来建立清晰和可靠的分析框架。

在本章中，我们将依次讨论以下的问题：（1）企业的本质是什么，它的边界（即规模大小）是怎样决定的；（2）企业是怎样组织起来的，它有哪几种主要的形式；（3）企业作为一种层级制组织，它内部上下级之间的委托代理关系和激励机制应当怎样设置。

1.1 什么是企业

企业（firms，也可以译为**厂商**）是一种久已存在的经济组织形式。但是，长期以来经济学只是把它看作一种有一定的行为特征，即谋求产出最大化或利润最大化的经济单元，而不去深究它为什么具有这样的行为特征。换句话说，是把具有这样行为特征的企业作为分析的前提，而把它本身看作一个“黑箱（black box）”，对它的内部结构存而不论。直到20世纪30年代以后，情况才发生了变化，科斯（R. H. Coase）在1937年发表的《企业的性质》等开创性的论著，促使人们把最小的分析单位下放到组成企业的个人这一级，深入考察企业这种制度安排的内部结构。70年代以来，有关企业的理论迅速发展，蔚为壮观，形成了系统的企业理论（the theory of the firm，也称厂商理论）以及关于现代企业制度–公司的理论，即“公司经济”（corporate economy）。现在，人们对企业的制度属性和运行特征已经看得比较清楚了。

一、古典的定义：作为生产单位的企业

什么是企业？乍一看来，这似乎是一个不言自明的问题。在日常生活中，我们一直把诸如服装厂、化工厂、钢铁厂等生产单位称为企业。这种常识性的认识抓住了企业的一个基本特征，即它首先是一个生产单位。但是，这个定义是不周延的。我们并不能把一切生产单位都叫作企业。比如说服装厂里的车间和班组也是生产单位，为什么我们不把它们叫作企业呢？可见不能简单地说，企业就是生产单位。

古典经济学认为，企业作为生产单位，其功能是把土地、劳动、资本等生产要素投入转化为一定的产出。经济学用生产函数来描述投入与产出之间的转化关系。生产函数表明各种可能的投入组合与各种可能的产出组合之间的对应关系。在每一种既定的技术条件下，都存在一个生产函数。很显然，生产函数表达的是一种技术关系，投入与产出之间以什么样的对应关系转化，和技术进步的水平密切相关。与100斤粮食的产出相对应，手工劳动时所需要的一组投入与机械化耕作时所需要的一组投入就大不相同。因此，传统的微观经济学把企业看作一个生产函数，无异于把企业归结为技术关系。

与企业有关的最重要的一个技术因素，是所谓“协作的生产力”和“规模经济”。亚当·斯密在《国富论》里举了一个关于扣针制造业的著名例子：当工厂把整个工艺分解为18种专门操作时，劳动生产率提高了几百倍乃至几千倍[①]。由此可以推断，斯密认为分工

① 参见亚当·斯密（1776）：《国民财富的性质和原因的研究》，北京：商务印书馆，1981年，第6—8页。

创造的生产力是工厂存在的原因之一，而工厂的规模受市场范围的限制。如果说这一推论由于斯密没有直接讨论企业的本质和边界问题，并未能严格区分社会分工和企业内部分工，还只是一种猜想，那么，在马克思的《资本论》中，问题则明确了许多。马克思指出："和同样数量的单干的个人工作日的总和比较起来，结合工作日可以生产更多的使用价值，因而可以减少生产一定效用所必要的劳动时间。""这种生产力是协作本身产生的。"[①] 接着，他在考察了社会生产从简单协作向工场手工业和机器大生产发展的历史后指出，正是分工的深化，使企业规模扩大。企业规模的扩大，不但可以从协作得到好处，还可以因为产量提高但固定成本不变而使单位产品的成本降低。俗话所谓"养羊不成群，也得占个人"，讲的就是这个道理。企业规模扩大，具有降低单位产品的成本、提高劳动生产率的作用。从这个方面看，古典经济学把企业看作一个生产函数并非完全不合理。问题是，多数古典经济学家偏重于或仅仅从协作生产力、规模经济等技术因素解释企业的存在。正像阿尔钦（A. A. Alchian）和德姆塞茨（H. Demsetz）所指出，在团队（team）的协作生产中，一个经济组织的生产函数，绝不是各个单个投入要素的生产函数的加总[②]。这里，绝不能忽视企业存在的制度因素（institutional factors）的作用。正是从后者出发，科斯及其追随者向传统理论提出了挑战。

① 马克思（1867）:《资本论》第 1 卷，北京：人民出版社，1975 年，第 365—366 页。

② A. Alchian and H. Demsetz. Production, Information Costs and Economic Organization. *American economic review*. vol.62, No.5（Dec.1972），pp.778-783. 参见 A. 阿尔钦、H. 德姆塞茨：《生产、信息费用与经济组织》，《财产制度与制度变迁——产权学派与新制度学派论文集》，上海：上海三联书店，1991 年，第 59—95 页。

在存在分工和协作的情况下，可以用不同的方法来建立分工体系的各个分支之间的协作关系，不同个人或生产单位之间的市场交换就是建立这种协作关系的一种常用的方法。所以，用发挥协作力和取得规模经济效益来说明企业存在的必要，是不能完全说明问题的。企业的本质是什么，为什么会出现企业的问题，只是在科斯提出“交易成本假说”以后，才出现了解决的门径。

二、科斯提出的问题和后来的进展

科斯在《企业的性质》一文中，从与古典经济学家不同的角度提出了为什么会有企业的问题。他写道：

“在企业之外，价格变动决定生产，这是通过一系列市场交易来协调的。在企业之内，市场交易被取消，伴随着交易的复杂的市场结构被企业家所替代，企业家指挥生产。显然，存在着协调生产的替代方法。然而，假如生产是由价格机制调节的，生产就能在根本不存在任何组织的情况下进行，面对这一事实，我们要问：组织为什么存在？”[①]

科斯对这个问题的回答是：这是因为运用企业组织“交易”[②]，较之通过市场进行“交易”，其“**交易成本**”较低。现在我们假定一个只有一个工人兼老板的织布厂。这位工人兼老板能够利用交易经济的优点，以一定的价格买到他在生产上需要的棉纱和其他辅助材料，用这些原材料由自己进行加工，从而以低成本提供产品，赚取可观

① 科斯（1937）：《企业的性质》，参见科斯：《企业、市场与法律》，盛洪、陈郁译校，上海：上海三联书店，1990 年，第 3 页。

② 这里说的“交易”，是人们活动的广义交换，也就是马克思所说的：人们“互相交换其活动”的行为（见《雇佣劳动与资本》，《马克思恩格斯选集》第 1 卷，北京：人民出版社，1972 年，第 362 页）。

的利润，而不必到别人的工厂中去做工，也不必有雇工的麻烦。问题在于，利用市场机制也是需要付出成本的，比如说，为了发现价格，进行签署合约的谈判以及监督合约的执行都需要付出成本。科斯把这种在原材料等商品价格之外的附加成本叫作“交易成本”。当这位工人兼老板发现自己置备棉纱可以将这部分开支节约下来并从中得利的时候，他就会不外购棉纱，而是采购棉花，雇人来生产棉纱供自己织布。总之，当通过一个组织（企业），让某个权威（企业家）支配生产要素，能够以较之市场外购更低的成本实现同样的交易时，企业就产生了。科斯指出：“企业的显著标志是，它是价格机制的替代物。”[①]

科斯对企业替代市场的说明中，还存在着一些不甚清楚或有待于深究的问题。他使用的“交易成本”概念过于含糊，而且未能说明，哪些类型的交易市场协调的成本较高，适合于在企业内组织，哪些类型的交易市场协调的成本较低，适合于在市场上完成。后人对这一问题进行了深入的研究，作了进一步的阐明。

美国经济学家威廉姆森（O. E. Williamson）对于企业理论的发展做出了重要的贡献，对交易成本的决定提出了很有说服力的解释。他从**交易所涉及的资产的专用性**（asset specificity）、**交易所涉及的不确定性**（uncertainty）和**交易发生的频率**等三个维度分析交易的性质和它对交易成本的影响；其中，又以资产专用性起最重要的作用。按照威廉姆森的说法，当一项耐久性的投资被用于支持某种特定的交易时，这部分资产就具有专用性。如果具有专用性的资产已经投

① 科斯（1937）：《企业的性质》，参见科斯：《企业、市场与法律》，盛洪、陈郁译校，上海：上海三联书店，1990 年，第 4 页。

入而交易被终止，所投入的资产将全部或部分地因无法改作他用而损失。资产专用性主要有四种类型：（1）场地专用性，（2）物质资产专用性，（3）人力资产专用性，（4）专项资产。它们的共同特征是一旦形成便很难移作他用。涉及具有高度专用性资产的交易，在市场上进行交易成本比较高。这是因为，在涉及专用性资产的交易中，交易双方具有很强的依赖性。若采用市场体制，处在不利地位的一方就要面临很大的被“要挟”而遭受损失的风险。比如说，汽车厂 A 向配件厂 B 订购供该厂汽车专用的零件，为生产这种零件，B 厂改造了自己的设备，制造或购置了生产该种零件的专用工夹具，在 B 厂投入了这些具有专用性的资产以后，如果 A 厂采取“**机会主义行为**”（opportunism）[①] 对 B 厂进行讹诈，要求 B 厂降低零件的价格，B 厂就陷入了十分被动的境地；为防止因这种情况发生而受损，B 厂在接受订货时，就会把价格抬得很高。如果把零件供应方式由外购变为企业内部生产，采用组织协调的方式完成交易，就能为交易提供更有效的保障和降低交易成本。在另一种情况下，当产品具有通用性、由独立企业面对大量买者的需求组织大规模生产成本很低、生产企业可以获得稳定的收益时，作为买者的企业，从外部购买的费用要低于自己生产的费用，就会宁愿通过市场购买而不自行生产。当产品的专用性提高时，该费用差额消失，这时交易就会由市场转入企业。[②]

① 机会主义行为假定是威廉姆森提出的。它的含义是人以欺诈手段追求自身利益的行为倾向。机会主义行为可分为事前的和事后的两种。前者出现在订约过程中，后者出现在合约执行过程中。

② O. E. Williamson. The Economic Institutions of Capitalism（《资本主义的经济制度》）. New York: Free Press, 1985.

1986年，美国经济学家格罗斯曼（S. Grossman）和哈特（O. Hart）发表了一篇题为《所有制的成本与收益》的论文[①]，更精确地分析了在什么情况下企业的组织协调更有效率。他们的论文指出，这里起决定作用的是**合约的不完备性**。和现货买卖不同，合约买卖是要在将来完成的，因此，合约要对未来将发生的事情作出有关双方权利的规定。如果合同是完备的，它把订约各方在各种可能发生的情况下的权利、义务和收入支出的分摊等都一一载明，合约的订立和执行都会比较顺利，交易成本也会比较低。但是，在许多场合，合约不可能是完备的，也就是说，经济生活中总是充满着不确定性，合约不可能把所有可能发生的情况都估计到，并且在条文中订明出现这种情况时双方的权利应当如何界定。在这样的条件下，订约时双方势必都要留有后手，执行中往往发生纠纷，监督合约的执行也要付出较高的成本，从而大大降低效率。当遇到这种情况时，就宜于将订约双方合并到一个企业中去，通过组织内部协调完成交易，以便降低成本。

三、企业的规模和边界

前面我们介绍了比较制度分析得出的以下结论：企业之所以会出现，是因为企业的组织协调代替市场协调能够防止机会主义行为和降低交易成本。那么，是不是说企业的规模越大越好呢？

科斯在《企业的性质》中论证由于交易成本的存在，出现了用企业的组织协调取代市场协调的趋势时，同时也从相反的方向提出过这个问题：既然企业规模的扩大有使交易费用降低的趋势，那么，

① S. Grossman and O. Hart. The Costs and Benefits of Ownership: A Theory of Vertical and Lateral Integration（《所有制的成本与收益：关于纵向一体化和横向一体化的理论》）. *Journal of Political Economy*, 94, pp.691–719.

为什么企业不会无限制地扩大，将所有的生产都交由一个大企业去进行呢？科斯的回答是："即使撇开收益递减问题，在企业内部组织交易的成本似乎也可能大于在公开市场上完成交易的成本。""随着被组织的交易的空间分布、交易的差异性以及相对价格变化可能性的增加，组织成本和失误带来的亏损似乎也会增加。当更多的交易由一个企业家来组织时，交易似乎将倾向于既有不同的种类也有不同的位置，这为企业扩大时效率趋于下降提供了一个附加的原因。"①

所以，企业的规模并不是越大越好。**企业的边界**（the boundaries of the firm）的位置处在通过市场实现交易与通过企业组织实现交易成本相等的地方。企业规模不论是处于边界之内（过小）还是处于边界之外（过大），都会引起过高的总成本，因而是缺乏效率的。

从这方面看，传统社会主义经济学片面地认为企业的规模会随着生产社会化（分工与协作）的发展无限地扩张，以至于囊括整个社会，并在实现社会公共所有制以后使整个国民经济变成一个由行政性计划调节的"社会的大工厂"，就犯了一个理论上的错误。正像诺思（D. C. North）指出的那样，在大规模生产中，"专业化和劳动分工导致了交换的指数倍增，在生产率上形成了巨大的收益，然而，来自这些交换的交易费用上升的代价也是很高的"。"管理革命的主要部分是试图设计一套规则和服从程序以降低伴随新技术而来的交易费用。"虽然有的人（如钱德勒）认为，建立纵向一体化的大企业就是对这个问题的答案，然而，生产规模扩大以后，"在这一生产过程中不仅每一步仍需要考核，而且还有监督投入品的额外难题"。这就是说，大规模生产在一些方面降低成本的同时，也必定在另一些

① R. H. 科斯：《企业的性质》，见前引书，第 8—12 页。

方面增加交易费用[1]。

众所周知，比较经济学早已指出过，传统社会主义的“社会大工厂模式”有两个致命的弱点：一个是信息机制的缺陷，一个是激励机制的缺陷。用交易成本学说来分析这两个弱点，事情就变得更加清楚了。

拿信息机制来说，现代生产具有如下的特点：（1）技术飞速进步，产品结构、工艺流程、生产方案等选择的可能性极多；（2）消费结构十分复杂，而且变化极为迅速；（3）社会分工不断深化，从而在生产者同消费者（消费包括生产消费和生活消费）之间有着广泛而复杂的联系。在这种情况下，就出现了有关需求和生产的信息“爆炸”的问题。为了准确、及时地取得在社会各个角落分散地发生的、数以亿万计的数据，及时地加以处理，求解有几千万个未知数的均衡方程，编制出无所不包的计划，并层层分解下达到执行单位，没有一个极其灵活而又极其有效的信息系统，是根本完成不了这个任务的。在社会大工厂体制的情况下，生产者和消费者之间缺乏横向的联系和有效的反馈机制，经济信息要通过行政体系内上级对下级的命令和下级对上级的报告纵向传输，不但传输距离很大，通道狭窄，不免经常发生延误和拥塞，而且由于传输经过的环节太多，信息不免扭曲；生产单位由于不能直接取得需求和技术信息，也不能对复杂多变的需求状况和技术可能性作出灵活的反应。总之，在中央计划机关掌握和处理各种微观事务的情况下，为及时取得保证经济系统畅通运作所必需的全部信息，其成本几乎是无限大的，因而是绝不可取的。

① D. C. 诺思（1981）：《经济史中的结构与变迁》，陈郁、罗华平等译，上海：上海三联书店，1991 年，第 195—201 页。

至于**激励机制**的缺陷，说到底也是一个交易成本问题。在以计划手段为主的资源配置方式下，资源配置决策由代表社会整体利益的中央计划机关集中作出，并通过按行政方式原则组织起来的社会全体成员加以执行。这就要求社会的一切成员和所有组织，都像马克思描绘的“社会鲁滨逊”[①]的肢体那样，只是不折不扣地完成上级规定的计划任务，而没有自己的任何特殊利益，从而在向计划机关提供数据、报告工作和执行社会统一计划时，不会发生任何偏离。事实上，这是不可能做到的。在社会主义阶段，每一个经济活动当事人，包括计划的制定者在内，都有他们自身的、同整体利益不完全一致的利益，这种利益同社会的整体利益经常有矛盾。于是在编制计划和执行计划的整个过程的各个环节上，都免不了由于这种矛盾而发生的扭曲和偏离，各个利益主体之间还会因为利益矛盾而发生纠纷（或称为“扯皮”）。为了克服这种扭曲和偏离，所需付出的成本，包括制定计划所需的费用、监督计划执行所需的费用、防止机会主义行为的费用等等，也是极大的。

1.2 企业是怎样组织起来的

一、企业和构成它的一组合约关系

企业是一种代替市场来协调生产的组织。作为一种组织，它当然不是天生的，而是由人们建立起来的。我们现在要分析的问题是，

① 马克思（1867）：《资本论》第1卷，北京：人民出版社，1975年，第95页。

企业这种组织是怎样被建立的?

在现代企业理论中，有一种观点把企业理解为个人之间的一组合约关系的连接点（nexus）。这种观点是有一定道理的。经济活动，从本质上说，无非是各种生产要素的所有者和消费者之间为保持社会的物质生活条件而结成的多边交易关系。在市场经济中，任何一个企业都涉及劳动所有者、土地所有者、资本所有者、投入品提供者、产出品消费者等方面，如果我们撇开这些当事人相互之间的所有合约关系，最后必定会发现，剩下的所谓“企业”只是一个空洞的名词而已。所以，从这个意义上说，市场经济中的任何一个企业都是以一组合约关系为基础的。我们不妨用图 1-1 表示这一点。

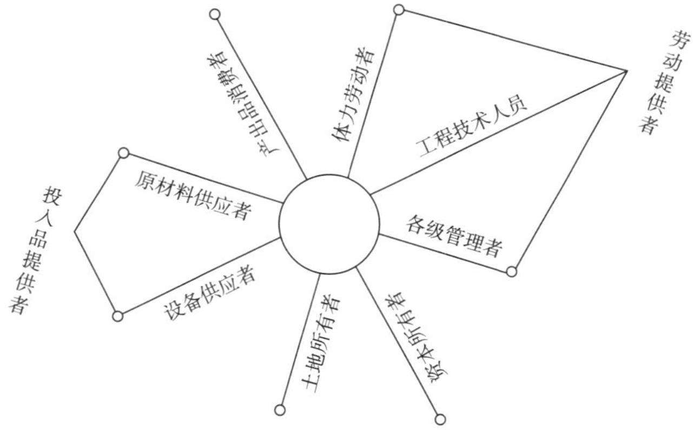

图 1-1 作为合约关系连接点的企业

进一步分析这一组合约关系订立和执行的过程，我们发现，要让这个过程正常地进行，必须得有一个主体充当中心签约人。

首先，我们注意到，图 1-1 所示的合约关系是一组多边的关系，每一方都要与所有其他各方订立合约。这里，必须有一个中心签约人代表其他各方出面与某一方谈判和签约。比如，劳动所有者必须知道，他的劳动应当提供给哪些人，谁将支付他工资，工资标准如何，谁来担保提供劳动之后一定有工资支付。在这些问题明确之前，他是不会提供他的劳动的。假如没有一个中心签约人代表其他各方与劳动所有者谈判，有关各方就必须一起来与劳动所有者谈判，他们相互之间就必须先进行一系列谈判以决定他们和劳动所有者立约的条件。这样的谈判即使不是不可能，其成本也会高得不可思议，以致经济生活根本无法进行。

其次，我们注意到，图 1-1 所示的一组合约可以分为两类：第一类是产出品消费者、资本品提供者、土地所有者、资本所有者分别与其他各方之间的合约；第二类是劳动者与其他各方之间的合约。第一类合约的实现是在市场上完成的。比如，在货物市场上，中心签约人代表其他各方向消费者提供产出品，同时接受消费者支付的货币；中心签约人向资本品提供者支付货币，接受他们提供的资本品；等等。但是，为了保证合约按原定的条件完成，必须有人监督。于是，这个中心签约人就成为合同履行的监督人。第二类合约的情况就更加复杂，除合约履行必须有人监督外，它本身在多数场合下都无法在市场上完成，因为劳动的提供同时就是劳动过程。这类合约必须在企业内部被履行，而且只要加入这一组合约关系的劳动者不止一个，在各个劳动者之间就必然存在分工。这样，企业就必须成为一个层级制的生产组织。由于中心签约人必须代表其他各方接受劳动者提供的劳动，所以他必须成为生产过程的监控者。

我们现在先把这个中心签约人称为**企业家**（entrepreneurs）[①]，对

① entrepreneur 这个词，也可以翻译为企业主。和在我国往往把经理人员称作企业家不同，在西方，它通常是指企业的所有者。我们在这里是按它的原来意义使用这个词的。

他作进一步的分析。至于把他称为企业家的理由，下面也会清楚。

二、企业家的本质规定

从企业家是构成企业的那一组合约关系的中心签约人这一点出发，我们会发现企业家必须具有以下一些本质规定。

第一，企业家是企业的决策者。

中心签约人与各方签约的行为是以他的一系列决策为前提的。他首先必须作出诸如生产什么、生产多少、怎样生产这样的决策，然后才能决定和谁签约，签什么样的约。当然，对任何一方，中心签约人都只是所有其他各方的代表。但正因为对任何一方他都必须如此，所以他必须自己作出决策，而不能把有关的决策留给立约各方来集体讨论。事实上，当一项决策被提出来之前，甚至连哪些当事人是“有关各方”都难以说清楚。因此，中心签约人的第一项任务实际上是发起组织一个企业。他首先必须决定生产一种什么产品，生产多少，用什么投入，用什么工艺技术，预计的成本、收益、利润会是多少。这一切决定之后，他再去寻找他所需要的有关各方当事人。与他们订立合约，从而建立一个企业。其实，这里描述的不仅仅是建立一个企业的逻辑程序，也是一个企业延续其生命的逻辑程序。任何一个企业都必须不断地作出上面所说的一系列决策，找到有关的当事人并订立一组合约，企业的运转才能得以维持。因此，中心签约人是企业生命之所依，我们称他为企业家，就是因为他承担着筹划、兴办新事业的职能，而“企业”一词在英文、日文中都有“筹划、兴办新事业的主体”这一含义[①]。

第二，企业家是剩余控制权的拥有者。

---

① 小宫隆太郎前引文章。

企业家作为中心签约人与有关各方订立合约，其基本任务是规定在什么情况下谁应当采取什么行动，谁应当得到什么作为回报。但是，既然合约事实上不可能是完备的，要事先把所有可能发生的情况都列出来，并一一规定好什么情况下谁该怎么办，得到什么回报，实际上是不可能的，现实中的合约只能规定一部分权利，而不可能对所有的权利作出规定。经济学家把在合约中被明确规定的权利称为**特指权利**（specific rights），把其余的没有被明确规定的权利称为**剩余权利**（residual rights）或**剩余控制权**（residual rights of control）[①]。

一般说来，一个企业的资产总是通过三种途径形成的：从土地所有者那里租入土地，从外部资本所有者那里借入资本，企业所有者（业主）自己提供的资本。我们下面将要说明，中心签约人通常都必须是企业的资本所有者，因此他对他自己所有的那部分资本及其收益的剩余控制权是显然的。假如中心签约人与外部资本所有者订立借入资本的合约，由借入资本所形成的资产（例如，所购买的设备）便成为企业的资产。在企业家与外部资本所有者（债权人）所订立的合约中，后者对这部分资产的运用除有收取利息的特指权利外，还可能保留某些明确规定了的权利，例如，这部分资产不能被用于制造毒品，某些设备、材料必须从特定厂商购买等等。除了这些特指权利外，剩余的权利属于企业家。土地使用权的情形也与此类似。

企业家与劳动者订立合约的结果是他们之间形成了雇主-雇员关系。这种关系的特征是雇主拥有对雇员行为的剩余控制权，也就

① Grossman 和 Hart 前引文章。

是说，除了合约中明确规定属于雇员的那些权利，例如，工作时间、工资标准、劳动保护条件等，其余没有明确规定的权利属于雇主，例如在工作时间之内雇主有权指挥雇员去做某项工作等。这样分配剩余控制权的基础在于，要在合约中清楚地载明在每一种可能的情况下雇员应当采取的行为是不可能的。

第三，企业家是剩余索取权的拥有者。

所谓**剩余索取权**（residual claimant rights），指的是对于企业收益用来支付各项生产要素的报酬和投入品价格之后的**剩余收入**[①]（residual revenue）的索取权。为什么企业家必须拥有剩余索取权？阿尔钦和德姆塞茨从合约执行中的度量问题（the metering problem）出发作出了解释[②]。他们认为，度量的困难产生于企业的产出是多投入的联合产出，为了确定每项投入的贡献并使报酬与之相对应，就必须观察每项投入所有者的行为，如果报酬的差别不能反映各项投入边际生产率的差别，就会有“**规避责任**”（shirking，有时译为“**偷懒**”）的情况发生。市场竞争虽然有助于减少这种规避责任的行为，但其作用有限。因此，需要有人专司监控的职能，检测签约各方的表现，使他们（或它们）所得的报酬与各自的边际生产率相一致。为此，监控者需要有权与任何一项投入的所有者重新谈判合约，及时修改合约条件。也就是说，监控者必须是作为中心签约人的企业家。问题在于，谁来监控监

① 在实际生活中，“剩余收入”可以视为企业会计账目上的“利润”的同义语。

② A. 阿尔钦、H. 德姆塞茨（1972）：《生产、信息费用与经济组织》，《财产制度与制度变迁——产权学派与新制度学派译文集》，上海：上海三联书店，1991 年，第 62 页。

控者呢？如果合约是否得到履行与监控人的利益毫不相关，则他们也很可能采取不认真监控、规避责任的态度。为了防止监控者自己规避责任，当然可以为监控者再找一个监控者。但这只是把问题向后推了一步，并没有解决下一个监控者的监控问题。为了使最终的监控者不规避责任，唯一的办法是使他对自己的监控行为负责，就是说，把他的监控行为的后果“包”给他。用经济学语言说，就是使他有剩余索取权。如果监控者偷懒，它能得到的剩余会减少，甚至成为负数。

第四，企业家是企业产权的所有者。

我们已经知道，企业家是企业的决策者，拥有对企业资产的剩余控制权。企业家的决策必然有风险相伴随，这种风险一方面是由于环境的不确定性，一方面是由于企业家的有限理性。由此便产生了一个风险承担的问题。企业家是剩余索取者，就意味着他要承担他的决策带来的风险。作为剩余索取者，他必须保证向其他有关各方提供确定的报酬，比如，向劳动所有者支付工资，向债权人支付利息并归还本金。他的保证的含义是，无论他的决策后果如何，有关各方都会得到合约规定他们各自应得的东西，剩下的一切，无论是盈还是亏，全由剩余索取者一方承担。

企业家怎样才能使有关各方相信他的保证的可靠性？显然，在法律健全的情况下，最直接的办法是以自己的财产来担保。在现实经济生活中，拥有决策权和剩余索取权的企业家往往同时也是资本所有者，原因之一可能就是因为资本所有者有能力向其他各方提供担保。当然，对企业家是企业产权的所有者这一现象的解释远非如此简单，资本所有者在对待风险的态度方面与其他人的区别可能也是原因之一，我们不打算在此讨论进一步的细节。

从上面的分析中我们看到，企业家作为企业资本所有者一方面拥有对企业资产的剩余控制权，另一方面拥有对剩余收入的索取权。值得强调的是，这两方面的匹配是决定一个企业效率的关键因素，也是所有权可以提供刺激作用的关键。如果决策者只能得到他的决策所带来的收益的一部分，或只承担他的决策所带来的成本的一部分，他就会无视一部分收益或成本，这一般说来都会导致决策的无效率[①]。例如，如果企业家不是资本所有者，完全依靠借入别人的资本，他事实上就无力承担他的决策带来的风险。结果，决策成功时，他享有剩余的收入，在决策失败时，债权人承担损失。这样，他在决策时就会不计算或少计算相关风险的成本，而倾向于从事大规模、高风险的投资，导致决策的无效率。

这里需要指出的是，我们说充当合约的中心签约人和合约执行的监控者是企业家作为资本所有者的职能，这并不意味着所有这些职能都必须由企业业主亲身执行。企业制度的发展中，特别是在公司制度里，业主往往把一部分监督和指挥的职能交给雇来的经理人员担当，并通过委托代理关系对他们进行控制。我们将在第三节中分析这种关系。除此之外，企业家这一概念本身也发生了变化，在现代企业制度中，资本所有者已不再是业主一个人，而是一群股东。股东虽然仍是剩余索取者，但绝大部分决策权却无法集体行使。因此，在现代企业制度中，企业家的职能实际上是由股东、董事会、经理这三者构成的一个法人治理结构来承担的。这一点我们将在第7章中作详细的分析。

① 参见P.米尔格罗姆和J.罗伯茨前引书第9章《所有权与产权》，见《经济社会体制比较》杂志1994年第5期中文摘译稿。

三、企业的三种主要法律形式

既然企业家就是资本所有者，任何企业都要建立在一定的企业财产的基础上。在长时期的经济发展中，与不同的产权形式相适应，逐渐形成了企业的三种法律形式，这就是：（1）业主制（proprietorship，或称single proprietorship即个体业主制）；（2）合伙制（partnership）；（3）公司制（corporation）。

在通常的情况下，市场经济中存在大量个体业主制的小企业，但是，它们一般规模很小；而数量虽少、但规模巨大的公司却占有支配地位。据统计，1977年美国大约有1500万家厂商，其中1135万家是个体业主制企业，合伙制企业有115万家，公司制企业只有224万家，但它们的销售额占美国企业全部销售额的65%[①]。

业主制企业是最简单的企业形式。业主制企业只有一个产权所有者，它是业主的个人财产，由业主直接经营。业主享有该企业的全部经营所得，同时对它的债务负有完全责任。如果经营失败，出现资不抵债的情况，企业主要用自己的家财来抵偿。业主制企业一般规模很小，结构简单，几乎没有任何内部管理机构。它的长处是建立和歇业的程序十分简单易行，产权能够较为自由地转让；经营灵活，决策迅速；经营者与产权关系紧密、直接，因而精打细算、勤俭持家是业主制企业普遍具有的优点。它的弱点则在于：（1）本身财力有限，而且由于受到偿债能力的限制，取得贷款的能力也比较差，因而难于从事需要大量投资的大规模工商业活动。（2）如果企业主无意经营或者死亡，该企业的业务就要中断。因此，这种类

① S. 费希尔、L. 唐布什（1983）：《经济学》上册，庄巨忠等译，北京：中国财政经济出版社，1989年，第177页。

型的企业通常在零售商业、“自由职业”、个体农业等领域中活动，由小作坊、小商店、家庭农场、开业律师和医师等组成。

当业主制企业需要扩大规模时，业主往往招进其他业主来与他合伙。

合伙制企业是在两个或两个以上业主的个人财产的基础上经营的。合伙人分享企业所得，共同对企业债务承担责任。

合伙制的优点是：（1）由于可以由众多的合伙人共筹资金，因而资本规模较业主制企业大，也由于合伙人共负偿债责任，减少了向它贷款者的风险，它的筹资能力较单个业主制企业大大提高。（2）合伙人共同对企业盈亏负有完全责任，意味着他们以自己的身家性命来为企业担保，因而有助于增强经营者的责任心，提高企业的信誉。

合伙制有两个主要的缺点：第一，合伙制企业是依据合伙人之间的协议建立的，每当一位原有的合伙人退出或死亡，一位新的合伙人被接纳，都必须重新谈判建立一个全新的合伙关系。这样，建立合伙制企业和接纳新的合伙者的谈判程序和法律程序都很复杂。同时，集资者限于少数合伙人，也限制了筹集资金的能力。而且，由于所有的合伙人都有权代表企业从事经济活动，重大决策都需要得到所有合伙人的同意，因而很容易造成决策上的延误和差错。在规模太大时，由于很难监督其他合伙人的行为，就会使机会主义行为易于发生。第二，所有合伙人对于合伙制企业的债务负有无限责任，而不以他投入的那部分资本为限。当企业经营失败时，如果其他合伙人无力赔偿他们应当承担的那一部分亏损，合伙人还负有连带责任，有义务用自己的财产予以补足，直到清偿全部欠款为止。这就使并不能对企业的经营活动单独行使完全的控制权的合伙人面临相当大的风险。

由于合伙制企业有以上的特点，它们一般规模较小。只有那些业主的个人信誉和个人责任具有很大重要性的企业，如律师事务所和会计师事务所等，才在发展到几十个、几百个合伙人以后仍然采取这样的组织形式。直到 20 世纪 70 年代，美国华尔街的投资企业仍然采取合伙制的法律形式。但是到了后来，这些企业变得过分巨大，任何一个合伙人都无法了解其他合伙人的财产状况和可能承担的债务责任时，合伙制的不利方面就大大超过了它的有利方面，这就导致了一批巨型合伙制企业在 80 年代接踵破产，另外一些巨大的合伙企业如摩根银行（J. P. Morgan）、美林证券行（Merrill Lynch）等改组为公司。

公司制企业是一个法人组织体，它以法人的名义行使民事权利，承担民事责任，有权举债、签订合同，能在法院起诉和应诉。公司的产权分属于股东，股东有权分享公司的盈利。与合伙企业不同，公司入股人（股东）并不对企业债务负无限责任，而只在他投入的股本的范围内对债务负责。同时，公司股东不能退股，而只能转让他们的股权。因此，公司脱离了它们的所有者而具有独立的生命。

与合伙制企业相比较，公司最突出的**优点**是：股东们只对企业债务负有限责任，即只在他们缴纳的股金范围内对企业的债务负责，一旦公司由于资不抵债而破产，债权人只能对公司的资产提出要求，而无权要求股东用股金以外的财产来抵偿公司债务。这样，公司股东的风险要比合伙人小得多。这就使股份公司成为筹集大量资本的良好企业组织形式。公司的另一项优点，是具有独立生命，除非由于破产歇业，它的生命是“永远延续”的。公司一旦建立，其业务不会因为股东死亡或股权转手而终止。而且在业务决策上，只需多数同意而不需要一致通过。与此同时，公司股东不能像合伙企业的合伙人那样，直接做出经营决策和代表其他股东与人签约，而是由股东大会按一股一票的原则投票选聘董事组成董事会托管公司法人财产，董事会则聘任总经理和其他高级经理人员进行日常经营活动。公司经理人员在作为股东的代理人行使职权和承担财务责任时受到有关法律的严格限制。这样就保证了公司决策的连续性和及时性，减少了差错。

公司这种组织形式的**缺点**是：（1）公司的设立程序复杂，不像个体业主制企业那样，随时可以建立和歇业；也不像合伙制企业那样仅仅由合伙者的协议决定。公司法人地位的确定，需要政府的认可，歇业也要通过一定的法定程序。因而公司的组建不像其他两种企业形式那样方便灵活。（2）股东购买股票，只为取得股利和从股票升值中取利，对公司缺乏个体业主制企业和合伙制下那种所有者同企业之间的血肉相连的关系。同时，由于经营者往往不是拥有股权的股东，他们同企业的利益上的关系，也不像个体业主制和合伙制下那样紧密；并由此产生了委托人（出资者）和代理人（经理人员）之间的复杂的授权与控制的关系。

随着现代工商业的发展，公司规模增大，股东增多，业务日益复杂化，大股东亲自担任高层经理人员经营企业的做法越来越不能适应新的形势，于是愈来愈多的大公司将经营工作委托给支薪的高层和中层经理人员承担。这些高中层经理人员往往不是企业的股东，只是由于自己的经营管理能力而被代表所有者的董事会所雇佣。美国法学家伯利（A. Berle）和米恩斯（G. Means）最先深入地考察了这种现象。1933 年他们在《现代公司与私有财产》一书中公布了对 200 家美国大公司进行的实证研究的结果。他们认为，由于股份分散化，不占有 50% 以上的股份的股东，甚至完全不占有股份的经理人员也可能控制公司。在他们所调查的 200 家大公司中，绝大部分不是由股东控制的，其中占公司数量 44%、占公司财产 58% 的公司是由并未握有公司股权的经理人员控制的。由此他们得出结论：现代公司的发展，已经使它们受“经营者控制”或实现“**所有与控制的分离**”(the separation between ownership and control)[①]。也有的作者把这种情况称为“所有与经营的分离”(the separation of management and ownership)[②]，在我国通常译为“所有权与经营权的分离”。

伯利和米恩斯关于现代公司制度的论述的缺点，是没有清楚地把特指控制权和剩余控制权区分开来，忽视了掌握着剩余控制权的所有者的最终控制作用。在 1959 年出版的《没有财产的权力》一书中伯利把他的论断推到了极端，他认为，当“被称为公司的法律实体作为财产所有者出现”时，“股东已没有任何权利同那形成公司资产的东西发生实际关系”。[③] 许多经济学家认为他的这结论失之片面，例如，日本经济学家奥村宏就以日本的实际情况为例，驳斥了“经营者控制论”。[④]1983 年在美国斯坦福大学胡佛研究所为纪念《现代

① 见该书中译本：《现代公司与私有财产》，台北：台湾银行出版社，1982 年。这里需要注意的是，正确理解的所有与控制的分离，应当是指所有权与特指控制权（“经营权”）的分离，也就是所有者通过对经理人员的雇佣合约，把日常生产、销售、雇佣一般职工的权力授予高层经理人员。至于剩余控制权，包括决定重大投资、合并、任命高层经理人员等权力，并未与所有权分离。

② 参见 R. G. Lipsey and P. O. Steiner, *Economics*（经济学）, New York: Happer & Row, 1981, p.321。

③ 见该书，北京：商务印书馆，1962 年，第 63—66 页。

④ 见奥村宏：《法人资本主义》(1983)，李建国等译，北京：生活 · 读书 · 新知三联书店，1990 年，第 35—36 页和《日本的股份公司》(1985)，郑风权等译，北京：中国展望出版社，1988 年，第 56—59 页。

公司与私有财产》一书出版 50 周年的讨论中，多数学者也表达了和上述观点相同的看法，认为公司所有者仍然对公司的法人财产保持最终控制[①]。

1.3 企业层级组织的激励机制

前面已经提到，企业从内部结构看，是一个**层级组织**（hierarchy），也就是由若干个行政层次组成的组织。随着企业规模的扩张，现代企业表现为复杂的多层次层级组织。在各个层次之间，存在着**委托—代理**（principal-agent）关系。于是，如何设立有效的**激励制度**，保证各层次的行为符合上级层级的目标，就成为层级制组织运行中的重大经济问题。我们将在本节中讨论这些问题。

一、管理层级制是企业协调经济活动的手段

企业从对外关系看，是各种合约关系的连接点；从内部关系看，又独立于狭义的买卖双方对等的市场交易之外，拥有不同于市场横向交易的金字塔式垂直结构—层级组织（Hierarchy）。概括起来，企业层级组织有以下基本特点：（1）企业层级制由两个以上的层次组成，除了规模很小的企业只有老板和工人两个最基本的层次外，在大多数企业中，还存在一个或数个中间层次，企业规模越大，中间层次越多；（2）决策控制权在各层次分配，最高层的权力源自企业的所有权，下级的权力由上级授予，上下级之间是命令和服从的关系，但这种命令服从关系不能超越劳动契约所设定的界限；（3）同一层次内

① 参见 *Journal of Law and Economics* 26（June 1983）。

存在少数横向的信息传递，除此之外，在层次组织中信息流是纵向的；（4）经理、员工的报酬大致与其所处层次相适应，越接近金字塔塔尖，相邻两层次间的报酬差距越大，反之则越小；（5）在企业内，原则上最高决策层决定企业生产什么、怎样生产和为谁生产即资源在企业内的配置问题，下级可根据上级的授权在管辖范围内配置资源，整个企业所拥有的资源配置权利最终受企业产权的制约。

企业为什么要按层级制原则组织起来？

通常的解释是，企业组织的社会化大生产是建立在分工、协作基础上的，而任何较为复杂的劳动过程就其本性都需要协调和指挥，企业既然是市场交易的一种替代机制，自然要采取纵向协调的某种等级制形式。从信息机制看，不能否认协作理论的上述解释有其合理的一面。可是，协作理论隐含了组成企业的员工目标函数完全一致的假设。在企业由单个人组成、家庭成员组成或者其他员工的目标函数等同于企业的目标函数的场合，企业内协调指挥的任务可归结为信息的有效传递和利用。无论企业使用内部价格、还是使用直接的数量控制，都能保证其在运作过程中不致出现“X 低效率”（X–inefficiency）[①] 现象。但是，这种假定是不现实的。在现实世界中，员工与企业在签约前，各候选员工的目标函数显然同企业主不相一致。签约后，企业员工的行为开始受到契约的约束，并且由于他们已经成为企业这一利益共同体的一员而增加了目标认同感。然而，一则事前的劳动合约不可能完全，二则即使合约完全，也并不意味着能在劳动过程中无摩擦地实施。在目标函数不一致、劳动又

① “X 低效率”是美国经济学家莱宾斯坦（H. Leibenstein）1966 年提出的一个概念，指不是由狭义的市场资源配置因素引起的低效率，如组织低效率、激励低效率等。

减少了可以享用的闲暇时间从而给人带来负效用的情况下，从从事普通劳动的基层员工到从事指挥劳动的高级经理，都可能有使其单位收入的劳动投入最小化的行为。在此情况下，“一级盯住一级”的层级制也就应运而生了。

在近一个世纪的成长过程中，现代企业先后采用过三种内部的层级组织结构：第一种是控股公司（holding company）结构，简称**H型结构**；第二种是集中的、按职能划分部门的结构或一元结构（unitary structure），简称**U型结构**；第三种是多分支单位结构（multidivisional structure，或译事业部制），即**M型结构**[①]。这几种结构实际上都是管理层级制的不同形式。

H型结构较多地出现于由横向合并而形成的企业中，这种结构使合并后的各子公司保持了较大的独立性。在美国，这种结构不太流行。到第一次世界大战前夕，“在大的美国工业公司中，已经几乎没有人仍然利用控股公司来管理他们的生意”。[②]但在欧洲，这种形式却曾被广泛采用。例如在英国，H型控股结构是控制分支机构的最普遍的形式。[③]

U型结构是一种中央集权式的结构，企业内部按职能（如制造、销售等）划分为若干部门，各部门只具有很小的独立性，权力集中在企业最高决策者手中。按照钱德勒的分析，这种结构的一个重要

① 这种分类，是威廉姆森1975年在《市场与层级制》一文中提出的。参见O. E.Williamson. *The Economic Institutions of Capitalism*. New York: Free Press, 1985, pp.280–281.

② 小艾尔弗雷德·钱德勒（1977）:《看得见的手——美国企业的管理革命》，重武译，北京：商务印书馆，1987年，第405页。

③ 参见同上书，第499页；L. Hanna. *The Rise of the Corporation Economy*. London: Methuen & Co. Ltd, 1976, pp.97–98.

缺陷是，高层经理们陷于日常经营活动，无法做好长期性的资源分配工作。同时，由于高层经理们通常都各自负责一个部门的工作，所以他们几乎总是从他们的专业和他们各自的立场来评价公司的政策。结果，“政策的制订和计划的编制，通常是有利害关系的各方协商的结果，而不是根据公司全盘需要而做出的反应”。[①]

M 型结构是一种分权式结构。这种结构中的基本单位是半自主的利润中心，按产品的商标或地区设立，每个利润中心内部通常都是按 U 型结构来组织的。在利润中心之上，是一个由高级经理人员组成的总部，负责整个公司的资源分配和对下级单位的监督、协调。这样，就使政策制定和行政管理两项职能实现了分离，完善了决策劳动的分工形式。高层经理因此得以摆脱日常经营工作，集中精力于战略性经营决策。M 型结构最早出现于 20 年代。目前 M 型结构已经成为各国大公司的基本组织形式。

二、层级组织中的委托—代理关系

无论何种形式的管理层级制，总存在一个上级对下级的关系问题。在现代经济学中，这种关系被称为委托—代理关系或代理关系。它被定义为一种契约。在这种契约下，一个或一些人（委托人）授权另一个人或一些人（代理人）为他们的利益而从事某些活动，其中包括授予代理人某些决策权力。

委托—代理关系是通过委代双方订立明文的或默契的合约进行的，管理和实施这类合约的全部费用，就是**代理成本**（agency costs）。詹森和麦克林把代理成本分成三个部分：（1）委托人的监督

① 小艾尔弗雷德·钱德勒（1977）：《看得见的手——美国企业的管理革命》，重武译，北京：商务印书馆，1987 年，第 533—542 页。

费用；（2）代理人的担保费用；（3）剩余损失，即委托人因代理人代他决策而蒙受的损失①。委托—代理理论力图降低代理成本，控制代理风险（agency risks）。

这种委托—代理关系，“存在于一切组织，一切合作性活动中，存在于企业的每一个管理层级上”。②在委托人与代理人的关系中出现的动力问题就是所谓代理问题（agency problem）。这个问题的实质是，委托人如何通过一套激励机制促使代理人采取适当的行为，最大限度地增加委托人的效用。

使激励机制成为必要的，首先是由于存在**信息的非对称性**（information asymmetry），所谓信息非对称性指的是契约关系中的一方在某一方面掌握着“私有信息”（private information）——这些信息只有他自己了解，另一方则不了解。比如说，我向电视机厂买一台电视机，电视机厂对机器的实际质量完全了解，我则不了解。信息非对称性又可分为两类，一类与所谓**逆向选择**（adverse selection）③问题相联系，在这种场合，订约的一方在签订合约之时便已握有私有信息。另一类与所谓**道德风险**（moral hazard）④问题相联系，其特点是，订约一方的私有信息是在合约订立之后才发生的。

① Jensen, M. C. and W. H. Meckling (1978). Theory of the Firm: Managerial Behaviour, Agency Costs and Ownership Structure. *Journal of Financial Economics*, Vol.3, No.4 (Oct.), pp.305-600.

② 同上文。

③ 逆向选择是指由于买卖双方对于商品信息的了解不同，而造成的资源误配置情况。例如，在二手车市场上，只有卖者知道自己的旧车的内在质量，而买者无法确切知道车的优劣，致使保养较好的车也卖不出好价钱。

④ “道德风险”是指从事经济活动的人在最大限度地增进自身效用时作出不利于他人的行动。

我们不妨举一个简单的、两级层级组织的例子来说明建立激励机制的困难和办法。在这个层级组织中，为了防止员工在协作劳动中“规避责任”或“搭便车”，需要对劳动进行监督和对不良行为进行惩罚。这样做存在两方面的困难：（1）协作生产力的存在使生产成果不等于个别投入之和，以测度劳动结果为标准的计件工资办法，又带有很大的局限性，在许多场合监督只得以观察劳动行为为主；（2）专业化分工导致只有当事人才清楚地知道有关工作努力程度的信息，被监督的劳动者和监督者所拥有的信息不对称，员工较之管理者掌握着更多的私有信息。

用正面激励取代惩罚的办法，如在契约规定的报酬外，以奖金、职务晋升、竞赛等刺激员工的积极性，能否提高管理的效率呢？奖励无疑是企业管理中普遍采用的办法，可是也带有局限性。近期的一项研究成果表明，在员工之间不存在串谋的情况下，它是一种信息要求不高、费用较低的有效方法，但在存在串谋行为时，不仅不能提高工作效率，而且带来额外的费用。①

早在 1945 年，哈耶克在一篇后来成为信息经济学基石的著名论文中就指出：“在实践中每一个个人都对其他人有着信息上的优势，因为他掌握着某种独有的信息，要利用这种信息，就必须二者择一：或者将需要依据这种信息作出的决策留给掌握信息的人来作，或者得到他的积极合作。”②信息租金就是委托人在订立契约时为获得代理

① 钱颖一：《企业理论》，载汤敏等编：《现代经济学前沿专题》，北京：商务印书馆，1989 年，第 13—14 页。

② F. A. von Hayek. The Use of Knowledge in Society（知识在社会中的利用）. *American economic review*, Sept. 1945。中译文见哈耶克（1949）：《个人主义与经济秩序》，贾湛等译，北京：北京经济学院出版社，1989 年，第 74—86 页。

人的这种“积极合作”而付出的代价。

信息租金的存在对管理层级制的实际结构、转移价格的形成等有着多方面的影响，这些影响正在受到经济学研究的重视。在这里，我们不妨根据有关的研究举出两方面的例子，以了解问题的性质。

首先，信息租金与管理层级制的层次多少有关。例如，有的研究指出①，当企业的管理层增加时，信息租金会随之增加。对一个三级结构而言，中层经理必须对下层经理支付信息租金，这一笔支付构成了中层经理的成本。在此之外，高层经理又必须向中层经理支付信息租金。所以，当一个企业中层级过多时，信息租金会成为最高层级的一项可观的成本。这构成了企业内部层级设置的一个限制因素。

其次，信息租金与管理层级制中分权结构的具体形式有关。例如有的研究②比较了两种可能的分权结构。在一种结构中，上级只要求下级提供若干产出，而不管下级提供的产出在多大程度上是自己生产，多大程度上是向它的下属单位采购的。这种结构的结果是，下级倾向于尽可能自己生产，减少采购。因为自己生产只需承担生产成本，采购则可能要承担信息租金。因此，即使下属单位生产的成本低于自己生产的成本，下级也可能选择自己生产。由此引起的效率损失被称为“控制损失”。在另一种结构下，上级监督下级关于自产和采购的决策，并利用向下级的支付对采购进行实质上的补贴，补贴

① 详见 McAfee，R. P. and J. McMillian. Organizational Diseconomics of Scale（《组织的规模不经济》）. *Working Paper*, February 1992.

② 详见 N. Melumad, D. Mookherjee and S. Reichelstein. A Theory of Responsibility Centres（《关于责任中心的理论》）. *Working Paper*, July 1991.

数额取决于信息租金。在特定条件下，这种方案可以消除控制损失。

三、现代公司制企业中对经理人员的激励

我们在本章第二节的第三个问题中，谈到了公司制这种企业类型。在公司中，企业的决策过程发生了重要变化。在业主企业中，企业主自己既是资本所有者又是决策者，以利润最大化为决策目标是不存在疑问的。在合伙制企业中因为决策是合伙人集体进行的，各自不同的利益显然有可能使实际形成的决策偏离企业利润最大化的要求，这种利益矛盾，通过合伙人之间的协议来解决。在公司中，情况就大不相同了。在现代公司中，经理人员几乎包揽了企业的一切主要经营决策。股东作为剩余索取者承担着经理人员决策的后果，决策权则委托给了以薪金为主要收入的经理。这种现象即是所谓“所有与控制的分离”，它很自然地引出了一个问题：经理人员实际作出的决策能否仍以利润最大化为目标？

亚当·斯密最早认识到了这一问题的存在，他对支薪经理人员能否以股东利益为决策的出发点深表怀疑。他说：

“在钱财的处理上，合股公司的董事为他人尽力，而私人合伙的合伙人，则纯是为自己打算。所以，要想合股公司的董事们监视钱财用途，像私人合伙的合伙人那样用意周到，那是很难做到的。……疏忽和浪费，常为合股公司业务经营上多少难免的弊窦。唯其如此，凡属从事国外贸易的合股公司，总是竞争不过私人的冒险者。所以，合股公司没有取得专营特权，成功的固少，即使取得了专营特权，成功的也不多见。”①

① 参见亚当·斯密（1776）：《国民财富的性质和原因的研究》下卷，郭大力、王亚南译，北京：商务印书馆，1974年，第303页。

从斯密提出这个公司内部激励兼容性的问题以来的经济发展史证明，斯密的担心不是没有道理的，公司采用法人治理结构来治理，引起了复杂的委托—代理关系问题。但是，公司制毕竟利大于弊，因而到现在发展成为主要的企业形式，所以，问题是如何设定一套激励机制，使经理人员的利益与股东的利益取得平衡。20 世纪 30 年代，经济学家对所有权与控制权的分离问题作了大量研究，包括进行经验性调查和计量经济学分析，以便搞清楚事实究竟如何。70 年代以来，随着微观经济分析的迅速发展，经济学家们更多地回到理论模型，不确定性和信息非对称性成为关注的重点。这里我们借用这方面研究中所获得一些最基本的结果，来说明所有与控制分离后激励问题的性质①。

在前面我们曾经指出，使激励机制成为必要的，首先是由于信息的**非对称性**。对公司经理也是如此。假如情况不是这样，假如股东可以像经理本人一样了解经理所选择的努力水平，并且有无可辩驳的证据证明经理选择了某一努力水平，则经理是否追求利润最大化便不成为问题，股东可以选择好自己认为能使利润最大化的努力水平，然后向经理提出一个“接受就干，不接受就走（take it or leave it）”的契约：“你若达到我确定的努力水平，我付你薪金若干（这一数目应刚刚高于经理在不接受契约时可以在市场上能得到的收入水平），你若达不到这一努力水平，我付你的薪金就减少若干。”

① 这里给出的是对这一问题的一个直观、通俗的介绍而非对有关理论的解说。试图引用其中论点的读者应参阅对这一问题的严格的经济学分析，例如 Grossman and Hart. An Analysis of the Principal-Agent Problem（《对委托—代理问题的分析》）. *Economitrica*, Vol.51, No.I（Jan.1983）.

由于努力水平的选择完全在经理自己的控制之中，而付出努力后的收入又不低于他在市场上所能得到的收入水平，经理会接受这个契约；只要当努力水平达不到时经理薪金被减低到足够程度，他就会选择股东确定的努力水平。所以，当信息对称时，尽管所有与控制分离了，但股东实质上仍可以完全控制企业的经营。我们把这种理想状态中股东选定的努力水平称为**最优**（first-best）水平，因为这是股东自己亲自经营企业时也无法超过的水平。

使对经理的激励成为问题的另一个因素是**不确定性**。假如经理是在一个没有不确定性的理想环境中经营企业，也就是说，他可以通过选择自己的努力水平来完全控制利润的水平，不受任何外界因素的干扰，则即使信息不对称也没有关系，所实现的利润水平会准确无误地向股东指明经理所选择的努力水平，股东也可以以利润水平为充分证据向法庭证明经理的努力水平。因此，问题的性质与信息对称时的情况完全相同，最优状态仍是可以达到的。

当不确定性和信息非对称性存在时，问题就出现了。首先，利润受到多种经理不能控制的因素的影响，不能指明经理实际选择的努力水平。其次，股东不能直接观察到并向法庭证明经理实际选择的努力水平。在这种情况下，假如股东给经理的报酬不与企业利润挂钩，则经理可以得到完全保险（fully insured）——不管利润如何，他的收入是不变的。既然“干多干少一个样”，经理当然会尽量选择“少干”。这一问题被称为保险与激励的冲突，是存在道德风险的委托—代理关系中的基本问题。

所谓保险与激励的冲突对我们来说似乎并不新鲜，保险无非是经理吃股东的大锅饭。因此我们可能会很自然想出一个解决办法：承包——把利润承包给经理，超额完成者奖，没有完成者罚。一句话，让经理承担风险。但严格的分析表明，事情并不如此简单。当然，经理的收入与利润挂钩，这个总方向是没有疑问的。但是，挂钩要挂到什么程度？或者更精确地说，股东和经理自由订立契约的结果，挂钩会挂到什么程度？比如，假设我们建议股东和经理签一个承包合同，一年中经理向股东上交利润若干，超过的全归经理，不足的经理补齐，那么，他们会不会接受这个建议？研究表明，问题关键在于双方对风险的态度。当然，让经理承担风险会强化对他的激励，使他选择的努力水平更接近于最优水平。但一方面，如果经理比股东更厌恶风险，则让经理分担股东的风险对股东来说也是有成本的。因此，把风险向经理转移是一件有得有失的事情。既然如此，问题的关键就不是要不要将经理收入与利润挂钩，而是挂多少的问题，是一个权衡利弊之后替换（trade-off）的问题。对股东来说所能达到的最佳状态是，经理承担的风险再多一些引起的所失增加会大于所得增加，再少一些引起的所得减少会大于所失减少。经济学分析表明，这种状态在一定条件下是可以达到的，不过，从经理选择的努力水平看，这种状态对社会来说已不是最优而只是**次优状态**。

以上所说，是在企业层级制中处理代理问题的一些办法。除此而外，企业外部的市场竞争环境，如产品市场竞争、经理市场竞争和资本市场的竞争，也能对控制代理风险、降低代理责任起重要作用。

1.4　简短的结语

在市场经济中，经济组织有两种基本的形式：一是市场，一是企业，企业这种经济组织的特点是，它通过自身的层级制组织来实现人们之间的“交易”。为了实现自己的职能，企业要以独立的企业财产作为基础。根据企业产权形式的不同，企业有三种基本的法律形式：业主制企业、合伙制企业和公司制（法人制）企业。在现代经济中占统治地位的是公司制企业。

在本章中我们对企业的诸特征所作的讨论，为我们后面的分析提供了一个分析框架。在以后几章中，我们将以上述种种理论作为手段，分析为什么传统社会主义企业制度缺乏效率和过去的改革未能取得成功。然后我们将更具体地分析现代企业的组织方式以及我国国有大中型企业向现代公司过渡的途径。

第2章　传统社会主义体制下的“企业”

本章考察的“企业”，不是市场经济中作为市场主体的厂商，而是计划经济条件下的经济单位：工厂或商店，这些经济单位是社会分工体系的基础性环节，整个社会金字塔式结构中的基层单位。“企业”的这种特征是由传统社会主义经济体制的内在逻辑所决定的。在传统体制下，整个社会变成了一座大工厂，这个大工厂按层级制原则组织起来，它的基层单位——“企业”（工厂或商店）是上级行政管理机关的附属物，按国家的计划指令进行生产，由国家统负盈亏。所以，这种“企业”无异于社会大工厂中的一个车间或者班组。这样，要说明传统体制下“企业”的性质、特征及其在资源配置过程中的作用，就离不开对整个国民经济体系的分析。本章将把传统社会主义“企业”放在计划经济的整个体系的背景下来加以考察。按社会主义制度建立的历史顺序，我们将依次讨论十月革命前经典作家对社会主义企业体制的设想、这种体制在苏联的确立和苏联体制在我国的推广；最后，对传统社会主义企业体制的基本缺陷作一小结。

2.1 十月革命前经典作家的设想

马克思和恩格斯的社会主义学说，是他们从研究自己所处的资本主义社会得出的。他们从这种研究中得出的基本结论是：资本主义的产生和发展，已经使小生产者分散孤立的生产过程融合成一个社会的生产过程，这种日益社会化的生产力同生产关系方面生产资料私人占有制度发生尖锐的冲突，解决这一基本矛盾的唯一途径，就是在事实上承认现代生产力的社会本性，由社会来管理除了社会管理已不适于任何其他形式管理的生产力；而要实现这点，只能由社会直接占有全部生产资料。

在马克思看来，在社会占有生产资料的条件下，社会生产将是鲁滨逊式的自给自足的生产方式在社会范围的重演。他说：让我们“设想有一个自由人联合体，他们用公共的生产资料进行劳动，并且自觉地把他们许多个人劳动力当作一个社会劳动力来使用。在那里，**鲁滨逊的劳动的一切规定又重演了，不过不是在个人身上，而是在社会范围内重演**”。[①] 由于劳动具有直接社会性，劳动产品也不转化为商品，公有制的“自由人联合体”中不存在商品货币关系。

马克思根据 19 世纪资本主义发展的趋势，认为生产社会化的进一步发展，会使资本加剧积聚和集中。这种积聚和集中的极限是全社会总资本合并到一个资本家公司手中。他说：“在一个生产部门中，如果投入的全部资本已融合为一个单个资本时，集中便达到了极限。在一个社会里，只有当社会总资本或者合并在唯一的资本家

① 马克思（1867）：《资本论》，《马克思恩格斯全集》第 23 卷，北京：人民出版社，1972 年，第 95 页。文中黑体是引者加的。

手中，或者合并在唯一的资本家公司手中的时候，集中才算达到极限。”[①]这就是说，整个资本主义生产趋向于集中合并成一个唯一的企业。当生产的社会化发展到这一步时，只要对这个唯一的资本家实行剥夺，就将用工场的内部分工取代社会分工，“按照全社会和每个成员的需要对生产进行的社会的有计划的调节”就将取代市场价格的自发调节和由此引起的“社会生产内部的无政府状态”。[②]这当然也就意味着“**把整个社会变成一座工厂**”[③]。

可见，按马克思和恩格斯的设想，在社会主义社会中，将不存在市场经济中那样的独立的企业，而只存在生产单位。这种生产单位将会有如下特征。第一，它们所运用的生产资料属于整个社会所有，生产单位并不拥有产权。第二，生产单位的运作由社会计划进行调节，它们生产什么、怎样生产和产品供谁使用都将由计划决定。

把马克思和恩格斯关于社会主义制度的设想变成社会主义经济运行具体模式的首先是考茨基。他明确地提出了“一个国家－－一个工厂”的模式，主张无产阶级取得政权后，立即把整个国民经济变成一座“单一的大生产企业”，由国家对全部经济生活实行直接控制[④]。

德国社会民主党1891年爱尔福特代表大会通过的党纲在论及社会主义者取得政权以后在经济方面应当采取的行动时规定：“……把

① 马克思（1867）：《资本论》，《马克思恩格斯全集》第23卷，北京：人民出版社，1972年，第668页。

② 恩格斯（1878）：《反杜林论》，《马克思恩格斯选集》第3卷，北京：人民出版社，1972年，第319页。

③ 马克思（1867）：《资本论》，《马克思恩格斯全集》第23卷，北京：人民出版社，1972年，第395页。文中黑体是引者加的。

④ 考茨基（1891）：《爱尔福特纲领解说》，陈冬野译，北京：生活·读书·新知三联书店，1963年，第83页。

生产资料……的资本主义私有制转变为公有制，使商品生产变为为社会并由社会自己执行的社会主义生产。”[①]这些规定一直是往后几十年马克思主义者的指导方针。

作为爱尔福特纲领的权威阐释者的考茨基在说明以上任务时说：社会主义生产方式所要求的，一方面，是使各个资本主义企业转变为公有企业，另一方面，是把“一切企业联合起来，组成一个单一的大共同体”，从事“自给自足的”“为自己消费而进行的共同生产”。根据考茨基的分析，建立这个大共同体的条件，是由资本主义垄断的发展所准备好了的。他说，资本主义“企业规模的扩大，大财产的迅速增长，企业数目不断减少，小企业日益集中到少数几个人手里”，“这种发展的最终结果，必然是一个国家或甚至整个世界经济的全部生产资料，都成为个别人的或股份公司的私有财产，任凭他们支配；使整个经济机构变成一个统一的巨大企业”。适应这种情况，社会的大共同体应当具有现代国家的规模，所以他说，**社会主义社会“不外是单一的大生产企业”**[②]。

匈牙利经济学家格·萨穆利在《社会主义经济制度的最初模式》一书中把这一时期德国社会民主党关于社会主义经济制度的观点归纳为下列几条：（1）他们认为商品生产与社会主义制度不能相容是一条定理，并且把消灭商品生产当作是无产阶级革命的一项任务；（2）他们把社会主义解释为一家集中管理的、封闭的、自给自足的企业；（3）他们认为，在向社会主义过渡的时期，就已经实现经济

① 考茨基（1891）：《爱尔福特纲领解说》，陈冬野译，北京：生活·读书·新知三联书店，1963年，第83页。

② 考茨基（1891）：《爱尔福特纲领解说》，陈冬野译，北京：生活·读书·新知三联书店，1963年，第62—67、91—95、123页。黑体为引者所加。

关系的"实物化"[①]。

早期的列宁也是按照当时在社会主义者中流行的观点来设计社会主义经济模式的。早在1894年，青年时代的列宁就在《什么是"人民之友"以及他们如何攻击社会民主主义者？》中写道："要知道，要组织没有企业主的大生产，首先必须消灭商品的社会经济组织，代之以公社的即共产主义社会经济的组织，那时调节生产的就不像现在这样是市场，而是生产者自己，是工人社会本身；那时生产资料就不属于私人而属于全社会。"[②]他在1902年写道："工人阶级要获得真正的解放，必须进行资本主义全部发展所准备起来的社会革命，即消灭生产资料私有制，把它们变为公有财产，组织由整个社会承担的社会主义的产品生产代替资本主义商品生产，以充分保证社会成员的充分福利和自由的全面发展。"[③]1906年，他将社会主义和资本主义两种经济体系的基本区别，用计划经济和市场经济来表示。他说：只要还存在着市场经济，只要还保持着货币权力和资本力量，世界上任何法律也无力消灭不平等和剥削。"只有建立起大规模的社会化的计划经济，一切土地、工厂、工具都转归工人阶级所有，才可能消灭一切剥削。"[④]

---

① 格·萨穆利（1974）：《社会主义经济制度的最初模式》，田大畏译，长沙：湖南人民出版社，1984年，第24页。

② 列宁（1894）：《什么是"人民之友"以及他们如何攻击社会民主主义者？》，《列宁全集》第1卷，北京：人民出版社，1984年，第212页。

③ 列宁（1895）：《俄国社会主义民主工党纲领草案》，《列宁全集》第6卷，北京：人民出版社，1986年，第193页。

④ 列宁（1906）：《土地问题和争取自由的斗争》，《列宁全集》第13卷，北京：人民出版社，1987年，第124页。

在十月革命前夕，列宁把社会主义经济体系归结为一个“**国家的辛迪加**”。他说，在共产主义的第一阶段，“整个社会将成为一个管理处，成为一个劳动平等和报酬平等的工厂”。“全体公民都成了国家（武装工人）的雇佣的职员。全体公民都成了一个全民的、国家的‘辛迪加’的职员和工人。全部问题在于要他们在正确遵守劳动标准的条件下同等地工作，同等地领取报酬。”[①]整个社会只有一个经营层次，不存在独立的企业。

2.2　十月革命后在列宁领导下的实践

十月革命后开始了社会主义建设的实践。苏维埃政权刚一建立，列宁就着手按照其十月革命前的设想，建设社会主义经济。

一、“战时共产主义”

为了给建设社会主义经济管理体制作准备，苏维埃政权决定实行国有化政策，首先是在1917年末、1918年初实施了全俄银行国有化，接着进行了工业国有化。1918年3月列宁在俄共（布）第七次代表大会上宣布的共产党在经济方面的根本任务是：“彻底完成已经开始的对地主和资产阶级的剥夺，将所有工厂、铁路、银行、船舶及其他生产资料和流通手段变为苏维埃共和国的财产。”[②]1918年6月末苏俄人民委员会通过了对全国大工业实行国有化的法令。到1918

① 列宁（1918）：《国家与革命》，《列宁全集》第31卷，北京：人民出版社，1985年，第97页。

② 列宁（1917）：《俄共（布）第七次代表大会关于党纲草案草稿》，《列宁全集》第34卷，北京：人民出版社，1985年，第66页。

年末，全俄国民经济委员会研究 6 月法令的执行情况后得出结论："工业国有化已基本完成。"[①] 在基本上实现国有化的基础上，苏维埃成为集中调节整个国民经济的机关。它"组织计算，监督各大企业，**把全部国家经济机构变成一架大机器，变成一个使亿万人都遵照一个计划工作的经济机体"**。[②]

1918 年秋季，武装干涉者和自卫军的进攻打断了 1918 年 3 月俄德签订布勒斯特和约后的短暂和平建设时期，为了保证战争的需要，按照军事化的原则改组了整个国民经济，苏联进入了"战时共产主义"时期（1918—1920）。

国家对粮食实行余粮收集制，即把国家所需要的粮食分摊在各产粮省农民身上，以固定价格收购。国家并不直接支付给农民价款，而是把它转成债务。所以余粮收集制实际上是无偿地从农民手中拿走全部余粮甚至一部分必需的粮食，同时关闭市场，禁止粮食交易。对于工业来说，国民经济军事化正好提供了一个机会，以更高的速度建立社会主义者所期望建立的严整计划经济制度。

1919 年 3 月，在俄共（布）八大正式通过的党纲中提出"按照一个全国性的计划把国内所有经济活动最高限度地联合起来，使生产最大限度地集中起来。"[③] 在上述原则的指导下，社会主义第一个高度集权、高度垄断的经济体系基本形成了。

① 参见苏联科学院经济研究所编：《苏联社会主义经济史》第 1 卷，北京：生活·读书·新知三联书店，1979 年，第 157—167 页。

② 列宁：《在俄共（布）第七次代表大会的中央委员会政治报告》（1918 年 3 月 7 日），《列宁全集》第 34 卷，北京：人民出版社，1985 年，第 4—5 页。文中黑体是引者加的。

③《苏联共产党代表大会、代表会议和中央全会决议汇编》第 1 分册，北京：人民出版社，1964 年，第 541 页。

这个经济体系的轮廓可以从被列宁赞誉为俄共（布）党纲“极好的解释”的布哈林和普列奥布拉任斯基合著的《共产主义ABC》一书中清楚地看到。他们描述道，如果我们从下往上看，管理工业的机构大体上是这样建立的：在每个工厂上面是工人管理委员会；管委会的成员 2/3 来自工人，即相应的工会成员，有 1/3 是工程师；某些不太大的企业由区管理局领导，区管理局隶属于地方国民经济委员会，而地方国民经济委员会又隶属于地方苏维埃；更大一些的企业则直接隶属于所谓“总局”和“中心”；这些“总局”和“中心”的领导成员则是由最高国民经济委员会指定的。这一体系的最高决策中心是“最高国民经济委员会”，它由工会理事会和苏维埃全俄中央执行委员会的代表和人民委员组成，设有主席团负责主持全部事务。最高国民经济委员会的职责，“首先是制定和实行统一的全国计划”，“把全国经济活动管理起来”。[1]

最高国民经济委员会领导一些职能机构（如统计机构、物资供应机构等）和若干按生产部门分工的局。后者包括金属局、化工局、食品局、印刷局等。每个局都辖有若干个总局和中心，例如纺织中心、制钉总局、煤炭总局、铜业中心、金矿总局等等。在总局和中心之下是工厂。

《共产主义 ABC》以金属局为例说明如何以这种方式把工厂组织起来：

① 布哈林、普列奥布拉任斯基（1919）：《共产主义 ABC》，北京：生活·读书·新知三联书店，1982 年，第 275—376 页。

金属局

第一组、国营机械制造总局……17 个工厂

1. 索尔莫夫斯克工厂。
2. 科洛姆纳工厂。
3. 威·威克萨工厂。
4. 维尔斯克工厂。
5. 钢丝厂。
6. 布舒耶夫斯基工厂。
…………

第二组、焦炭－炼铁和铁制品总局……3 个工厂

第三组、卡卢什－梁赞炼铁总厂……9 个工厂

第四组、马尔采夫总厂……6 个工厂

第五组、铜业中心……10 个工厂

第六组、汽车……8 个工厂等等

小一些的工厂由区管理局领导，区管理局隶属于地方国民经济委员会，后者又隶属于地方工人代表苏维埃；大一些的企业则直属于“总局”和“中心”。工厂由工人工厂管委会领导，通常管委会的成员由 2/3 的工人和 1/3 的工程师组成。

在 1920 年，最高国民经济委员会共有 52 个总局，13 个生产部和 8 个各自管辖若干个工业部门的“混合型部”，179 个集团性的生

产联合组织托拉斯。最高国民经济委员会甚至管理手工业的活动，为小手工业和小型工业制定生产规划，分派定货，组织生产统计，供应原料和生产工具，协助销售产品。

这时期形成的经济体制，通称为**总管理局体制**。

这个高度集中的经济体系的运转方式是最高国民经济委员会通过总局把国家的全部经济活动统一起来，制订出统一经济计划，实行生产的最高度集中，加强生产的组织性和管理机构的条理性，以及正确地利用国家的原料和所有的物质储备。例如，可以按计划把一些很大的管理很差的企业关闭，而把有限的燃料和原料集中到那些好企业中去。

正如布哈林和普列奥布拉任斯基所指出的那样："在这种条件下，**社会变为巨大的劳动协作组合**。这里没有任何生产的分散和任何无政府状态。相反地，正是在这种制度下，全部生产都是有组织的生产。其中任何一个企业也不会同另一个企业进行斗争和竞争，因为一切工厂、矿山和其他设施在这里好像是**一个包括全部国民经济的全民大工厂下面设的分厂**。不用说，这种巨大的组织要有共同的生产计划。如果所有工厂和整个农业都成为一个巨大的劳动组合，自然在这里一切都应当计算好：不同的工业部门之间的劳动力怎么分配、它们需要生产什么产品和生产多少、技术力量往哪里使用，等等，——这一切都需要预先……计算好，并按照这种计算行动。""在这里人们将看着计算表，并根据它进行工作，**就像在乐队里大家都看着指挥棒进行演奏一样**。"①

① 见布哈林、普列奥布拉任斯基（1919）：《共产主义 ABC》，第 59—64 页。文中黑体是引者加的。

为了适应最高国民经济委员会浩大而繁琐的管理和计划工作需要，在其系统内部，设立了许多职能部门和委员会。例如中央生产委员会，主管协调与批准部门性总局生产计划的工作；物质资源利用委员会，主管对前线和人民所需工业品的计算和分配，等等。这套管理体制保证了国家最大限度地动员、集中和利用全国资源。

经济实物化和与之相联系的货币、信贷和财政作用的减弱，是“战时共产主义”的又一典型特征。国家以近乎于无偿的低价集中了国内绝大部分的社会产品，再无偿地供应军队和为前线需要服务的工业与工人。劳动居民近乎无偿地取得粮食和日用消费品。总之，国家无论是对工人、职员和军队的供应，或者是对国营工业的原料、半成品和其他材料的供应，都采用实物形式，纸币只起次要的作用。

国营工厂、合作社企业和所有经济组织，都改为预算拨款制，在这种严格集中的总管理局体制下，国营工厂等经济单位完全直接服从于总局、中心和最高国民经济委员会的生产局，它们一无生产计划权，二无产品经销权，三无材料设备的购置权，四无财务上的收支权，一切活动都要听命于上级，完全按照计划指令办事。在总管理局体制下形成的垂直的经济组织，在经营上互不衔接，只能由最高国民经济委员会在最高层进行协调。其结果是企业的生产效率低下，供需经常不平衡，国民经济各部门经常处于不协调状态。

到 1921 年，战时共产主义经济体系已经无法运行下去。这时候，工业产品产量锐减，日用工业品严重匮乏；农业歉收、粮食奇缺，到 1921 年春天，全国广大地区出现饥荒，接着出现的干旱更加剧了灾荒。与此同时，国内战争的胜利结束，使群众再也不能忍受原来为保卫苏维埃而甘愿付出的牺牲。喀朗施塔特的暴动使俄国领导人意识到，寻找代替的办法已经刻不容缓。在这种形势下，列宁和布尔什维克果断地实行了新经济政策。

二、“新经济政策”

1921 年春召开的俄共（布）第十次代表大会标志着新经济政策的开始，接着实行了一系列的新的经济政策和措施。首先是废止余粮收集制，改行粮食税，实行商品交换，恢复商品流通。粮食税规定的征收数额比余粮收集制的数额要低得多，从而给农民很大一部分可以自由支配的产品，为商品交换的发展提供了可能。1924 年，粮食税过渡为货币税。货币税进一步扩大了商品流通的范围。这就“第一，需要有一定的周转自由，需要给小私有主一定的经营自由。第二，需要供应商品和产品”。[①] 于是发展工农间的商品交换，放开市场，就成为不可避免的了。

在苏维埃政权建立初期形成的、并在战时共产主义时期得到大大强化的高度集中的经济体制，已经不能适应新经济政策带来的变化。1923 年俄共（布）第十二次代表大会《关于工业的决议》指出：**“既然我们已经转而采取市场的经济形式，就一定要给各个企业在市场上从事经济活动的自由。”**[②]1924年俄共（布）第十三次代表会议在《关于经济政策的当前任务的决议》中指出，党应当“学会使国家经济各部门之间，以及它们同市场之间的相互关系协调一致”，并根据对经济行情的经常研究调节市场关系[③]。

① 《苏联共产党代表大会、代表会议和中央全会决议汇编》第 2 分册，北京：人民出版社，1964 年，第 385、391 页。

② 同上书，第 260 页。黑体为引者所加。

③ 同上书，第 485、391 页。

新经济政策是与战时共产主义完全不同的经济管理体制。

在计划方面，“新经济政策时期的计划原则，按范围来说，同战时共产主义时期的计划原则差别不大。但是按方法来说已经截然不同了。行政手段已经为机动灵活的经济手段所代替”。[①] 所谓通过经济手段管理经济是指：“从市场的存在出发并考虑市场的规律，掌握市场，通过有系统的、深思熟虑的、建立在对市场过程的精确估计之上的经济措施，来调节市场和货币流通。”[②] 经济计划很少具有强制性。

此外，国家计划委员会在刚刚成立时实际上是一个咨询机关，而且规模很小，只设中央一级机构，全部人员仅 40 人，1923 年经过改组，扩展到 300 人，这时候，也仅能制订个别部门的计划，如编制粮食计划、农业恢复计划等。总之，这时候的国家计划对微观经济运转所起的作用还十分有限。

在工业管理体制方面，放弃了“总管理局体制”，把原先由总局管理的企业大部分下放给地方政府，1923 年又明确地划定了联盟工业企业和共和国工业企业。

建立大型的中央托拉斯和地方托拉斯，是新经济政策下国有工业的主要企业组织形式。托拉斯是工业管理体制中的基本生产单位，它与战时共产主义条件下的总局不同，**享有法人的权利**，自己负责债务，实行独立的商业核算和责任制原则，具有企业的性质。托拉斯是按专业化、经济合理化的原则组织起来的，不少托拉斯打破了地区界限，托拉斯有权根据最高国民经济委员会和加盟共和国国民

① 《苏联共产党代表大会、代表会议和中央全会决议汇编》第 2 分册，北京：人民出版社，1964 年，第 259—261 页。

② 同上书，第 137 页。

经济委员会的控制数字编制自己的计划，有权支配国家拨给的资源，有权自行决定和按买主同意的约定的价格自由销售自己的产品。

托拉斯的生产资料所有权仍然属于国家，要对国家交给它管理的财产负完全责任。托拉斯无权转让它拥有的机器、建筑物、设备等固定资产，无权分配利润。可见托拉斯实际上充其量只是利润中心，而不是投资中心，它的法人权利是受到一定限制的[①]。

在新经济政策的条件下，**所有企业都实行商业核算制**。列宁指出，商业核算制是新管理体制的核心和基础。“只有在商业核算这个基础上，才能建立经济”。[②]

1921 年 8 月，经列宁修改过的《人民委员会关于实行新经济政策原则的指令》要求，由最高人民委员会和它的地方机关经营的企业，“根据真正的经济核算原则进行经营”。[③]12 日俄共（布）第十一次党代表会议关于恢复经济的决议指出：“经济核算制应该是经营所有国营工业的基础。”[④]列宁写道：“国营企业改行所谓经济核算，同新经济政策有着必然的和密切的联系，而且在最近的将来，这种企业即使不是唯一的一种，也必定会是主要的一种。在容许和发展自由贸易的情况下，这实际上等于让国营企业在相当程度上改行商业

① 参见苏联科学院经济研究所编《苏联社会主义经济史》第 2 卷，北京：生活 · 读书 · 新知三联书店，1979 年，第 94—101 页。

② 列宁（1921）：《在莫斯科省第七次党代表会议上关于新经济政策的报告》，《列宁全集》第 42 卷，北京：人民出版社，1987 年，第 239 页。

③ 康 · 契尔年科、米 · 斯米尔丘科夫主编：《苏联共产党和苏联政府经济问题决议汇编》第 1 卷，梅明等译，北京：中国人民大学出版社，1984 年，第 268 页。

④《苏联共产党代表大会、代表会议和中央全会决议汇编》第 2 分册，北京：人民出版社，1964 年，第 141 页。

的即资本主义的原则。”[①]

新经济政策时期实行的经济核算制的实质是商业化经营，即采取市场经济中企业的经营方法和经营原则。商业核算的基本特点就是，以货币形式进行生产耗费和生产成果对比，以收入弥补支出，企业经营人员要对盈利负责。

新经济政策取得了良好的效果。不仅农业生产很快得到恢复，工业生产也得到迅速的恢复和发展。然而，历史并没有沿着这条路线继续走下去。

2.3 斯大林建立的“企业”模式

1928 年前后，斯大林战胜了他的政敌，牢牢地掌握了党和国家的最高权力，开始实施雄心勃勃的工业化计划。与他的工业化战略相适应，苏联开始逐步建立高度集中的管理体制。

一、高度集中的计划管理体制

1929 年 4 月召开的全苏第十六次党代表会议提出了与苏联发展国民经济第一个五年计划相适应的有关管理体制上的主要原则：即实行集中计划和领导。而有关新管理体制的基本原则，在联共（布）中央委员会 1929 年 12 月 5 日的《关于改组工业管理》的决议中得到了表述。根据这项决议，建立了 33 个全苏部门联合公司，诸如全苏煤炭联合公司，全苏国营石油工业联合公司，动力中心，钢铁联

① 列宁（1922）:《关于工会在新经济政策条件下的作用和任务的提纲草案》,《列宁全集》第 42 卷，北京：人民出版社，1987 年，第 366—367 页。

合公司，全苏有色金属、黄金和铂开采加工销售联合公司，全苏机器制造工业联合公司等等。各加盟共和国和地方建立了相应的地方级联合公司。由于全苏部门性的联合公司过于庞大，1930 年又实行了分建，例如全苏机器制造工业联合公司分建为 3 个独立的联合公司。分建的联合公司具有按专业化要求建立的总局性质，意味着新的管理体制走向集中部门专业化管理。联合公司基本上是一个有独立性的公司，它拥有生产调度权、技术经济指标的决定权、生产计划权，它有权签订供销合同，有权支配自有流动资金和使用银行贷款，有权任免企业和托拉斯的领导人。

最高国民经济委员会直接领导联合公司，联合公司管理托拉斯和企业。

由于工业规模不断扩大，新的部门不断建立，工业管理的任务日益繁杂，要求改革最高国民经济委员会。1932 年苏联最高国民经济委员会改组为若干个人民委员部。各人民委员部的主要职能是：管理有关工业部门、领导生产和财务计划以及基本建设计划编制和执行工作，批准企业决算和资产负债表，组织所属企业的物质技术供应和产品销售。

联合公司在苏联存在的时间不长，但它是走向人民委员部管理体制的一种过渡形式。随着最高国民委员会的改组和新的人民委员部的不断建立，撤销了联合公司，形成了由人民委员部进行垂直管理的高度集中的经济管理体制。

在苏联第一个五年计划时期开始形成的斯大林管理体制，是一个高度集中的层级制结构。它的最高管理机关是苏联部长会议。苏联部长会议即苏联政府在苏联政治结构中是一个执行机构，它在联共中央政治局领导下负责执行政治局的各项决定。政府向它的直属机构各人民委员部下达指令。它们再给其所属的总局发布各项指令，总局再把指令经过托拉斯转达或直接下达给企业（见图 2–1）。

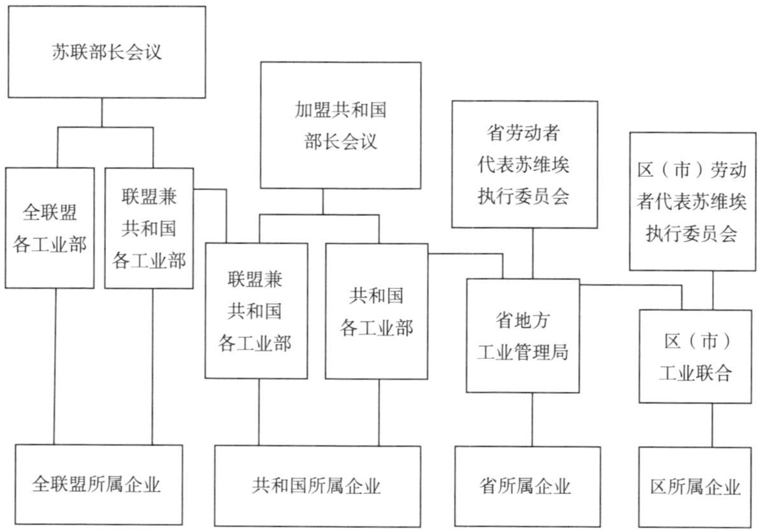

图 2–1　苏联工业管理结构

在这种体制下，随着工业规模的不断扩大，新的经济部不断建立。到 1985 年戈尔巴乔夫担任苏共总书记时，苏联的中央政府主管经济工作的部级机构多达 70 多个。这 70 多个部级机构分成两类：第一类是负责计划、物资和设备供应、建筑、价格、劳动、科技、农业、财政、统计和银行业务的综合性国家委员会和职能部；第二类是直接主管生产部门的部。每个部再按地区或特殊的产出类型划分为几个局，每个局下辖若干个“企业”。这种结构在 15 个加盟共和国被重新复制一遍，加盟共和国的各经济部和下属单位须接受双重领导。

在这个行政层级制的底层是担负着实际生产、建筑、运输和贸易活动的企业。在 1986 年，全苏联大约有 46000 个工业企业，23000 个国营农场，27000 个集体农庄，17500 个联合农庄和联合企业，47000 个建筑组织和将近 100 万个批发和零售贸易组织，这些基层单位的活动受到上级主管机关的严格控制，按照上级下达的计划进行活动。计划就是法律，用国家强制力量保证它的实施。这样，中央集权的指令性计划管理构成了传统体制的基本特征。斯大林在1927年联共（布）第十五次党代表大会上指出："我们的计划不是臆测的计划，不是想当然的计划，而是**指令性的计划**。这种计划各领导机关必须执行，这种计划能决定我国经济在全国范围内将来发展的方向。"[①]

为了加强国民经济计划领导，1930—1932年苏联开始实行了与产品生产和销售计划执行相适应的有计划贷款制度。将短期贷款全部资金集中于国家银行，有计划地按部门分配贷款，将国家银行变为国家统一的信贷和结算中心。这时期确定的税收制度也要求国营企业纯收入的一部分直接纳入国家集中的纯收入，使国家预算与国民经济计划直接相联系。

这时候，由于整个经济生活和所有的经济部门开始了直接的计划化，除集体农庄市场外，市场多半成了国家有计划组织起来的社会主义流通领域。同时国家计划委员会也得到了充实和完善，完整的计划体系建立了。

计划的制定、管理和监督由国家计划委员会负责。国家计划委员会下设若干个综合计划局：综合生产局、基本建设局、地区计划局、物资平衡和物资供应局以及财务计划局。国民经济各部门的计划由按部门分别设立的局负责。各地区的经济计划由地区计划局负责。

国家计划具体地规定了企业制造一定数量、质量的产品的任务，同时，具体地规定供应企业支配用以完成这些任务的物质资源和劳

① 斯大林（1927年12月3日）：《在联共（布）第十五次代表大会上中央委员会的政治报告》，《斯大林全集》第10卷，北京：人民出版社，1954年，第280页。黑体为引者所加。

动资源的数量和质量。工业企业的基本任务就是依据国家的计划任务，生产一定的产品。企业根据国家计划规定的各项指标，编制详细的生产、技术、财务计划。国家的指令性计划指标包括：产品产量和产值，原料和设备利用的主要技术经济指标，劳动生产率方面的指标，工人人数，工资基金，生产费用预算，产品成本，收支平衡表。企业生产技术财务计划是国家计划的直接继续和进一步具体化，它包括：生产计划，技术组织措施计划，物资技术供应计划，劳动工资计划，产品成本计划，财务计划，基本建设计划等。

生产计划规定按月按季所需完成的产量指标和总产值指标。

物资技术供应计划包括能源、原材料、辅助材料、半成品、零配件的供应计划，以及生产废品的收售和利用计划。

劳动工资计划包括劳动生产率、各类人员数量、工资基金及工人的平均工资等项指标。

产品成本计划包括生产费用预算、产品成本核算和可比产品成本的降低额。

财务计划包括补充定额流动资金需要、流动资金周转天数、销售利润等计划。

在这种国民经济管理体制下，所谓“企业”并不具有经济上的独立性，而是按指令性计划办事的上级行政主管机关的附属物。

二、企业经济核算制

不过，斯大林模式下的生产单位同古典社会主义经济模式下的生产单位之间还是有一点区别，这就是国家承认它有某些区别于社会整体利益的利益，对它实行“经济核算制”，因而取得了“企业法人”的外观。

苏联第一个五年计划初期建立起来的企业模式，原本不包含实行经济核算制的内容，完全靠行政手段维持其运转。由于这种体制助长经理人员采用不计成本、不核算盈亏的经济方法，造成了极大的浪费，使斯大林 1931 年在经济工作人员会议上提出施行经济核算制。他指出，在许多苏联企业和经济组织中，人们认为国家“横竖会给我们拨发必要的经费”，因而早已忘掉了“节约”“减少无谓费用”“生产合理化”一类概念，采用一种浪费的办法来经营。这使它们不仅没有完成计划规定的降低成本的任务，反而把成本提高了。针对这一问题，斯大林提出的解决办法是：“消灭不善经营的现象，尽量动用工业内部的资源，在我们的一切企业中实行并巩固经济核算制，不断降低成本，毫无例外地在一切工业部门中加强工业内部的积累。”[①]根据斯大林的决定，苏联工业企业在第二个五年计划（1933—1938）初期在企业中全面推行了经济核算制。

实行经济核算制要求企业在经济业务上具有独立性，通过以收抵支、按盈取奖，促使企业努力改善经营，降低成本，减少浪费。实行经济核算制的企业要在国家银行中设有结算账户、编制资产负债表、核算它所拥有的全部资金、用货币形式计算生产的消耗和生产的成果。各经济核算制企业和其他企业的经济关系，可以在计划范围内通过合同固定下来。国家要对企业在各个方面和各个生产环节的活动进行货币监督。

对企业经济活动实行货币监督的办法是：用货币形式核算生产费用、计算产品成本，确定固定资金与流动资金的利用效率，判明企业的利润。用企业的各项货币综合指标（销售收入、成本、利润

① 斯大林（1931 年 6 月 23 日）：《新的环境和新的经济建设任务》，《斯大林全集》第 13 卷，北京：人民出版社，1956 年，第 68—69 页。

等）反映企业工作绩效，用货币指标衡量企业完成计划数量指标和计划质量指标的情况。

从1936年起，苏联开始实行厂长基金制度，企业根据盈利情况提取厂长基金。具体办法是从计划利润和超计划利润中，分别提取4%和50%作为厂长基金。厂长基金的50%以上用于改善职工的居住条件，其余的用于改善企业的文化和日常生活设施以及用于额外基本建设工作、合理化措施和技术宣传，还包括对企业特别优秀的工作人员进行个人奖励。政府还允许那些国家计划不规定其利润指标的企业从计划成本降低额中提取3%，从超计划成本降低额中提取50%作为厂长基金。此外，还建立了日用品基金（来源是企业销售废料制日用品的利润以及销售由那些原定进一步制造日用品用的废料制成的半成品所取得的利润）。通过这些奖励办法，促使企业领导人和全体职工从物质利益上关心计划任务的完成，关心各种资源的节省使用，关心企业收益的增长。对没有完成计划，没有履行义务并给企业带来不良后果的经济行为，实行各种经济上的制裁：违反供应期限的罚款，产品质量不符合规定的罚款，不履行合同的要支付违约金，没有完成利润不允许设厂长基金，等等。

除了厂级进行经济核算外，车间、班组也实行经济核算。它们是企业经济核算制的继续和程度的细化。

需要注意的是，斯大林模式下的经济核算制与列宁在新经济政策时期讲的经济核算或"商业核算"有着原则的区别。新经济政策时期的经济核算的存在条件是市场经济，其实质则是"商业化经营"，即按照市场经济的原则，把企业视为一个独立商品生产者；企业作为一个独立的商品生产者，以利润作为生产的动力，根据市场价格的变动自主作出经济决策，争取最好的经济效益。斯大林模式下的经济核算制存在的条件是命令经济的集中计划体制，其实质是运用物质刺激来促使计划指标的实现，因而是执行计划的辅助工具。在斯大林模式下，每个企业的计划已由上级部门规定好了，企业无权自行按照市场变化改变计划指标，其供销活动也必须完全按照国民经济计划下的经济合同进行。经济核算等于成本核算。实行经济核算制的“企业”也仅仅是成本中心，而不是具有自己独立财产并承担盈亏责任的真正企业。

三、斯大林模式下的企业运行

苏联“企业”在内部实行叫作“一长制”的厂长、经理负责制。由1929年9月联共中央决定实行的“一长制”原则并不排除地方党组织代表、工会领导人和包括国家银行和财政部在内的各种政府机构的代表对“企业”经营活动的制约。“企业”的日常活动都是由计划安排好了的。计划规定应该生产什么和生产多少（产品生产计划）、用什么手段进行生产（生产能力利用、技术进步和基建计划）、按什么成本进行生产（采购、工资的成本计划）、产品卖给谁和按什么价格销售（销售计划）。在上级行政机关规定的权限范围内和生产计划目标要求下，厂长、经理负责组织生产业务活动，完成国家计划任务；改进劳动组织和生产组织；保证所生产产品的质量，提高劳动生产率；组织物资技术供应和产品销售；完成财务指标；挑选中、下层干部。典型的苏联工厂管理组织如图2–2所示。

在斯大林模式下，经理和厂长对企业的经营负有很大的责任，然而却事事都得按照国家计划和上级指示行事，缺乏起码的自主权。这种僵硬死板的制度使企业经理人员缺乏改善经营管理的积极性和纠正上级决策失误的可能性。

为了提高厂长、经理的积极性和责任心，苏联部长会议于1955

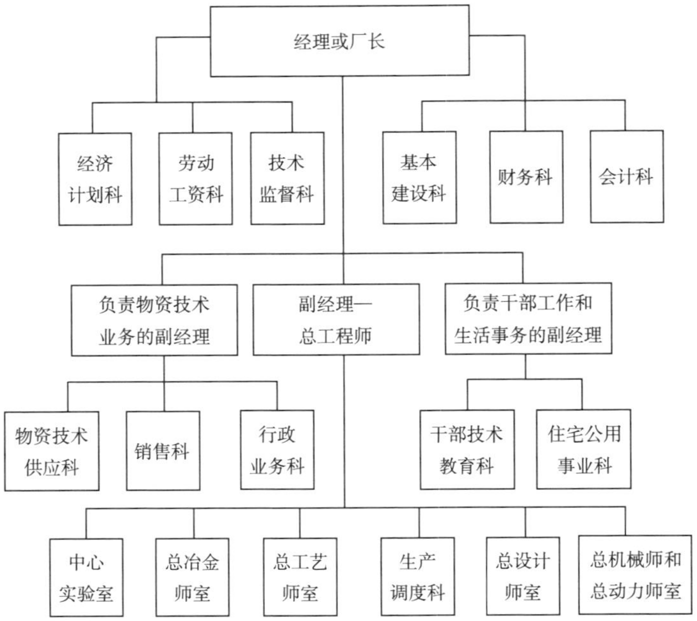

图 2–2 大型机器制造厂工厂管理处结构概要图

年通过了“关于扩大企业经理权力”的决议。根据这个决议，在计划方面，经理有权根据国家计划自行编制企业的生产技术财务计划。在企业基本建设和企业改建方面，经理可以根据企业既定的年度基本建设计划确定月度计划。在销售和采购物资方面，企业经理有权出售多余的材料、设备和其他物资，能用流动资金购买每件价值在500 卢布内的工具和设备，等等。在人员编制和工资资金使用方面，企业经理在企业既定的计划内，可以依据标准的编制和结构改变各车间、工厂管理处各科的结构和人员编制。

实际上，由于政府管理机构本身能力有限，计划不可能穷尽所有的活动，企业经理的权力往往并不仅限于此，问题在于，在不存在竞争性市场的条件下，企业经理人员运用在国家计划范围内的部分自由裁量权，并不能保证社会资源的更有效的利用和企业效率的提高。

苏联经济核算制中考核企业计划完成情况的指标，在 1965 年以前是总产值和成本两项。由于成本指标的考核存在着技术方面的困难，实际考核企业的只是总产值指标，这使企业经理人员产生单纯追求产值、不计成本的倾向。1965 年以后，改为销售额、利润、盈利率三个指标。以它们的考核结果作为奖惩管理者和提取厂长基金的依据。

实行厂长基金的意图在于，对经理人员和全体职工提供物质刺激，起奖优罚劣的作用。但是，由于企业利润是通过产品价格反映出来的，在产品结构和价格水平经常不合理的情况下，原先设计的作用实际上难以实现。

应当承认，实行经济核算制，在一定程度上提高了苏联经理、厂长改善经营管理和完成计划指标的积极性。不过与此同时，"企业"成为相对独立的利益主体，又往往使企业经理人员为了超额完成利润计划而忽视产品品种计划和质量计划的完成。例如，工厂通常不顾计划的规定和国民经济的需要，不去生产价低利微的产品，而集中力量生产价高利大的产品。马林科夫 1952 年代表苏共中央委员会在苏共十九大上所作的工作报告承认，这是苏联工业中的一种常见现象[①]。

2.4　中国传统国营企业体制的形成和运行

一、国营企业体制的建立

中国传统的社会主义国有企业模式，是从苏联引入的。早在全

① 马林科夫：《在第十九次党代表大会上关于联共（布）中央工作的总结报告》，北京：人民出版社，1952 年，第 24 页。

国解放前夕，中国东北地区的公营企业就已经采用了苏联模式。当时东北是中国第一个全境解放的大区，已经建立了一批公营企业。由于东北又邻近苏联，而且当时东北的中长铁路和旅大港是由苏联方面管理，所以很容易接受苏联影响。这样苏联模式首先在东北地区实行起来。

例如，当时中长铁路管理局就由苏联人员担任主要管理干部，按苏联国营企业的方式编制生产财务计划，实施苏联的经济核算条例和各种专业管理规则。为了推行苏联这套管理办法，管理局、管理分局、铁路工厂和大的站、段都建立了各级干部的业余学习班，由各部门苏联专家担任教师，参加学习的人有理事会主席（中方担任），各级党、政、工、团的领导人员。苏联专家管理中长铁路的方式，被当作第一个社会主义国家的先进经验得到了推广。

随着全国其他地方的政治逐渐稳定、经济逐渐恢复，东北的经验也就在全国的国营企业中推广开来。

1953 年全国经济迅速恢复后，开始实施工业化的发展战略，进入大规模的有计划建设时期。当时摆在中国人面前的是国家建设资金不足、技术力量缺乏、重点建设项目技术复杂且具有全国规模。这需要国家集中财力、物力、人力进行重点建设，实行统一管理，制定统一计划。于是，以苏联帮助我国建设的 156 个项目和限额以上的其他 694 个项目的统一管理为中心，制定了第一个五年计划，并且对这些建设项目以及建成后的企业实行以中央各部门为主的管理。这样，集中统一的国民经济管理体制就随着苏联援建的 156 个项目一同进入中国。在第一个五年计划期间，从基本建设开始，在国营大中型企业的管理、物资分配和劳动工资等方面都引进了苏联的管理体制。1956 年对农业、手工业和资本主义工商业的社会主义改造基本完成，为高度集中的管理体制的建立提供了物质基础。以财政资源的统收统支，生产资料的统一调拨，劳动力的统包统配，企业的人、财、物、产、供、销都由上级行政主管机关控制为特征的管理体制得以全面确立。在这套管理体制中，第一，直接计划或指令性计划基本上成了推动经济运行的主要形式，由国家指令性计划管理的工业产品有 120 种之多，产值占工业总产值比重的 40%。第二，指令性计划基本上通过行政手段加以协调和得以实现。中央政府通过部门管理，实现对整个国民经济的统一管理；其中，中央各部门直接管理的工业企业占企业总数的 16%，占工业总产值的 49%。

在苏联式的高度集中的管理方式基本上得到确立的同时，这种体制的弊病很快暴露出来。对此，中国领导人是有所察觉的。毛泽东在著名的《论十大关系》中就告诫人们，不要照搬苏联的做法，要调动中央、地方、企业、个人几个积极性。在毛泽东的这个思想推动下，从 1958 年起开始了漫长的改革历程。

二、国营企业的运行方式

新中国建立后，1950—1953 年期间，在经济管理上采取了中央和地方分级管理的制度。这就是说，在中央统一领导下，实行大行政区管理的办法，把全国划分为华北、华东、中南、西南、西北、东北等 6 个大区，每个大区管几个省。工业企业除华北外，基本上是由大区管理。1954 年取消了大区建制，大型国营企业陆续归中央工业部直接管理。到 1956 年，基本上形成了中央（各主管部）和地方（各省、自治区、直辖市）分级管理的体制。中央各部委主要包括两大类：一类是不直接管理企业的经济综合部门；一类是直接管理企业的专业管理部门，它们既是政府的职能部门，又是企业生产经营活动的主管机构。

1. 国有企业的计划管理方式

我国国有企业的运作，也像苏联的国有企业一样，是由国家计划推动的，企业的主要经济活动，包括生产、建设、物资供应、产品销售以及收入分配，实行指令性计划。但是，直到 1956 年实现社会主义改造以前，中国的国营工业体制与苏联古典模式相比较，仍然存在两个明显的区别：（1）由于中国幅员广大，又有各根据地各自独立的组织自己的经济的传统，计划的程度较低，地方的权力要大一些。（2）由于当时存在多种经济成分，市场力量对整个国民经济、包括国营企业还起相当大的作用，因此计划的严格程度较低，指令性计划的覆盖范围要小一些。只是到 1954 年撤销大行政区和实行社会改造以后，接近于苏联模式的集中计划经济体制才全面建立起来，企业的自主权也进一步削减。企业的生产指标由上级下达，它的产品和所需要的物资由主管部门统一调拨，它的利润和基本折旧全部上缴，所需要的基本建设投资和定额流动资金由财政拨付，职工人数和工资总额由国家统一规定。

1956 年前后国家给企业下达的计划指标有：产品产量、产值、职工人数、工资总额、劳动生产率、成本降低额和降低率、流动资金周转次数、利润总额、材料储备定额等。这些指标基本上是按年度下达的。企业按上级主管部门下达的年度计划编制季度计划，再按时向上级报批，批准后企业方可执行。上级主管部门为了全面掌握企业情况，制订 40 多种报表，由企业按时填写上报。

2. 国有企业的内部管理体制

解放初期，在企业管理方面主要是推行苏联“一长制”经验，实行厂长负责制。1949 年提出的《中国人民政治协商会议共同纲领》规定：在国家经营的企业中应实行在厂长领导下由工人参加的工厂管理委员会制度。1951 年 5 月由中共中央批准的《东北局关于党对国营企业领导的决议》中指出："国营厂矿中实行厂长在生产行政管理中的责任制，是目前我党管理工业的比较适宜的制度。"1954 年，中共中央批准《中央工业八部一九五三年工作总结和一九五四年工作部署的报告》，要求在国营企业中推行厂长负责制，以建立企业的集中统一领导。1955 年，中共中央批准中央第三办公室《关于厂矿领导问题座谈会的报告》，认为企业中的党组织，必须把确立企业管理方面的一长制作为自己的一个基本政治任务。但是，由于中国革命军队中长期存在的政委、司令员双首长制传统，苏联"一长制"在中国并没有得到普及。1956 年前后，中共中央决定取消"一长制"，代之以党委领导下的厂长负责制。

不过，我国国营企业中长期实行的"党委领导下的厂长负责制"与"一长制"之间的差别只涉及由厂长还是由党委书记担任"一把手"的问题，在我国企业管理体制的其他方面，与苏联结构并没有本质的不同。比较北京第一机床厂行政管理机构示意图（见图 2–3）与前一节中的苏联企业管理模式，就可以看出这一点。

3. 企业的经济核算制

1951 年 4 月 6 日中央人民政府政务院发布《关于 1951 年国营工业生产建设的决定》以后，经济核算制在全国推行，该决定规定了建立经济核算制的具体方式：（1）根据政务院发布的计划表格，编制生产、劳动、材料供应、成本、财务等各项具体计划。（2）按政务院的要求清产核资，确定国家拨给工厂自有固定资金和流动资金的数量。（3）确定合理的平均先进的定额、定质、定量、定料、定工。（4）建立独立的银行往来账户，完善财务成本管理制度。（5）建立各种报告制度，加强统计工作。

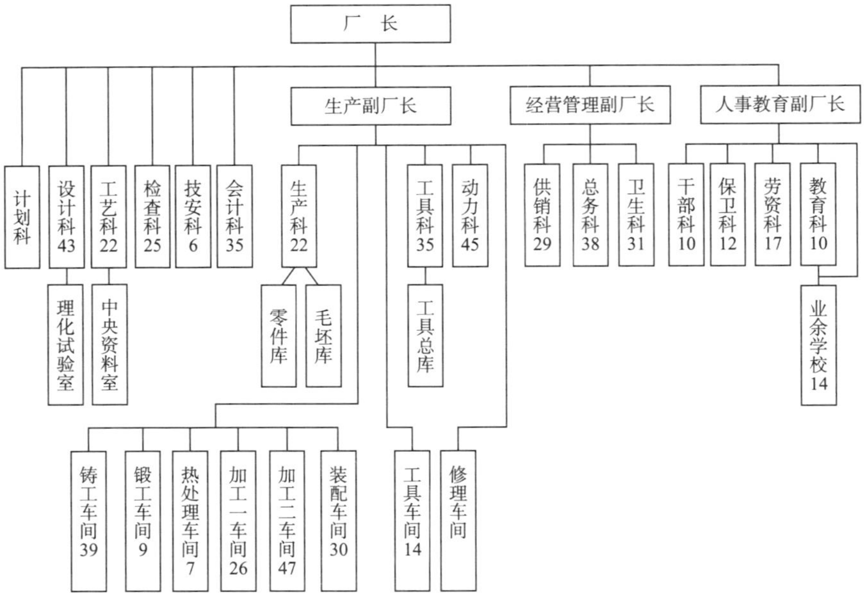

图 2–3　北京第一机床厂 1957 年行政管理机构示意图[①]

这时候的经济核算制，还仅仅是一种成本核算和管理的办法，即通过会计报表进行成本核算。

从 1953 年起，国家规定从企业计划利润和超计划利润中按一定比例提取企业奖励基金，由企业用于改善职工物质和文化生活，奖励先进个人和先进单位等方面。实行企业奖励基金的办法规定，企业在完成利润的计划部分，提取奖金 3%，超过利润计划部分，提取奖金 8%。但是，所提金额，最高不超过工资总额的 10%，最低不少于 4%。1956 年国家规定，从超计划利润中留存一部分用于扩大生产，并从超计划利润中提取社会主义竞赛奖金。这时候，我国经济核算制实际上就是成本核算加奖励的结合。

① 北京第一机床厂调查组：《北京第一机床厂调查组》，北京：中国社会科学出版社，1980 年，第 24 页。

2.5 简短的结语

从以上的分析可以看到，传统企业有下列根本缺陷：

第一，在传统体制中的“企业”不具有自己独立的财产，不是一个独立的经济实体，而只是一个进行成本核算的基层生产单位，无法实现我们在第一章《导论》中谈到的企业所必须具备的各种特征。它不必要、也不可能根据自己的利益和市场变动作出资源最优配置的决策，实现中心签约人和合约执行的监督者的功能。在这种“企业”制度中，所有者及其代表——政府，是作为一种政治领导力量存在于企业之外。它（他）所追求的目标往往并不是经济利益，而是其他。与此同时，在企业内部出现了所有者虚置的状况，所有者无法对它的代理人的规避责任和其他机会主义行为进行有效的控制。企业经营处于匈牙利经济学家科尔奈（János Kornai）所说的“软预算约束”[①]之中。

第二，企业作为行政主管机关的附属物，其经理人员只是上级行政机关指令的执行者。企业生产什么、生产多少，用什么办法生产，原材料从哪里来，产品卖给谁，都由远离企业现场的上级行政主管机关通过计划指令决策。中央机构要能发出有效的指令，必须要掌握大量经济信息。在供给方面，中央机关要知道资源的稀缺程度、现有的生产能力及生产函数；在需求方面，中央机关要知道效用函数。中央机关不仅要能够准确、及时地取得数以万计的情报，还要迅速地加以传输和处理，这样中央机关才能有效地协调供求，

① 见J.科尔内（奈）（1980）：《短缺经济学》，张晓光等译，北京：经济科学出版社，1986年。

才能做出生产什么、生产多少、为谁生产以及投资等方面的决策。在现代社会化大生产中，需求结构极其复杂，瞬息万变，新的技术可能性层出不穷，决策不及时和发生重大失误是不可避免的。这样的“企业”不可能有效率地进行生产。

第三，企业与国家处于父子关系[①]之中：一方面，国家对企业施以襁褓般的束缚；另一方面，又给予企业无微不至的关怀。企业的生产和分配都由国家统一规定，并以政策法令的形式加以固定化，企业要无条件地服从。产品的价格由国家规定，企业的盈亏由国家统负，盈利全部上缴，亏损由国家补贴。由于企业财务的软约束，并且眼睛盯着上级主管部门，所以企业不存在市场竞争压力，也不会破产，而且，企业的收入跟产品的销售结果没有关系，经理人员对完成自己的工作任务缺乏必要的物质激励。总之，管理者和普通劳动者都缺乏改善经营、降低成本、使用新技术和开发新产品的积极性和主动性。

传统“企业”的这些缺陷并不是偶然的。如我们已经看到的，传统的国有企业制度是按照“社会大工厂”“国家辛迪加”的设想组织起来的，真正的企业并不存在。因此，我们在第一章第二节中所论述的企业家的职能只能由国家来行使，剩余控制权和剩余索取权相互匹配的方式只能是由国家直接掌握二者。这样便形成了统负盈亏和国家直接经营企业的高度集中的体制。然而，正如我们已经分析过的那样，这样一种企业制度把企业的边界推延到了整个社会的范围，极大地增加了交易成本，是注定没有效率的。

① 科尔奈把这种关系称为“父爱主义”（paternalism）。见科尔内（奈）《短缺经济学》下册，第 273—282 页。

不仅如此，传统国有企业制度下剩余控制权和剩余索取权的配置状态，还为对这种企业制度进行改革造成了很大的困难。在社会主义各国的改革过程中，不少人试图在不改变国有企业制度的基本框架的前提下，用向“企业”下放一部分剩余控制权的办法来提高企业的活力。然而，传统的“企业”并非真正的企业，而是一些由经理人员、工人加上一批生产资料而组成的生产单位，是“社会大工厂”的一些车间，这样的“企业”中并无我们在第一章第二节中说的企业家。因此，下放剩余控制权给“企业”的结果是造成了所谓“内部人控制”的问题，即“企业”的经理人员和工人获得了对“企业”的控制权。由于剩余控制权与剩余索取权相互不能匹配并与资本所有者相分离，“内部人控制”有可能使企业制度的效率进一步降低。关于这一问题，我们后面还将作进一步的研究。

第3章 “企业自治”

1948年南斯拉夫被开除出共产党情报局以后，于50年代初期走上了改革的道路，并创立了以“企业自治”为核心的“自治社会主义模式”。在相当长的时期内，南斯拉夫的企业自治制度成为社会主义国家改革者心中的楷模，影响深远，对我国的改革也是如此。直到现在讨论我国国有企业改革时，人们仍然能够感觉到这种思想的影响。鉴于这种情况，我们在本章中将以南斯拉夫为典型，分析企业自治的改革理论和政策。

3.1 南斯拉夫对苏式企业制度的认识和批判

南斯拉夫在1945年至1950年期间实行的也是苏式高度集中型的计划经济体制。当时，南斯拉夫宪法规定国家拥有全部生产资料和生产资源。企业按其规模和重要性被分为联邦、共和国和地方三级。同级或同行业的企业由相应的管理局（后改名为总经理处）管辖，管理局（总经理处）隶属于各级国家机关。总经理处和企业的领导人由政府委派。国家（通过总经理处）为企业制定详细的生产计划（规定产品的质量、数量和品种）和分配计划，规定投入品购买价格和产出品供应价格，规定企业的物质消耗、折旧和积累。企业利润大部分归国家，职工人数、工资总额和工资级别表都由国家规定[1]。

1948 年苏南关系破裂，苏联通过“共产党情报局”组织了对南斯拉夫的全面经济封锁和政治隔离。经济封锁使占南斯拉夫国际贸易总额一半以上的对共产党情报局各国的贸易急剧下降，1950 年下降到零。1950 和 1952 年南斯拉夫又连续发生了严重的旱灾，农业大幅度减产。另外，南还要为防御苏联、东欧国家的可能入侵而支付庞大的国防开支，更加深了经济困难。在严重的经济困难和政治压力之下，南斯拉夫领导人开始号召人民动员起来，发挥主动精神，共渡难关；同时，由于在共产党情报局作出开除南斯拉夫的决定以前，在南斯拉夫，苏联的集权计划制度一直被看作社会主义经济制度的典范，与斯大林对抗的需要使南斯拉夫领导人与斯大林体制决裂，正如铁托所说：“为了克服旧的意识，多么需要我们从自己的心灵中和理性上摧毁旧的意识！”[2] 于是，南斯拉夫领导人一方面对所谓“斯大林分子”进行清洗，另一方面开始对苏式高度集权的计划经济体制加以批判，为自己的行动寻求意识形态依据。

在这种批判中，南斯拉夫领导将传统社会主义经济体制中习见的现象，如对生产资料等资本品不关心、浪费严重、产品质量低劣、旷工怠工、隐瞒生产能力等归因于苏联集一切经济、政治、文化和

① 韦利米尔·瓦西奇（1980）：《南斯拉夫的经济政策》，明华、陈诗让译，北京：中国对外翻译出版公司，1984 年，第 19—21、43 页。

② 铁托（1952）：《同南斯拉夫大学生联合会第一次代表大会代表们的谈话》，转引自杜尚·比兰契奇（1973）：《南斯拉夫社会发展的思想和实践：1945—1973》，马军等译，北京：商务印书馆，1986 年。

其他职能于中央政府的高度集权的官僚主义体制，认为在这种体制下，国家机构支配社会资本和制定经济发展计划，使劳动群众脱离其劳动条件、劳动资料和劳动成果。最重要的是，国家剥夺并支配了劳动群众的过去劳动所形成的全部社会资本，国家机关和其他管理机构开始取得了巨大的、独立的政治权力，凌驾于劳动群众之上，产生“异化”，使劳动群众变成了国家的雇佣工人，从而扼杀了群众的生产积极性与主动精神。[①]另外，高度集中的体制由于导致各共和国争夺中央财政收支，也不利于处理民族关系，不利于实现民族独立和民族平等，加深了民族矛盾。[②]在批判斯大林主义的基础上，南斯拉夫领导人形成了自己的改革理论和政策。按照这一新意识形态并适应着当时需要动员群众共渡困难的需要，南斯拉夫实行了向各共和国和企业分权的改革。1950 年 6 月，铁托在议会提出“把工厂交给工人管理”的口号，并通过了工人自治法。这标志着南斯拉夫自治制度的正式开始。

3.2 自治企业制度的建立

南斯拉夫自开始对中央集权的计划经济制度加以改革至 90 年代联邦解体，大致经过三次经济体制的大变动：**第一次**是在 1950—1953 年，这一时期的特点是初步确立工人自治制度，向企业下放有

① 爱德华·卡德尔（1972）:《公有制在当代社会主义实践中的矛盾》，中译文见新华社编《参考资料》1987 年版。

② 杜尚·比兰契奇:《南斯拉夫社会发展的思想和实践：1945—1973》，马军等译，北京：商务印书馆，1986 年，第 66—68、77—79 页。

关简单再生产的一些权力；**第二次**是1961—1965年，其特点是确立工人自治制度，把有关收入分配的权力全部下放给企业；**第三次**是1971—1974年，其特点是对企业自治制度进行修正，实行新的“社会自治制度”，即企业间的“自治协议”和企业与国家机关、社会共同体之间的“社会契约”。其中，**从60年代初期到70年代初期是企业自治制度占据统治地位的时期**，70年代初期以后企业的权利受到了限制，进入了以“契约经济”为特征的“多中心国家主义”时代。因而本章的考察，也以第二时期为重点，而把与“契约经济”有关的问题，放到本书第4章《“企业下放”》中去考察。下面我们对这三次变动的基本情况作一简单的概括。

一、自治企业制度的初步确立（1950—1953年）

改革是以批判苏联的所有制关系作为理论准备的。南斯拉夫领导人指出，苏联式的国家所有制仅仅是社会主义公有制的临时的、初期的和最低的形式，而不是像苏联官方理论所说的那样，是公有制最发达、最成熟和最高级的形式。国家所有制必须改造成为直接生产者管理下的“**社会所有制**”。这就是说，应当逐步扩大人民群众的自治，让劳动群众直接掌权，参与所有的经济管理、贸易、制定政策等[①]。南斯拉夫重新提出了20世纪工人就已提出过的“工厂属于工人，土地属于农民”的口号。1949年通过了《关于国家经济组织中咨询机构—工人委员会的建立和工作》的条例，并据此在520个工厂中建立了工人委员会（1954年达到10350个）。1950年通过了《关于劳动集体管理国营经济企业和高级经济联合组织的基本法》

① 转引自杜尚·比兰契奇：《南斯拉夫社会发展的思想和实践：1945—1973》，马军等译，北京：商务印书馆，1986年，第125页。

（又称《工人自治法》），1951 年通过了《企业管理基本法》。1951 年，南联邦人民议会还颁布实施《国民经济计划法》，废除了国家经济计划，实行经济组织的“自主计划”。这样就开始了向自治经济体制的转变。

在这次改革中，国家向企业下放了很大一部分权力。首先，废止了国家经济计划，赋予企业以编制“自主计划”的权力，使企业能在国家规定的范围内自主地安排生产业务和其他经济业务，不过某些“基本的经济比例关系”，包括工资基金、积累和社会基金仍然要由政府规定。根据《国民经济计划法》，国家为企业制定以下指标：（1）设备能力利用率的最低限额，企业据此规划产品详细品种；（2）基本建设项目，为此，国家就要集中绝大部分积累；（3）工资基金幅度，由此也确定了企业必须上缴国家的积累的基数。其次，关于收入分配，国家确定积累率和基金率，规定国民收入的基本分配，由此分配给各共和国和各个经济部门，直至基层单位。例如，《国民经济计划法》规定 1952 年工业部门消费基金为 525.31 亿第纳尔，建筑业为 220.62 亿第纳尔，交通运输业为 183.49 亿第纳尔，农业为 2670.93 亿第纳尔；根据消费基金总额，确定每个部门的积累；最后再为每个企业，甚至为每个企业内部的车间确定具体分配数量。按照有关规定，企业工人委员会制定工资条例，呈交国家地方机构（区级人民委员会的工资委员会）和工会（区级工会联合会的委员会）批准。工资条例确定每个劳动岗位的工资等级，工资计算方法和支付方法等。由经过批准的工资条例确定的全部劳动岗位工资的总额是企业最低限度的个人收入基金，该基金不纳税。企业在扣除了物质消耗和个人收入基金后，每支付一个第纳尔的超额工资，都要通过税收上缴一定数量的积累基金。税率是累进的，不超过规定工资基金数额10%的，税率为25%，不超过100%的，税率为75%，超过100%的，税率为95%。国家还对企业可以用于投资、提高工资和储备基金的剩余利润征收累进税。另外，企业还要向国家支付6%的固定资产基金利息和流动资金基金利息，并按照国家规定交纳折旧金。

这次改革，正如卡德尔指出的，基本上只限于简单再生产领域。[①]国家拿走了绝大部分利润剩余，支配着积累和投资（参见表3-1）。而且，几乎全部产品的定价权都掌握在国家机构手中。

表3-1 南斯拉夫的投资来源（1952—1958）（%）

年代	经济组织	区	县	共和国	联邦	其他组织	银行
1952	21.7	—	—	—	77.9	0.4	—
1953	31.5	—	1.5	48.2	16.1	2.7	—
1954	31.1	—	8.5	14.7	41.0	4.7	—
1955	36.0	0.9	7.2	9.3	37.5	8.2	0.9
1956	38.7	4.6	9.4	8.8	30.6	6.7	1.2
1957	31.0	10.8	8.2	7.8	30.0	5.4	6.8
1958	30.6	11.6	5.0	7.0	38.5	6.4	0.9

资料来源：（南）社会簿计局统计公报，1965年第1期。转引自杜尚·比兰契奇：《南斯拉夫社会发展的思想和实践：1945—1973年》，商务印书馆1986年中文版第193页。

二、自治企业制度的基本确立（1961—1965年）

1961年，南斯拉夫再次对经济体制进行改革。1961年的最大的

① 爱德华·卡德尔（1971）：《社会主义自治社会中的经济关系和政治关系》，摘要见卡德尔《卡德尔回忆录》，李代军等译，北京：新华出版社，1981年。

改革行动是改变国家控制企业剩余的制度，确立“**收入制度**”，即允许劳动集体把在市场上实现的、以收入形式出现的那部分新创造的价值，在履行了对社会负有的税收等义务后，自行分为基金（集体消费和积累）和个人收入。具体说来，企业的纯收入除扣除15%的收入上缴金外，全部归企业劳动集体支配。企业的工人委员会可以独立自主地将纯收入分成个人收入基金和企业基金，其中的企业基金包括企业储备基金、业务基金（资本）和共同消费基金。还规定对于超过规定的个人收入征收额外收入上缴金。同时，还取消了对企业的累进所得税。1963年通过的新宪法重申了这一点，并且规定职工的个人收入取决于本企业经营状况，从而意味着企业间的个人收入可以有很大差别。宪法还重申劳动组织能够支配积累资金和决定投资，取消了社会投资基金。

1964、1965年的改革，进一步扩大了企业的自治权力。1964年规定，企业不再缴纳额外收入上缴金和给社会投资基金的上缴金。这样，企业仅支付业务基金（资本）利息和个人收入所得税，从而增加了企业可支配的利润剩余。据南斯拉夫国家簿记局统计分析，1964年同1963年相比，属于经济组织的净产值增长了56%，而缴纳给联盟、共和国等的部分只增长了18%；在全部净产值中，企业所占比重从1963年的44.8%增加到1964年的52%[①]。在改革的以后几年中，企业在国民收入分配中所占比重逐渐扩大（见表3-2）。随着企业拥有的利润剩余的增加，在投资中企业内部积累比例也逐渐扩大。1965年的改革还提高了部分产品的价格，并根据世界市场价

① 杜尚·比兰契奇（1973）：《南斯拉夫社会发展的思想和实践：1945—1973》，马军等译，北京：商务印书馆，1986年，第257页。

格调整了部分产品的价格，以纠正价格体系扭曲现象。同时采取的措施还包括，实行第纳尔贬值，削减关税保护，降低经济部门的税收等。

表 3-2　企业在国民收入分配中的比重（%）[①]

年份	1961	1964	1967
国民收入	45.1	49.3	57.6
积累与基金	19.7	54.2	62.1

1961 年的改革原设想能够调动工人的积极性和主动性，保证生产的持续发展，但结果远非如此。1960 年，南斯拉夫的经济中社会产出增长率和工业增长率分别为 11.7% 和 13.5%。1961 年和 1962 年大幅度下降。二者的增长率 1961 年分别为 4.5% 和 6.7%，1962 年，分别为 5.2% 和 7.1%，这仅为 1957—1960 年社会产出、特别是工业产出增长率的一半，那时的增长率分别为 11.7% 和 13.5%。1961、1962年也正是个人收入增长很快的时期[②]。例如，1961 年经济部门的个人收入增长 23%，而劳动生产率仅增长 3.4%；1966—1970 年，前者年平均增加 5.9%，后者年平均增加 4.3%[③]。与此同时，国家几乎仍然确定一切种类的商品价格，价格体系扭曲严重，原材料和再加工材料的价格明显低于设备价格和一般消费品价格，市场并未形成。

① 参见杜尚·比兰契奇（1973）：《南斯拉夫社会发展的思想和实践：1945—1973》，马军等译，北京：商务印书馆，1986 年，第 263 页。

② D. 马尔塞尼奇（1980）：《南斯拉夫经济制度》，朱行巧、汪丽敏、文正林译，北京：人民出版社，1981 年，第 61 页。

③ 参见杜尚·比兰契奇（1973）：《南斯拉夫社会发展的思想和实践：1945—1973》，马军等译，北京：商务印书馆，1986 年，第 224 页。

因此，自治集体没有受到市场竞争的压力和硬预算约束。在企业权力扩大时，即使投资，也是更多地转向加工设备建设，出现严重的比例失调。更重要的是，价格制度的扭曲使得无法客观、正确地评价劳动集体的收入，一些企业可借高价格获得更高的收入，并用于支付过多的个人收入，从而使企业之间、不同居民集团之间的收入差距拉大，引起社会不满。

面对这种增长速度急剧下降、工人的个人收入增长超过劳动生产率增长及其他一些混乱现象的情况，南斯拉夫领导人在相当长的时间内并未认识到这些消极现象是由企业自治的体制缺陷产生的，而是把问题归结为缺乏整体观念和长远观点的政治思想问题，以及企业有权自主决定其收入分配等具体规定问题。于是，在 1961 年 12 月，联邦国民议会通过一项关于劳动集体收入分配的法令，南共联盟中央委员会执委会也发表一份公开信，发动一场广泛的政治运动，以制止个人收入的增长。1962 年 4 月又通过了关于成立纯收入分配条例委员会的法令和联邦执委会关于纯收入分配原则和标准的指示，规定委员会有权改变结算时期内的分配关系，有权否决采纳的工资条例和已定的分配。但在劳动集体和地方政府的压力下，1962 年 7 月南共联盟中央委员会通过一项决定，推翻了上述法令，再次强调社会自治。

60 年代后期南斯拉夫财政赤字增加、通货膨胀加速、经济秩序混乱，不同居民集团间收入差距扩大，社会不满等情况进一步加剧。面对这些问题，南斯拉夫领导人没有用深化市场化改革的办法来克服困难，而是发动了一场与原来的改革方向相反的运动：批判“专家治国主义”，清洗主张市场经济的管理人员，解散主要由经理人员组成的议会“经济院”，削弱市场力量的作用，要求强化“社会计划体制”和“社会政治共同体”的作用，以便加强政府对企业的微观干预。于是，南斯拉夫经济就脱离了以建立市场经济为目标的改革轨道，成为所谓“契约经济”（contract economy，也可以译为“承包经济”）[①]。

三、从“企业自治”到“契约经济”（1971—1976年）

1969年南共联盟提出了“联合劳动”原则，宣称要把“工人自治”发展为“社会自治”，以全社会的“联合劳动”为基础来实现经济组织的共同协调，强调“基层组织”不能独立存在，必须由“联合组织”和“社会机构”进行协调。这实际上是针对60年代改革中给予企业各种自治权而提出的。新体制集中体现在1974年制订的新宪法和1976年颁布的《联合劳动法》中。在这些法律文件中不再使用企业一词，而改称为“联合劳动基层组织”。联合劳动基层组织是南斯拉夫的基本经济单位。这些“基层组织”的联合构成“联合劳动组织”，这些联合劳动组织的联合构成“联合劳动复合组织”。虽然1974年的新宪法和1976年的《联合劳动法》在文字上仍然保持着“自治”一类的提法，但其基本精神却是限制企业权利。其中最具重要意义的，是在这次改革中实行的“社会契约”（social contract）和自治协议（self-management agreement）制度。所谓社会契约，是在联合劳动组织同“社会政治共同体”（即政府和准政府组织）之间订立，它规定了企业对政府和社区所负的义务；至于订立自治协议，则由联合劳动基层组织、联合劳动组织同银行、商业组织等达成。

① 南斯拉夫（斯洛文尼亚）经济学家A. 拜特在《南斯拉夫经济体制改革的经验》（见中国体制研究会编：《宏观经济的管理和改革——宏观经济讨论会言论选编》，北京：经济日报出版社，1986年）一文中对此作了分析。

社会契约涉及的问题比较广泛，如社会计划的优先考虑、价格政策、就业政策、贸易政策，也包括对个人收入与积累的分配计划等。自治协议则对经济组织之间几乎所有的联系，如企业和银行的建立、共同活动所创收入的分配、交货合同、货物价格、净收入在个人收入和积累之间的分配的标准等作出规定。一旦达成“契约”或“协议”各方都要共同遵守，违反者将受到处罚。

但是，“联合劳动”制度并没有解决工人自治制度存在的问题，相反，还由于强化了行政权力对经济生活的干预而带来了新的矛盾，使问题更难解决。南斯拉夫（斯洛文尼亚）经济学家拜特曾把南斯拉夫在1960—1980年的经济效率与西班牙、葡萄牙、希腊、土耳其四国相比较，这五个国家都是地中海国家，战前，经济发展水平差不太多，人均物质总产出（GMP）比较接近。战后初期投资效率（用产出/资本的比率表示）差异不大，但后来南斯拉夫的投资效率只有其他四个国家的平均效率的70%。按照四国平均效率推算南斯拉夫1950—1980年的GMP增长，则1980年的GMP应比实际数字高一倍，1988年的GMP应比实际数字高3倍。拜特还特别指出，其中70年代的效率比60年代更差，1975年更进入了全面停滞[①]。

在加强行政协调时，南斯拉夫领导顺应着地方分权的要求，着重强化共和国以及基层政权的权力，由这些社会行政组织掌握的“社会契约”和“自治协议”，成为恢复行政干预的重要手段。在这种情况下，形成了以“行政性分权”为特征的分权型经济体制。关

① 亚历山大·拜特（或译巴伊特）（1989）：《社会主义经济改革的范围》，《经济社会体制比较》，1990年第4期。

于这种体制，我们在第四章第5节《南斯拉夫的“多中心国有主义”》中还要作进一步的讨论。

3.3 自治企业制度的基本框架

对于南斯拉夫在20世纪60年代中期确立、70年代和80年代仍以变型形式存在的自治企业制度的基本特征，可以从理论方面和实际制度安排方面加以说明。

南斯拉夫的理论家认为，这种企业制度继承了马克思主义创始人的原意，实行社会所有制，这就是说，全部生产资料属于全社会的一切人；另一方面，它又不属于任何一个人。任何人，任何社会政治主体、经济主体、法律主体，任何机关（包括国家），任何生产者、消费者或公民个人，任何阶级（包括工人阶级），都不对社会生产资料享有所有权，不能在所有权基础上占有社会劳动产品，支配社会资本。在劳动基础上的直接占有是唯一的占有方式。劳动者集体占有和支配生产资料，即劳动者负责企业经营活动，并占有全部产品。[①] 他们说，这种自治将使工人根本改变他们同生产资料的关系，从雇佣工人变成自由的生产者和独立的生产管理者，个人的直接利益同经济组织的工作联系起来，每个工人、职员的工资额不仅取决于个人劳动，而且取决于他们所就业的经济组织的收入数额。

① 爱德华·卡德尔（1972）：《公有制在当代社会主义实践中的矛盾》，见前引书，第29页。另见伊万·马克西莫维奇（1975）：《公有制的理论基础》，陈长源译，北京：中国社会科学出版社，1982年，第69—85页。

劳动集体参加制定工资条件，规定个人报酬。这能使工人认识到，他是为自己而干的，他的工资不是由别人规定的，而是自己创造的，从而能鼓励工人提高技术水平，努力劳动，进而消除各种内部矛盾、平均主义倾向和其他消极现象①。

在实际生活中，这种彻底民主化的原则很难贯彻。特别在一些大企业中，工人委员会形同虚设的状况屡见不鲜，经理人员实际上掌握着决策大权。

现在让我们换一个方向，从产权制度和组织结构这两个方面对自治企业制度的实际制度安排做一个概略的描述。

关于企业财产所有权的安排。在自治企业制度下，企业财产在名义上属于整个社会。社会投资形成的固定资本和流动资本都归企业劳动集体支配，或者说由选出的工人委员会托管这些资产。为了防止企业建立初期出现亏损，难以运转，投资者通常被要求留出一些额外资金；而且，在投资资金出现不足时，劳动集体可以要求企业创立者补足差额。一旦企业进入运行状态，原投资者就不能再动用或撤出他所投资的任一部分。企业劳动者集体作为企业财产的实际支配者被要求保持原值，如果经营中出现亏损，则企业要从现期收入中扣除一部分加以弥补，以便保持资产原值。同时，企业还要向原投资者支付一定的利息。至于资本的投资方向和使用方式，都由企业自行决定。如果企业出现严重亏损，资不抵债，以致无法履行财务方面的义务，则它将被置于一个公共接收者的管理之下；在

① 见铁托:《南斯拉夫共产主义者为社会主义民主而斗争》(1952)，中译文见《铁托选集(1952—1962)》，北京：人民出版社，1983年;《社会主义建设和南斯拉夫劳动人民社会主义联盟的作用和任务》(1960)，中译文出处同上。

得不到新的贷款或补助金时，就要被关闭或改组。

关于企业组织制度。这种企业制度的基本的组织结构是，企业内的职工与经理人员属于一个劳动集体，劳动集体通过自己选出的机构——工人委员会和管理委员会——来管理企业。**工人委员会**是企业的最高权力机关，它有权制定企业的章程与规划，有权处理与企业有关的一切政策问题和按照法律、企业章程等规定应由它处理的问题，批准企业的基本计划和决算，对企业管理和完成经济计划做出决议，选举、任命和罢免企业管理委员会或其个别成员及总经理，并对管理委员会的战略性措施加以讨论和做出决定，等等。工人委员会由十几人、几十人甚至200多人组成，其中半数每年一选，除企业经理外，人员完全从劳动集体的成员中选出，不得连任两次以上。

工人委员会每年从其成员中选举企业的最高执行机构——**管理委员会**，管理委员会有5—15名成员，其中，经理是当然的成员，但不能担任管理委员会主席。管理委员会成员任期一年，每年需改选2/3，任何成员（除总经理外）不得连任两次以上。管理委员会的权限是处理日常业务问题，如提出基本计划的建议，决定企业行政人员的任命，注意企业的经营是否合理等，还选举由法律或企业章程规定的专门委员会。专门委员会负责处理职工就业、纪律、投资、社会服务、住房等。

工人委员会和管理委员会还任命所有**高级经理人员**，其中包括一个执行经理（或总经理），任期四年，可连续任职。任命经理的征聘工作由劳动组织成立的征聘委员会负责进行。征聘委员会由6名委员组成，其中3名由征聘企业的工人委员会任命，另外3名由企业所在地的区议会或共和国执行委员会派出。经理执行企业集体管理机构——工人委员会和管理委员会——的决定，指导企业的一切事务。如果经理管理不善或不称职，工人委员会可以免除其职务。

根据企业规模的不同，这种组织结构可以在企业中建立一层、两层或更多层。例如，根据南联邦统计局1967年10月第429号《公报》刊载的一项特别调查，1966年，在516家拥有1000名以上职工的企业中，408家有两层自治机构，69家有三层自治机构，5家有四层自治机构。其中，企业的总工人委员会最重要，它能单独地或通过管理委员会，确定企业的基本经营方针和发展方向，确定把总收入分配为企业基金和个人收入的基本标准，并且协调各车间工人委员会的关系，对企业内所有下级机构的工作进行监督。

3.4　自治企业制度为什么缺乏效率

自治制度从它诞生之日起，就受到了人们的广泛注意。它究竟利弊如何，从80年代至今一直有热烈的讨论。

加利福尼亚大学教授本杰明·沃德（B.Ward）于1958年在《美国经济评论》发表《伊利里亚企业：市场工团主义》一文，[①] 第一次对南斯拉夫企业制度提供了经济行为模式分析，被看成是分析自治企业制度的经典文献。

在沃德的“**伊利里亚模式**”中，企业由工人经营管理，生产经营决策由工人选出的经理人员做出，经理对工人们负责，并有切实

① B. 沃德（1958）:《伊利里亚的企业：市场工团主义》，荣敬本等编《社会主义经济模式问题论著选辑》，北京：人民出版社，1985年。伊利里亚是南斯拉夫地区的古称。

可靠的能力来辨别工人的最大利益，采取相应的行动。企业（工人）的唯一动力是“同自由主义资本家的物质和私有相类似的个人的物质私利”。产品与劳务的生产与交换、资金的配置都完全由市场因素支配，企业只对市场价格和边际涨落作出反应。企业的生产规模由这样一种条件决定，即按每个（新增加）工人计算的边际收入等于按每个工人计算的边际成本。

沃德指出，由于增加产出和增加就业人员有可能减少，按每个工人计算的平均利润，因此，企业的“理性行为”（即追求利益最大化的行为）是在价格上涨（或成本降低）时缩减产出与就业人员。这种行为与在市场环境中活动的私人企业的行为完全不同，效率也差得多。在投资方面，伊利里亚企业的投资偏好于资本集约程度高的项目，甚至达到预期利润总额下降的程度（只要按每个工人平均计算的利润上升）。因此，这种企业制度不会导致帕累托效率。

沙克尔顿的观察支持了沃德的分析。他认为在工人管理的企业中，工人追求人均收入的最大化，会趋向于保持现有的企业规模，从而使现有工人取得更大收入。在这种制度中，产出水平的决定取决于两个因素，一方面，由于短期内资本量和与之相关的利息开支是固定的，所以，工人会尽可能多地增加产出来分散这些成本的负担；另一方面，资本量固定后，边际生产率和人均产出会下降，或至少在某一阶段会下降，结果会刺激企业把雇员人数减少，以使人均产出维持在一个高水平。这两种力量对产出与雇工人数的最佳水平起方向相反的作用。在单位产出的价格上升时，人均产出的价值就会增加，结果，取得最大平均收益的产出与雇佣水平可能会下降，以达到最大的平均收入。总之，工人管理的企业对价格上涨的短期反应可能明显反常。从长期看，因为现存企业在需求增加（表现为价格上涨）时趋向于降低生产水平或使其保持不变，所以，供给增加在很大程度上要依靠新进入该行业的企业。由于新工人没有多少资产，他们向新行业的进入只能靠国家贷款。可替代的方法是国家运用信贷、税收政策刺激现有企业扩大产出。无论如何，长期投资的增加都只能依靠国家，企业没有长期投资的倾向。[①]

南斯拉夫人自己在实施这种企业制度时也认识到，这种企业制度可能存在两种消极行为方式：（1）企业增加收入的手段不一定是提高生产率，增加产出，而可能是提高价格、限制职工人数与职工进入，以及利用其他形式的垄断行为；（2）劳动集体可能追求短期行为，为了个人或集体的消费而花费掉全部收入，不仅不积累扩大再生产所需的资金，相反有可能消耗掉已有的社会资本。正因为这样，南斯拉夫的许多法规都强调要防止“企业利己主义”“地主本位主义”等倾向[②]。

正如我们已经知道的，进入70年代以后，新制度学派的经济学家对企业制度和它的功能作了细密的考察。在新制度学派的理论成果的基础上，人们对南斯拉夫实行自治社会主义和有关经验作了新的概括，得出了一些新的结论。例如，南裔美籍经济学家佩杰维奇在他和富鲁布顿合写的著名论文《产权与经济理论：近期文献概览》中，就曾指出，在工人自主决定投资与收入分配的制度下，个别工人是作为集体的成员享有收益权利的。单个工人进入企业后，就成

① J. R. 沙克尔顿（1976）：《工人自行管理能够解决问题吗？》，中译文载《现代国外经济学论文选》第9辑，北京：商务印书馆，1986年。

② 扬·瓦奈克（Jan Vanek）（1972）：《工人管理的经济：南斯拉夫情况剖析》，王培清、沈伯根译，上海：上海译文出版社，1982年，第178页。

为劳动集体的一员，享有有关权利，但这种权利既不能出卖，也不能在离开企业时带走，只限于在职期间有效，一旦离开企业，权利也就自然失去。结果，追求自身效用最大化的工人在进行再投资和增加个人收入二者之间进行选择时，往往倾向于选择增加个人收入[①]。这就是如沃德等人所说的，追求在职期间个人收入最大化。

斯坦福大学的青木昌彦教授在分析了东欧和独联体国家的改革经验后指出，这些国家在转轨过程中普遍出现了他称之为“内部人控制”(insiders control)的现象[②]。这就是说，企业经理人员和职工利用转轨的机会，掌握了对企业重大决策的控制权，并利用这种控制权来为自己谋利益。青木指出，内部人控制，乃是计划经济旧体制崩溃的后遗症。在60—80年代计划经济体制的矛盾加深时，社会主义各国中央计划机关的官员试图用向企业放权的方式来对付面临的问题。在所有者与经理人员之间建立在命令与服从关系基础之上的委托—代理关系崩溃之后，新的制衡关系并没有建立起来，于是给了内部人获得相当大一部分剩余控制权的机会。内部人控制对于资源利用有时会有积极的作用，比如说，摆脱了上级机关事无巨细的干预，企业经理和职工可以发挥更高的积极性和主动性，自然会带来效益。但是，在许多场合，由于缺乏产权约束，经理和职工也会采取某些机会主义的做法，例如对工作不负责任，对生产资料过度使用，浪费投资用于不符合经济原则的扩张，进行奢侈性的“在职

① E. 富鲁布顿和S. 佩杰维奇（1972）：《产权与经济理论：近期文献概览》，中译文见《财产权利与制度变迁：产权学派与新制度学派译文集》，上海：上海三联书店，1991年。

② 见青木昌彦（Masakiko Acki）：《对内部人控制的控制：转轨中公司治理的若干问题》，提交给1994年8月23—25日在北京举行的“中国经济体制的下一步改革”国际讨论会的论文（打印稿）。

消费”，为自己增加工资奖金，在交易活动中通过不正当作价把好处转移到自己或自己的亲戚的账户上等等，造成资源的浪费。应当说，南斯拉夫的自治企业制度正是一种存在着这类机制缺陷的制度。

沃德等的分析并没有得到人们的一致赞同。例如有的批评者认为，在南斯拉夫自治企业中，由于全体工人都参与管理，他们不会根据价格等外部环境的变化而解雇工人。企业的目标函数也不仅仅是追求利润和利润分享，生产、就业等方面的稳定发展及未来发展在工人头脑中占据首要位置，远远比现期收入重要，结果不一定达不到帕累托最佳境界，增长率也会更快[①]。有人认为，工人管理的经济通常会在（或十分接近）充分就业的水平上运转，即使出现某种干扰，失业人数增加，这种制度恢复充分就业的能力也优越于西方经济。在这种制度中，由于没有工会势力来决定工资率，没有维持就业的自然倾向，所以价格的升降都比较容易，从而有助于达到价格的长期稳定。另外，在工人管理的制度中，基本上没有管理部门与职工之间的矛盾，所以，罢工等敌对行动对社会、对企业造成的耗费都不存在了。[②]

不过，南斯拉夫的经济实践可以说在很大程度上证实了沃德、沙克尔顿等人的理论。

随着企业自主决定收入分配制度的确立，上面分析的许多弊端也暴露得越来越彻底，尽管南斯拉夫的一些领导人否认存在这些

① 杰罗斯拉夫·范尼克（Jaroslav Venek）（1972）：《工人参加管理的经济：变革的设想和发展策略》，中译文见《现代国外经济学论文选》第9辑，见前引书，第85—87页。

② 扬·瓦奈克（Jan Vanek）（1972）：《工人管理的经济：南斯拉夫情况的剖析》，王培清、沈伯根译，上海：上海译文出版社，1982年，第178页。

弊端[①]。

首先，经济增长速度放慢，出现长期停滞现象，经济效率下降（见表 3–3）。

表 3–3　南斯拉夫主要经济指标的年平均变化率（%，按 1972 年不变价格计算）

	1952—1962	1963—1973	1974—1984
经济指标：年			
平均变化率			
国内生产总值	8.3	6.5	3.9
工业产出	12.2	8.6	5.4
农业产出	9.2	3.1	2.1
出口（美元现价）	12.0	14.0	13.3
进口（美元现价）	10.1	16.6	11.8
固定资本投资	11.5	5.3	1.0
私人消费	6.5	6.4	2.8
效率比率			
投资 / 国内生产总值	41.99	38.87	35.21
资本 / 产出	2.28	2.23	2.64
就业 / 产出[②]	3.87	2.42	1.86

资料来源：W. Brus and K. Laski, From Marx to market, Socialism in Search of an Economic System, Oxford: Clarendon Press, 1989, p.91.

① 例如，南斯拉夫自治制度创始人之一、对 1963 年宪法制定起了重要作用的弗拉迪米尔·巴卡里奇在其《宪法草案和分配》一文中，“成功地驳斥了”自治条件下工人会将剩余劳动吃光的“庸俗观点”（参见杜尚·比兰契奇前引书，第 239—240 页）。

② 按 1972 年价格计算的每 100 万第纳尔产值中的社会部门就业额。

其次，虽然南斯拉夫宪法规定企业有义务保持其所使用的社会资产的价值，但这一规定实际上成了一纸空文，相当数量的企业没有任何积累，据南斯拉夫经济学家波波夫 1989 年的计算，1971 年以后，南斯拉夫企业的资本积累年增长率大多为负数，且逐渐恶化：1971—1974 年为 –2.8%，1974—1979 年为 1%，1979—1986 年为 –7.8%。投资减少加上投资效率低下，必然使整个经济陷入停滞状态①。

再次，失业现象严重。自治企业体制的弊端之一，如前面所述，是它排斥新职工进入企业，追求过分的资本密集项目。重消费、轻积累、少投资的倾向也减少了对劳动力的需求。

南斯拉夫在 1952 年开始出现失业现象，到 60 年代中期建立自治企业制度之后，失业现象变得严重起来。虽然也有失业人数下降的时期，但总的趋势是失业率在上升，劳动力中的失业份额在 1952—1962 年为 5.01%，1963—1973 年为 7.58%，1974—1984 年高达 13.29%。

最后，由于促使投资膨胀和消费膨胀，企业自治制度还有强烈的通货膨胀倾向，从 50 年代初到 80 年代初，南斯拉夫的物价上涨率呈现出越来越高的趋势：零售物价的上涨率 1952—1962 年为 3.6%，1963—1973 年为 13.0%，1974—1984 年高达 28.3%。

3.5　简短的结语

时至今日，南斯拉夫已四分五裂，它所实行的自治企业制度也

① S. 波波夫（1989）：《生产率与分配》，贝尔格莱德塞文版。转引自张仁德：《南斯拉夫经济模式的发展及未来》，《经济社会体制比较》1990 年第 6 期。

不再被人们看作改革的样板。但是，这种职工共有制的实验给我们留下了深刻的教训。它说明，在大中型企业中实行在职职工共同所有和共同经营，由于缺乏效率，实际上是行不通的。

第一，在这种职工共有的企业制度中，仍然不能界定清楚产权归属。南斯拉夫标榜“社会所有”，资产“既是人人的，又不是任何人的”，这就会使许多人产生机会主义的“搭便车”行为，都想尽量从企业取得收益，又像对待他人的财产那样损害或不谨慎利用企业资产。职工在企业时拥有部分产权，而一旦离开企业就失去了在企业中的地位，这就更诱使职工追求在职期间的个人收入最大化，而不是关心企业的资产增殖和长期收益。

第二，在一个有一定规模的企业中，职工集体共同决策必然导致交易成本高昂。职工共同决策，既要求每个职工拿出足够的时间与精力；并且有能力、有动力去熟悉企业一切业务，也要求职工在一些重大问题上达成共识，这将是一个信息成本、协调成本非常高的事情。交易成本甚至可以高昂到这样的程度，使决策根本无法做出。

第三，在某些国家，曾经有过在激烈竞争的条件下实行职工共有的小企业获得成功的先例。但这与南斯拉夫自治社会主义的情况完全不同。在南斯拉夫，没有统一市场下的竞争机制和约束机制，没有市场起基础性作用下的宏观调节体系，宏观经济很不稳定，使企业无法在稳定的宏观经济条件下运作；同时，既缺乏商品市场的竞争约束，又缺乏明晰的产权关系和所有者监督，“内部人”就更容易利用自己对企业的控制权谋取私利。因此，南斯拉夫这种实行在职职工共有制的自治企业制度通常是缺乏效率的。

第4章 “企业下放”

南斯拉夫在20世纪50年代被苏联共产党把持的共产党情报局“革出教门”以后，它所进行的企业自治试验也被视为异端邪行。人们引用列宁关于必须坚持国家所有制的言论，把工人自治判定为“瓦解全民所有制经济”和“完全放弃社会主义”①。这样一来，出路便只能是在国有制范围内寻求“搞活”经济和“搞活”企业的途径。当时，苏联和中国领导人选择的主要道路，是**将国有企业从中央政府下放到地方政府管辖**，实行向地方分权的体制。南斯拉夫“自治社会主义”体制在60年代末期出现危机以后，也转而采取削减企业权力、强化各共和国政府和地方“社会政治共同体”的职能的做法。这种做法同南斯拉夫各共和国原来就有的民族主义倾向结合在一起，形成了“多中心国家主义”的体制。这种体制是造成南斯拉夫经济在70年代后期迅速恶化和在80年代末期终于分崩离析的重要原因。

由于市场关系是由众多独立的市场主体（个人和企业）之间的

① 列宁（1918年上半年）：《关于苏维埃政权的民主制和社会主义性质》，《列宁全集》第34卷中文第2版，北京：人民出版社，1985年，第448页。人民日报编辑部、红旗杂志编辑部（1963年9月26日）：《南斯拉夫是社会主义国家吗？》，引用列宁的话批判“企业自治”体制。见《关于国际共产主义运动总路线的论战》，北京：人民出版社，1965年，第168页。

互动关系组成的，人们往往就把社会主义经济条件下的任何一种分权都看成是符合市场改革的方向。事实上，有两种性质完全不同的分权。一种是**经济性分权**，也可以叫作市场性分权，这就是向企业还权，使企业成为独立根据市场信号自主决策、自负盈亏的市场主体。另一种则是**行政性分权**[①]，这种分权并不改变行政协调方式，只不过将原来由中央政府行使的权力（包括企业管辖权）下放到下级政府去行使。“企业下放”就是行政性分权的一种典型形式。在本章中，我们将分别就苏联、中国和南斯拉夫的“行政性分权”改革的实际情况，讨论这种改革不能成功的原因。

4.1 “权力过分集中”的诊断

前面描述的苏联类型的传统计划经济体制，是斯大林在 30 年代初建立的，其典型特征是高度的中央集权，因此又被称为集中计划经济体制。具体说来，这种体制按照一元型结构（U 型结构）（uni-tary

① 最早使用经济性分权和行政性分权概念的是美国比较经济学家伯恩斯坦（M. Bornstein）。他在 1977 年向美国国会联合经济委员会作证、分析东欧各国的改革战略时指出，有两种不同性质的分权：一种是行政性分权，它仍然保留行政性协调方式，只不过把调节权从中央行政机关手里放到了下级行政机关手里；另一种则是经济性分权，就是向企业还权，使企业成为独立根据市场信号自主决策、自负盈亏的市场主体（见 M. Bornstein, Economic Reform in Eastern Europe, East European Economies Post–Helsinki [A Compendium of Papers Submitted to the Joint Economic Committee, 95th Congress, 1st Session], Washington, DC.U.S Government Office, 1977, pp.102–134. ）。

form）[①] 的层级制原则，通过部—总管理局—企业三级管理或部—企业两级管理，把国民经济组成一个硕大无比的工厂。作为这个大工厂的车间和班组的“企业”，大部分由中央政府管理，只有那些不重要的中小企业，才由地方政府管理。“企业”只是政府行政机关手中的“算盘珠”，它们只能按照从中央通过垂直的行政系统一直传达到基层单位的行政指令从事生产活动，“拨一拨，动一动”，而没有决策的自主权。

在计划管理方面，决策权力高度集中在中央计划机关手中。归中央管理的企业的年度、季度和月计划都要经国家计划委员会审批；甚至一般企业的年度、季度和月计划，也要由中央有关部门审批，地方无权过问，企业更是无权改动。计划机关掌握的计划指标上千种。单就企业而言，由计委逐级下达、必须执行的指令性计划指标就有几十种。企业被这些指令性指标束缚得死死的，毫无机动的余地。

在财政方面，实行统收统支制度，预算从企业取得的利税收入层层上缴，直到中央财政部，企业的基本建设投资、流动资金的主要部分（即需要经常占用的定额流动资金部分）都由预算拨付，只有临时需要的非定额流动资金，才根据信贷计划向银行借用。企业所获利润除留少量厂长基金（在中国称为企业奖励金）外，全部上缴财政预算。

企业所需要的物资和企业产品的销售，都实行计划分配制，或称计划调拨制。其中，最重要的物资和商品按中央政府批准的计划统一分配；更多的物资和商品按中央各部制定的产品分配计划来供应；只有不重要的物资和小商品，才能由企业自行采购和自行销售。

① 参见第 1 章导论第 3 节。

在集中计划经济体制中，前两种分配方式占据统治地位。这些物资和商品的定价权也是高度集中的。在苏联，几乎所有商品的价格都由国家规定，而且，价格制定的权力又高度集中在中央行政当局各部。如在国营商业和合作社商业销售的商品中，90% 以上的零售价格是由苏联部长会议及其各部来确定的，只有不到 10% 的商品价格由加盟共和国和地方政府确定。

这个高度集中的计划经济体制具有两方面的特点：（1）在企业和国家的关系上，决策权力集中于国家；（2）在政府内部的中央和地方的关系上，决策权力集中于中央。在批判“南斯拉夫修正主义”的企业自治理论的条件下，人们讳言前一方面，自然而然地把注意力放到了问题的后一方面，认为问题的症结在于中央政府“统得过多、管得过死”。

1957 年苏联共产党中央委员会决定对国民经济管理体制进行后来被称为“地方国民经济委员会（sovnarkhoz）改革”的重大改革，赫鲁晓夫在解释为什么要进行这样的改革时，对原有的经济体制提出了如下的指责：“目前通过部和局来实现生产管理的形式是有很多缺点的，本位主义的障碍是重大缺点之一。”现行由专业部垂直进行管理的体制“削弱和破坏了位于同一经济区而分属于不同工业部门企业之间的正常的地区联系”，“限制了地方党政机关和工会组织在领导经济建设方面的能力，压制了它们动员企业和经济组织的力量来更充分更正确地利用当地潜力的积极性”，使“许多重要问题往往长时间得不到解决”。

根据这种诊断，苏共领导开出的处方是：放弃按部门原则管理国民经济的旧的组织形式，把工业和建筑业日常领导的重心转移到地方政府，在各共和国、边疆区和州建立地方国民经济委员会，这些“国民经济委员会将享有进行经济活动和财务活动所必需的各项权利，并对其所属企业生产计划的完成情况和企业活动的经济效果负完全责任”。赫鲁晓夫认为，“改组工业和建筑业的管理工作，将有助于克服这些缺点，将使领导接近生产，将能更顺利地同官僚主义作斗争”。①

对于集中计划经济体制的弊病，中国领导人得出了与苏联领导人极为相似的结论。1956 年为准备预定在当年秋季召开的中共第八次全国代表大会，中国各经济部门领导对第一个五年计划的工作进行总结。在总结时发现，当时那一套苏联式的集中计划经济体制虽然能够强制动员资源集中用于重点建设，使以发展重工业为重点的工业化能够较快地进行，但也有不少缺陷需要清除。当时对于传统体制弊病的认识，集中反映在 1956 年 4 月毛泽东在中共中央政治局扩大会议上的讲话《论十大关系》中。毛泽东指出，**集中计划经济体制的弊端主要在于“权力过分集中”**，“把什么都集中到中央，把地方卡得死死的，一点机动权也没有”②。和苏联领导人不同的是，毛泽东对传统体制的分析更具有理论色彩。毛泽东一向认为，“世间一切事物中，人是第一个可宝贵的。在共产党领导下，只要有了人，什么人间奇迹也可以创造出来”③。因此，对于经济来说，最重要的是发挥人的“积极因素”。集中计划体制的弊病，正在于抑制了地方生产单位和劳动者个人的积极性。为了“调动一切积极因素”，就必须：（1）在中央和地方的关系上，应当扩大地方的权力，给地方更多的独立性，让地方办更多的事情。（2）在国家、生产单位和个人的关系上，各个生产单

① 参见《苏联关于进一步改组工业和建筑业管理组织的文件》，北京：人民出版社，1958 年。

② 毛泽东（1956）：《论十大关系》，《毛泽东选集》第 5 卷，北京：人民出版社，1977 年，第 275 页。黑体为引者所加。

③ 毛泽东（1949）：《唯心历史观的破产》，《毛泽东选集》第 4 卷，北京：人民出版社，1991 年，第 1512 页。

位都要有与统一性相联系的独立性。同时，毛泽东也提到要适当关心群众生活，使工人、农民在增产的基础上增加收入。毛泽东阐述的这些原则，以后长时期地成为中国经济改革的指导方针。

4.2 苏联1957年的赫鲁晓夫改革

赫鲁晓夫在1953年斯大林逝世后担任苏共中央主要领导人。面对国民经济计划一再落空，第六个五年计划、第七个五年计划任务大部分没有完成，经济增长率不断下降的情况，开始对传统的经济体制进行改革。除采取措施扩大企业自主权和加强对职工的物质刺激外，1954年根据苏共中央和苏联部长会议的有关决议，裁减撤消了部分管理机构，缩减了管理人员数量，撤消了全联盟46个部和主管部门所属的200个管理总局和处、147个托拉斯、93个地方管理局。1954—1956年，又把大部分设在各共和国境内的全联盟工业企业移交给各共和国管辖，移交总数约1.5万个。各共和国在经济建设中的权力大大扩大了。在这期间，还规定工业与建筑业的总产值、商品产值、工资基金指标、职工人数等指标，中央只给各共和国规定总量。还规定全联盟各部只批准那些对于完成国家计划任务所必需的企业计划指标，包括以价值和实物表示的产量指标、使用原料和设备的主要技术经济指标、职工人数和工资基金等。全国性的和主管部门内部的统计报表减少了2/3，国民经济计划指标的数量减少了46%[①]。

① 苏联科学院经济研究所（1980）:《苏联社会主义经济史》第8卷，北京：东方出版社，1986年，第362—364页。

这些措施显然没有能够解决困扰苏联经济的问题，因而苏共领导在 1957 年决定进行更大规模的改革。2 月，苏共中央召开全会，赫鲁晓夫在会上提出《关于进一步改进工业和建筑业的管理组织》报告提纲，全会通过了同名决议，决定在全国范围内对工业和建筑业进行“改组”，并于 1957 年下半年和 1958 年上半年正式实施。这次改组的基本原则是：把工业和建筑业的管理权力从中央下放到地方，从过去的按部门原则管理改为由地方“国民经济委员会”按地区管理。改组的主要内容包括：（1）撤销 28 个管理工业、建筑业的全联盟部，只保留航空工业部、国防工业部、无线电工业部、造船工业部、化学工业部和电站工业部等 6 个全联盟工业部，同时撤消了 113 个联盟兼加盟共和国部和共和国部[①]。（2）把全国划分为 105 个经济区，在每个区成立一个国民经济委员会，由它们按属地原则接管被撤消部的部属企事业单位。国民经济委员会的权限包括：编制年度计划，制定物资分配和供应计划（国家计委统一分配的 1100 种物资除外），在本地区的各工业部门之间重新分配利润和流动资金，建立必要的财政后备，还有权修改和决定所属企业的生产任务、基本建设投资和其他指标。（3）改组国家计划机构。撤消原来负责短期计划的国家经委，把国家经济长期规划委员会改组为国家计划委员会，负责全苏长短期计划的综合平衡工作[②]。国家计委只负责编

① 参见复旦大学政治经济学系苏联经济研究组：《二十年来的苏联经济（1954—1973）》，上海：上海人民出版社，1975 年，第 40 页。

② 苏联曾在 1955 年改组了国家计划委员会，把原来统管全国长短期计划的国家计划委员会改组为专管长期计划的苏联长期规划委员会，并建立了专管短期计划的苏联国家经济委员会（参见苏联经济研究会（1981）：《苏联经济体制问题》，北京：时事出版社，1981 年，第 78 页）。

制 15—20 年的长期计划和 5—7 年的发展国民经济的控制数字，年度计划则由地方计委根据长期计划自行编制。（4）减少国家控制的计划指标。例如，根据 1958 年 5 月的苏联部长会议做出的《关于改善国民经济计划工作的措施》的决议，1958 年的计划指标比 1956 年减少了 50%，从 1959 年开始的 7 年计划（1959—1965）的指标还将比 1958 年减少 2/3。

这次改组，大大缩减了中央政府的权力，扩大了加盟共和国和地方政府的权力。从工业产值比重看，1959 年，由地区国民经济委员会管理的工业产值占全苏工业总产值的 72%，经济区以下的地方政府管理的工业占 22%，中央直接管辖的工业占 6%（改组前为 45%）。从物资分配来看，国家统一分配的物资从过去的 6000 多种减少到 1100 种。从计划制定看，目的在于克服“部门主义”对国民经济运行造成的消极后果，但在实行改组，中央把计划、物资分配、财政等方面的许多权力交给地方国民经济委员会以后，“地方主义”取代了“部门主义”，“地方主义”迅速膨胀。各地的国民经济委员会表现出明显的保护本地区企业的倾向，实行经济割据；它们还为了本地区的利益侵占、挪用国家建设资金，争上计划外工程和非生产性项目，拒绝为其他地区提供所需货物。结果，1958—1962 年，苏联新建项目增加了 1/5，未完工程量增加了 50% 以上[①]。同时，全国性的企事业单位下放到各地，分别隶属于不同的国民经济委员会，它们之间往往互不联系，出现几个工厂生产同一类型但彼此不通用的机器的重复布点、重复生产现象。由于缺乏统一规范，设备的标准化和零部件的规格化工作难以进行。总之，改组使国民经济组织

① ［苏］《经济问题》1963 年第 11 期，转引自苏联经济研究会：《苏联经济体制问题》，北京：时事出版社，1981 年，第 10 页。

混乱，工业增长速度明显下降。1951—1955 年工业总产值平均增长 13.1%，而在改组之后的 1956—1960 年反而下降到 10.4%，1961—1965 年又下降到 8.6%（见表 4–1）。

表 4–1　若干宏观经济指标的年增长率（%）

年份	国民收入	劳动生产率	人均实际收入
1955	11.9	9.5	0.9
1956	11.3	7.0	5.9
1957	7.0	6.6	8.7
1958	12.4	6.2	5.9
1959	7.5	7.4	1.8
1960	7.7	5.4	6.4
1961	6.8	4.4	1.6
1962	5.7	5.5	3.2

资料来源：苏联官方统计。转引自 A.Hewett, 1988, *Reforming the Soviet Economy: Equality Versus Efficiency*, The Brookings Institution, p.226.

改革的失利，导致了激烈的政治斗争和改革领导者赫鲁晓夫的下台。在新领导登台以后，这次改革就以失败告终，下放给地方的计划、投资、物资分配等权力逐渐收回中央，恢复部门管理体制。

4.3　中国 1958 年和 1970 年的体制下放

随着 1956 年计划体制在中国的全面建立，这种体制的弊端也明显地暴露出来。当时的突出反映是，中央政府和它的各个部对地方和企业管得过多，统得过死。过分强调部门的“条条”管理，割断了位于同一地区的不同行业与企业之间的经济联系，妨碍了地区内的专业化分工与协作。在工业管理方面，中央工业部门的直属企业由 1953 年的 2800 个增加到 1957 年的 9300 个；在物资分配方面，国家计委统一平衡和分配的统配物资由 1952 年的 55 种增加到 1957 年的 213 种[①]。

在这样的情况下，中国在 1958 年进行了计划经济制度建立以后的第一次改革。不过，在这次改革中，对 1956 年提出的方针做了一些修正。由于 1957 年的“反右派”斗争，以及同时开始的对“修正主义”的批判，“物质刺激”“企业自治”都被看作是“修正主义倾向”，不再加以强调，改革的重点放到了在各级行政机关之间划分权力和利益上，逐渐形成了以“体制下放”为中心的改革思路。1956 年 9 月，中共第八次全国代表大会根据毛泽东《论十大关系》的精神，提出了“正确处理中央和地方的关系”的任务，要求“根据统一领导、分级管理、因地制宜、因事制宜的原则，改进国家的行政体制，划分企业、事业、计划和财政的管理范围，适当扩大各省、自治区、直辖市的管理范围”[②]。1957 年 9—10 月，中共中央八届三中全会讨论了陈云所作的《关于改进国家行政管理体制问题和农业增产问题的报告》，通过了《关于改进工业管理体制的规定（草案）》《关于改进商业管理体制的规定（草案）》和《关于改进财政管理体制和划分中央和地方财政管理权限的规定（草案）》。这三个文件经

① 周太和等：《当代中国的经济体制改革》，北京：中国社会科学出版社，1984 年，第 52 页。

② 薄一波：《若干重大决策与事件的回顾》，北京：中共中央党校出版社，1991 年，第 551 页。

国务院全体会议正式通过，于1958年开始施行。

这次改革的基本要求，是把相当大部分对工业企业的管理以及商业管理、财务管理的权力下放给地方行政机关，也适当扩大企业的权力，以便“进一步发挥地方和企业的主动性和积极性，因地制宜地完成国家计划”。其内容主要包括：

（1）**下放国有企业的管辖权**。除少数重要的、特殊的和试验性的企业外，其余原来由中央各部管理的企业都层层下放，归各级地方政府管理。

（2）**下放计划管理权**。将原来由国家计划委员会统一平衡、逐级下达的计划制度改变为以地区为主，自下而上逐级编制和进行平衡的制度。

（3）**下放固定资产投资权**。对地方实行投资“包干”制度，即在中央向地方下拨资金和自筹资金的范围内自行决定兴办各种类型的项目，包括限额以上的大型项目的制度。

（4）**下放物资分配权**。大大减少由国家计委统一分配和由各部管理的物资的品种和数量，其余下放给各省、市、自治区管理；各种物资的平衡，由过去中央“统一平衡”，改为首先由地方自行平衡，上级计划机关只对各地供求有差额的物资进行“差额平衡”。

（5）**下放财政权和税收权**。把过去财政“统收统支”的体制，改为“分级管理、分类分成、五年不变”的体制。同时，给予地方政府广泛的减税、免税和加税的权力。

（6）**下放信贷权**。改变原来高度集中的信贷制度，实行“存贷下放（多存多贷）、差额管理”的办法。

这次在计划经济的框架内实行的行政管理权力大下放是和国民经济“大跃进”运动同时进行的，它一方面极大地调动了各方面兴办产业的积极性，使小钢铁厂、小化肥厂、小机械厂、小棉纺厂、小粮油加工厂等“五小”工业广泛兴起，另一方面也产生了严重的副作用，国民经济的比例关系失衡，人民生活陷入重重困难。突出的问题是国民经济综合平衡被打破，国家无法保持宏观经济的稳定。各个地方政府都有权根据自身的利益权衡自行决定本地区的建设规模、建设项目、投资使用等等。这意味着把有关国民经济全局的重要比例关系的决策权由中央政府下放给地方政府。固定资产投资权的下放使投资项目大量增加，投资总额急剧增长。全国施工的大中型项目，1958 年有 1589 个，1959 年有 1361 个，1960 年有 1815 个，而整个第一个五年计划时期的大中型项目只不过 921 个。1958—1960 年三年基本建设投资总额比第一个五年计划时期的全部投资还多 71%。结果基建周期拉长，固定资产交付使用率下降，更有一些项目因全国基建规模过大、原材料不足而被迫停建下马，从而造成投资效果下降，损失与浪费严重。财权的下放减少了中央财政收入来源。中央财政收入在第一个五年计划时期平均占全国财政收入的 75%，下放后仅为 50%。信贷权的下放实际上废除了信贷总量的控制。当时实行的根据各地的要求，“需要多少，就贷多少，什么时候需要，就什么时候贷给”的贷款原则，造成了乱贷乱放。到 1960 年，银行信贷总额比 1957 年增长 2.35 倍，其中工业贷款增长 10.9 倍。这就使信贷膨胀，货币超发，很快形成了严重通货膨胀的局面[①]。

企业下放并没有使企业的经营自主权有多少扩大。他们只不过

① 周太和等：《当代中国的经济体制改革》，北京：中国社会科学出版社，1984 年，第 70—79 页。

从中央行政机关手里的“算盘珠”变成了地方行政机关手里的“算盘珠”。从企业管辖权的下放来看，许多不适宜于地方管理的企事业单位，包括大型骨干企业和全国重点企业如铁路、交通、邮电等，都被下放了，结果造成地区分割。企业被层层下放后，原有的跨省经济交流被打乱，企业间的协作关系被中断。

面对“大跃进”后的严重经济混乱和经济困难，毛泽东在1959年6月末同一些领导干部谈话时指出，人权、财权、商权、工权下放过多过快，造成混乱，有些“半无政府主义”，应当强调一下统一领导，中央集权，下放的权力要适当收回[①]。1959年7月在庐山召开的中共中央政治局扩大会议和中共八届八中全会决定上收一些权力。首先是上收基本建设管理权限，规定地方不再有不受限制的审批项目的权力，地方基建投资包干后省下来的资金，如用于基建，则必须服从全国统一计划。其次是上收财权，将“以收定支，五年不变”的做法改为“总额分成，一年一定”。同时，还将统配部管物资由132种增加到285种，将一些企业上收。

1961年正式进入国民经济调整时期。调整国民经济的关键一步，是重建集中统一的管理体制。1961年1月中共中央发布《关于调整管理体制的若干暂行规定》，提出把管理权集中到中央、中央局和省三级，在最近二三年内更多集中在中央与中央局一级。同年9月，中共中央发布《关于当前工业问题的指示》，强调要把工业管理的权力更多集中于中央一级。1962年1月的全国县以上干部大会（“七千人大会”）在加强集中统一的问题上取得统一的认识以后，进一步颁

① 房维中等编：《中华人民共和国经济大事记（1949—1980）》，北京：中国社会科学出版社，1984年，第253页。

布了一系列有关基本建设、财政、银行等方面的规定，基本精神是把更多的人力、物力和财力集中于中央。具体说来，（1）在企业管辖方面，规定中央各部直属企业的行政管理、生产指挥、物资调度、干部安排的权力统归中央主管部门；国防工业归国防工委直接领导；铁路由铁道部统一管理。其他如交通部、冶金部、石油部、地质部都将一些企事业单位上收。1959 年，中央企事业单位只有 2400 个，到 1965 年增加到 10533 个（包括新建企业），其中主要是一些大中型企业，它们的产值占全国工业总产值的 42.2%。（2）在计划管理方面，扩大了计划范围，增加了计划指标。1961 年中央编制的计划有 12 种，1963 年则编制 20 种，基本上恢复了“一五”时期的计划范围。中央直接管的指标包括各项经济活动的大部分，例如，中央直接管理的工业产品有 400 种左右，其产值约占工业总产值的 60%；中央统一分配的主要生产资料约为 200 种。（3）在固定资产投资方面，规定基本建设资金由地方财政“包干”改为中央财政专项拨款，并改变基建审批权限，规定大中型建设项目一律由国务院或国家计委批准。（4）在物资流通管理方面，上收物资管理权，统配部管物资种类逐年增加。1958 年，统配部管物资为 132 种，1959 年增加到 285 种，到 1961 年增加到 503 种，1965 年增加到 529 种。同时，扩大了物资部门统一销售的范围，把原来的各工业部门分管的统配物资销售机构，改为基本上由物资部门统一管理。（5）在财政、金融方面，规定财权基本上集中于中央、大区和省三级；国家预算从中央到地方实行一本账，保持收支平衡，不准打赤字。同时，调低了国有企业利润留成的比例，从 1961 年起留成比例从原来的 13.2% 降到 6.9%。另外还加强了银行工作的集中统一管理和财务的严格管理。结果使中央直接掌握的财政收入由原来的 50% 提高到60%左右。[①]

实行重新集中化，然后依靠这个高度集中统一的体制，雷厉风行地进行调整国民经济，即资源再配置的工作，的确收到了一些效果：到1962年下半年，困难已经大大缓解，1963年到1965年，经济转入正常增长。但是问题在于，经济秩序虽然得到恢复，可是因为“统得过多、管得过死”，经济没有活力的老问题又再次出现，因此又酝酿要进行改革。

对于应当如何改革，当时有各种各样的议论。

早在1958年的体制下放失败后，我国经济学家孙冶方就已经指出，我国经济管理体制问题的关键并不是在中央和地方之间划分权力，而是企业缺乏自主权[②]。但是，大多数人对传统体制弊病的看法同1958年相比没有多大变化，因而在重新集权导致传统体制的旧病复发的情况出现后，人们重新回到向地方政府下放企业的想法。毛泽东在1966年再次指出：“一切统一于中央，卡得死死的，不是好办法。”[③]于是，开始酝酿又一轮改革，并在1970年付诸实施。由于人们对旧体制的认识没有多少变化，因而当时所采取的措施也和1958年大体类似，只是适应着“文化大革命”时期的政治气氛，这次改革提出的口号改为：“**下放就是革命，下放越多越革命**。”[④]

① 周太和等：《当代中国的经济体制改革》，北京：中国社会科学出版社，1984年，第97—102页。

② 孙冶方（1961）：《关于全民所有制经济内部的财经体制问题》，《社会主义经济的若干理论问题》，北京：人民出版社，1979年。

③ 毛泽东（1966）：《关于农业机械化问题的一封信》，《人民日报》，1977年12月26日。

④ 周太和等：《当代中国的经济体制改革》，北京：中国社会科学出版社，1984年，第134页。

1970年2—3月，全国计划会议在北京召开，讨论制定了《第四个五年计划纲要（草案）》。根据毛泽东关于“地方应该想办法建立独立的工业体系”的意见，《纲要》要求各省力争做到煤炭、钢铁、电力、农机、轻工产品等自给自足；与此相适应，要求把中央直属企业下放给地方，同时扩大地方的生产计划权、投资安排权、物资分配权等。《纲要》还提出实行财政、物资、基建投资的“大包干”，下放税收管理权和信贷管理权，以扩大地方的财权、物资调拨权和投资权。

1970年3月，国务院制定《关于国务院工业交通各部直属企业下放地方管理的通知（草案）》，要求国务院工业交通各部的直属企业、事业单位绝大部分下放给地方管理，并要求部直属企业的下放工作在1970年年内完成。结果在很短时间内，将包括大庆油田、第一汽车制造厂、开滦煤矿、吉林化学工业公司等大型骨干企业在内的2600多个中央直属企事业和建设单位下放给各省、市、自治区政府管理，有的省、市、自治区又将其中一部分层层下放到专区、市、县。冶金工业部原有直属钢铁企业70个，除两个独立矿山外，包括鞍山、本溪、包头、太原、武汉、马鞍山等大型钢铁厂在内，全部下放给地方政府管理，或者实行以地方政府为主的双重领导。煤炭工业部原有72个直属矿务局，1968年下放22个，其余的50个在1970年内也全部下放给地方政府。部直属的设计院、科研机构，除保留个别单位外，也一律下放。第一机械工业部原有直属企业310个，也全部下放给地方。随着工业企业的下放，商业部也将所属一级批发站全部下放给省，省属二级批发站下放给专区。1965年，中央直属企业为10533个，其工业产值占全民所有制工业总产值的46.9%，占全国工业总产值的42.2%。经过1970年的大下放，中央各民用工业部门的直属企事业单位只剩下500多个，其中工厂142个，中央直属企业的工业产值在全民所有制工业总产值中的比重下降到8%左右。与企业下放相配合，实行了基建投资的“大包干”。按照国家规定的建设任务，由地方负责包干建设，同时下放基本折旧基金，安排几十亿元的专项资金归省级政府掌握。这样，地方安排的投资由1969年占预算内投资的14%，提高到1974、1975年的27%左右。同时，实行物资分配的“大包干”，把中央统一分配、以部门管理为主的做法改为在国家统一计划下，实行“地区平衡，差额调拨，品种调剂，保证上缴”，把国家统配和部管物资种类从1966年的579种减少到1972年的217种，并将下放企业的物资分配和供应工作移交地方管理，等等。此外，还实行了财政收支“大包干”，办法是：国家财政收入除中央部企业收入和关税收入归中央预算外，其余全划归地方预算；国家财政支出中，除中央部门直接管理的基本建设、国防战备、对外援助、国家物资储备等支出归中央外，其余也全部划归地方，由地方统筹安排。各地的预算收支经中央综合平衡，核定下达，收入大于支出的，按包干数额上缴中央财政；收入小于支出的，中央财政按差额数量包干给予补贴。在执行中，超收或结余都归地方支配使用，短收或超支由地方自求平衡①。

这次权力下放，造成的结果也和1958年大同小异：一方面，“五小企业”“县县点火、村村冒烟”，为后来的乡镇工业发展准备了基础。另一方面，又再次带来了经济上的混乱。在企业下放中，一些投入产出联系十分广泛的大型企业，由于供、产、销问题无法由

① 周太和等：《当代中国的经济体制改革》，北京：中国社会科学出版社，1984年，第134—143页。

地方政府解决，造成了运转上的困难；有些企业在下放地方管辖后仍由中央部门代管，形成中央、地方多头领导，效率进一步降低。基本建设投资权限的下放，使地方工业迅速发展，但由于一拥而上，投资总额规模过大，使基本建设周期拉长；而且由于既无行政协调，又无市场协调，重复布点的情况十分严重。例如，在这次下放中，全国有近300个县、市办起了小钢铁厂，90%以上的县建立了农机修配厂。更有大量折旧基金被挪用于搞新厂建设。据估计，1975年有30亿元折旧基金被挪用，占全部折旧基金的1/3。财政大包干后，政府财力分散，预算难以平衡。例如，财政结余1971年为12.5亿元，1972、1973年仅为2000万元和4000万元，1974—1975年出现7.7亿元、5.3亿元的赤字，1976年财政赤字更是高达29.6亿元。至于物资分配的大包干，由于物资分配权下放给地方后，物资统筹安排和综合平衡困难，所以有的很快就不实行了。例如，1973年，统配部管物资增加到617种，超过体制下放前的水平，1976年起，已下放企业的物资分配也重新由中央管理[①]。

总之，这次的体制下放使国民经济管理混乱，基本建设规模膨胀，财政赤字增加。最后仍然是实行权力的上收。

从以上描述可以看出，从1956年到十一届三中全会以前进行的一些改革，并没有找到正确的方向，以致出现了所谓“放—乱—收—死”的循环：旧体制管得太紧，大家怨言很多，于是就下放权力。下放权力以后，积极性调动起来了，但出现了经济秩序的混乱和严重通货膨胀，于是收权。收权后经济经过调整恢复，又觉得过

① 周太和等：《当代中国的经济体制改革》，北京：中国社会科学出版社，1984年，第141—143页。

死，于是再次下放权力。如此循环往复，一直没有找到出路。

4.4 南斯拉夫的“多中心国家主义”

20 世纪 70 年代初期，南斯拉夫“自治社会主义”体制的反国家主义和扩大企业权力的趋向发生逆转，采取了以行政干预压制市场力量的作法，实行“自治协议”和“社会契约”，南斯拉夫经济成为所谓“契约经济”。

在“契约经济”中，各级国家政治机构起着重要的作用，于是，南斯拉夫经济体制中国家主义的色彩大大增强。只不过这种国家主义与斯大林式的国家主义不同，不是高度集权的，而是各共和国高度分权的，因此被一些南斯拉夫经济问题专家称为**“多中心国家主义”的体制**[①]。在上一章拜特（A. Bajt）引用过的《南斯拉夫经济体制改革的经验》一文中甚至认为，这“在某种程度上类似于封建式的经济管理”。

南斯拉夫之所以出现“多中心国家主义”的格局，是有其深刻历史根源的。南斯拉夫历史上民族矛盾一向十分严重。解放后成立联邦共和国，由黑山、波斯尼亚-黑塞哥维那（波黑）、马其顿、塞尔维亚、斯洛文尼亚和克罗地亚 6 个共和国和科索沃、伏伊伏丁那 2 个自治省组成。其后，南斯拉夫一方面推行企业自治，另一方面开始对各共和国实行分权化。例如，1950 年，南斯拉夫取消了联邦政

① 拜特（A. Bajt）:《南斯拉夫经济体制改革的经验》，参见中国经济体制研究会编:《宏观经济的管理和改革——宏观经济管理国际讨论会资料汇编》，北京：经济日报出版社，1986 年，第 97 页。

府的电力经济部、矿业部、农业部、林业部、轻工业部、商品和食品供应部，把它们的下属企业和其他业务都移交给共和国。1951年把属于联邦政府管辖的最后108个企业移交给共和国管辖，同时把一系列权力从联盟和共和国级的政权机构转移到地方政权机构（区、市、县一级）[①]。1964年12月召开的南共联盟第八次代表大会认为，中央集权制忽视了各共和国和自治省的社会经济职能，不符合各民族平等的原则，少数民族应当有权支配自己的国民收入。在这种想法的指导下，南斯拉夫在1964年通过了社会政治共同体（共和国、自治省、地区等）的财政基本法，规定在社会政治共同体之间的关系中实行经济原则，即每一个共同体的公民负担各种社会服务费，如保健、教育等。联邦对那些收入不能满足最低需要的共和国保证拨给补充资金。在这些措施的推动下，南斯拉夫从1964年开始了有利于社会政治共同体（即地方当局）的再分配过程。据南斯拉夫国家簿记局统计，1964年联邦资金增加6%，而共和国和公社的资金则增加了21%[②]。

问题在于，这种向地方政府放权的过程，没有同削减政府对企业进行微观干预的权力的过程相结合。在向地方政府放权的同时，旧的计划制度、积累制度、外贸制度大体上仍原封不动[③]。只是在向地方政府放权的情况下，这些方面的调节权转而由地方政府掌握。这种情况使南一体化的国内市场难以形成，民族之间的摩擦日

① 杜尚·比兰契奇（1973）：《南斯拉夫社会发展的思想和实践（1945—1973）》，马军等译，北京：商务印书馆，1986年，第130—131页。

② 杜尚·比兰契奇（1973）：《南斯拉夫社会发展的思想和实践（1945—1973）》，马军等译，北京：商务印书馆，1986年，第256页。

③ 杜尚·比兰契奇（1973）：《南斯拉夫社会发展的思想和实践（1945—1973）》，马军等译，北京：商务印书馆，1986年，第259页。

益加剧。

1969 年，在分配南斯拉夫公路建设国际公债资金时，斯洛文尼亚共和国指责联邦对该共和国采取歧视态度，引起政治危机，直接威胁到联邦政府的生存。1970 年克罗地亚共和国的主要社会力量掀起一场政治运动，要求改革联邦机构，提高本共和国在国民收入分配中的比重，使地方获得更多资金。某些共和国的民族分立主义势力甚至公开提出从南斯拉夫分立出去的要求。1970 年 10 月，塞尔维亚共和国议会主席团联席扩大会议和共和国执委会会议确立了塞尔维亚对联邦经济职能的政策，完全否定联邦在扩大再生产投资方面的作用。1971 年的联邦宪法修改案确认各共和国和自治省享有主权，联邦只享有宪法明确规定的、并且由各共和国和自治省预先同意的权利。

应当说，在一定条件下向地方政府分权本来同整个经济的市场化改革并不矛盾。如果中央政府向下级政府放权与政府向企业还权同步进行，它还将有利于市场经济体系的形成。可是向地方分权同国家（地方政府）在经济中作用的强化，携手并行，就会形成与市场经济背道而驰的“多中心国家主义”的格局。首先，各共和国政府对于税收政策和货币政策的制定和执行具有很大的自主权，对南斯拉夫宏观经济的稳定造成了很大的威胁。第二，各共和国的政府拥有很大一部分投资权力，投资决定有 1/3 左右是由它们作出的。地方政府为发展本地经济不顾可能进行投资，是南斯拉夫投资膨胀的重要根源。第三，从各共和国政府到各地区政府都对企业的微观经济有很大的干预权。包括解散工人委员会，参与经理提名，确定自治协议和社会契约的内容，等等。在上述诸因素的作用下，经济状况进一步恶化，到 20 世纪 80 年代，南斯拉夫经济已经濒临崩溃。

总之，南斯拉夫在加强对企业的行政干预的同时向地方政府放权的做法，是一种失败的尝试。目前南斯拉夫四分五裂局面的形成，固然有其他社会政治背景，但是，“多中心国家主义”使一体化国内市场难以形成，不能不说是一个重要原因。

4.5 简短的结语

在计划经济的基本框架不变的情况下进行的分权活动，无论是苏联赫鲁晓夫的“大改组”，中国1958年与1970年的“体制下放”，还是南斯拉夫的“多中心国家主义”，都不是市场取向的“经济性分权”，而是从处理中央与地方的关系的角度进行的“行政性分权”；不是根本改变命令经济体制，而是把命令经济体制从中央“下放”到地方层次；不是根本改变传统社会主义体制下“企业”作为行政机关附属物的地位，成为真正的企业，而只是改变它们的隶属关系，由中央行政机关附属物，变成地方行政机关的附属物；因而不仅不可能克服计划经济体制的弊病，而且还会导致许多新的问题。

“行政性分权”改革战略的致命弱点在于，它不能形成一种有效地配置资源的经济体制。任何社会化的生产，都需要有一定的经济机制来配置社会资源，或者是市场力量起基础性作用的市场经济，或者是行政命令起基础性作用的计划经济，二者必居其一。计划经济既然采用行政命令配置资源，它要在全社会的范围内有效地配置资源，就必然要以实行高度集中为前提。所以，如果实行行政性分权，社会资源配置失去了中心，就必然出现严重的资源浪费和经济秩序的混乱。而对于企业来说，由于下级行政机关与自己离得更近，干预起来更方便，就往往出现“走了贾探春、来了个王熙凤”的情况，使它们的处境更加困难。从改革的长远发展来说，虽然行政性分权打破集中计划经济的一统天下所造成的局面有利于市场因素在地区之间的“缝隙”中逐渐成长，但它所造成的市场封锁和割据又会阻碍统一市场的形成。所以只要有可能采取更勇敢的步骤，就不应主要依靠这条曲折而漫长的羊肠小道去实现市场经济的目标。

总之，行政性分权的道路并不是解放企业和通向市场经济的康庄大道，这已为国内外的许多事实所反复证明，改革要取得实质性进展和最终成功，还须另觅它途。

第 5 章 “扩大企业自主权”

1957 年的苏联行政性分权改革和 1958 年的中国行政性分权改革导致的混乱，使两国的经济管理体制重新回到由政府按部门原则管理工业的古典集中计划体制。但是即使在当时，人们也认识到，恢复古典的集中计划经济模式虽然可以消除向地方分权带来的混乱，但原封不动地恢复旧体制，也会使集中计划体制的各种老问题卷土重来。因此，两国在恢复中央集权的经济体制的同时，都试图对它作出某些修正。这就如同柯西金在 1965 年 9 月苏共中央全会报告中所说，要在取消地方分权体制以后，实行某种“在扩大企业业务经营独立性的基础上的部门管理制度”。这就是说，一方面，企业生产经营活动的一切重要原则问题都由通过部门主管机关（“条条”）下达的计划决定；另一方面，要扩大企业的经营独立性，提高企业对选择最经济途径来完成国家计划任务的责任并加强对企业和全体职工的物质刺激[①]。20世纪60年代中期，苏联和中国先后进行了这种以“扩大企业自主权”为主线的改革。直到 70 年代和 80 年代，这种改革思路仍然有很大的影响，因而值得我们进行深入的分析。

① A. 柯西金（1965）:《关于改进工业管理、完善计划工作和加强工业生产的经济刺激》，参见北京大学苏联东欧所:《勃列日涅夫时期苏共中央全会文件汇编（1964.11—1976.2）》，北京：商务印书馆，1978 年。

5.1　60年代对传统企业制度病症的新处方

一、“利别尔曼建议”及其讨论

在50年代末、60年代初，苏联经济出现了一系列的问题，其中比较突出的是经济增长率下降，劳动生产率增长速度放慢，资本产出率下降。面对这种情况，从斯大林高压政策下开始复苏的苏联经济学界提出了自己的意见和建议。一些主张改革的经济学家如涅姆钦诺夫、诺沃日洛夫、毕尔曼等对过去的经济理论和实践提出了尖锐的批评。他们认为，过去的由官方支持的整部“政治经济学”教科书充满陈词滥调和过时的教条，与实际经济生活毫无关系。在苏联经济体制中，货币、价格不起任何作用，实际上实行的是“易货贸易”。这种做法构成了苏联经济体制一整套“行政办法”的基础。后者企图用实物指标构筑包罗万象的统一计划并根据这一计划对整个国民经济进行集中管理，实际上“只是空中楼阁”。诺沃日洛夫1964年引述另一位主张改革的经济学家卢什科夫的话说，用当时的办法编制计划，把全苏联人民都投入到编制计划的工作中去，也要到1980年才能编成1964年的计划。苏联著名的飞机设计师O.I.安东诺夫写过一本影响很大的有关苏联改革的书，书中甚至说，“基辅的数学家已计算过，仅仅为乌克兰编制一项精确的和十分完整的物资和技术供应年度计划，就需要全世界所有的人工作一千万年”[①]。苏联经济学家指出在当时的体制下，从上到下都极其刻板僵化，忽视了企业的主动性和工人的主动精神，从而造成了国民经济比例严重

① 亚历克·诺夫（1979）：《政治经济和苏联社会主义》，上海：上海译文出版社，1983年，第185页。

失调和巨额浪费的局面。他们认为，为了进一步改革苏联经济体制，必须承认商品生产与货币-商品关系（贸易、货币、利润、信贷等）在社会主义经济中的核心地位，对国民经济的管理要以经济方法、经济杠杆，而不是直接命令和强制性指示为基础，对企业要实行经济刺激，让职工直接参与利润分享，扩大企业的自主权，让企业有独立解决与商品的生产和销售有关的全部问题的权力[①]。

到 60 年代初期，在苏共领导人的支持下，哈尔科夫工程经济学院教授利别尔曼成为改革派的代表人物。

1961 年 10 月召开的苏共二十二大通过的《苏共纲领》提出，改革的基本原则，是“在完成国家计划任务的基础上，扩大企业的业务独立性和主动性”。这就是说，要在扩大企业权限的同时充分利用商品货币关系和财政、信贷、价格、利润等经济杠杆。根据苏共二十二大精神，《真理报》组织了“关于改进经济领导和计划工作”问题的讨论。“利别尔曼建议”就是在这种背景下出现的。

1962 年 9 月 9 日的《真理报》发表了利别尔曼的署名文章《计划 · 利润 · 奖金》，认为苏联现行体制对企业制定的计划过死、过细，束缚了企业的主动性，压制了企业潜力的发挥。只有企业自己才了解自己的潜力，国家应该只给企业下达一些主要的、具有决定意义的指标，企业自行考虑用合理的指标，以便达到最好的经济效果[②]。

① 莫舍 · 卢因（1975）:《苏联经济论战中的政治潜流——从布哈林到现代改革派》，倪孝铨、张多一、王复加译，北京：中国对外翻译出版公司，1983 年，第 119—140 页。

② E. 利别尔曼（1962）:《计划 · 利润 · 奖金》，中译文见孙尚清、刘翰辰、章良猷编:《苏联报刊关于利别尔曼建议的讨论文集》，北京：生活 · 读书 · 新知三联书店，1963 年；另见利别尔曼（1962）:《生产计划和增长定额》，中译文见上书。

利别尔曼建议的中心思想是以统一核定的部门资金盈利水平定额作为企业编制计划和对企业进行物质奖惩的基础。他认为，如果对处于大致相同的自然和技术条件下的企业规定统一的盈利定额，并且实行盈利率愈高、奖金也愈多的原则，就可以大大减少对企业下达的指令性指标。中央计划机关只要把按品种规定的产量计划和交货期限计划下达给企业，余下的生产、技术和财务计划可以由企业独立自主地制定，因为在这样的条件下，“凡是有利于社会的，也就是有利于企业的”。企业会从本身的利益出发用最经济的方法来按质按量地完成计划规定的任务。

为了实现对企业工作的良性刺激，利别尔曼建议企业在按份额（比率）分取所创造的收入的基础上得到奖金。份额大小按企业盈利计划高低来确定。如果盈利计划没有完成，企业也能够按照实际盈利以同样份额取得奖金；而如果盈利计划超额完成，企业就按计划利润和实际利润的平均数取得奖金。例如，如果计划盈利率为 10%，则按 10% 的盈利率确定奖金，如果实际达到的盈利率为 15%，则奖金的确定按计划盈利率 10% 和实际盈利率 15% 的算术平均数确定，而不是按 15% 的盈利率确定奖金。这样，企业自己编制的盈利计划越高，奖金就越多。因而编制保守的计划对于企业是极为不利的。为了得到更高的奖金，企业在制定计划时，就会充分考虑到生产能力的利用。同时，企业没有完成产量、品种和产品交货期限的任务时，即使盈利，也无权得到奖励。因此，企业会在努力完成降低产品成本、提高劳动生产率计划的同时，力求全面完成生产和销售计划，以取得奖励。利别尔曼还提出了六点具体实施建议，其中最主要的是：（1）产量品种计划由国民经济委员会协调和批准，具体的生产计划全部由企业自行编制；（2）根据基金盈利率（即资本利润

率 = 利润 / 生产基金）确定各种物质奖励的统一基金；（3）为各个部门以及自然条件和技术条件大致相同的各类企业统一制定随盈利率而变化的奖金比率表，作为长期的定额；（4）制定从企业利润中提取的统一奖励基金的使用办法，同时考虑扩大企业把奖励基金用作集体奖励和个人奖励方面的权限，等等。

《真理报》在发表利别尔曼的文章时，加了编辑部的按语。按语指出，这篇文章"提出了重要的原则性的问题"，号召展开讨论。在此后的近两年时间里，苏联展开了颇有声势的讨论。在讨论中，除一部分具有保守思想的经济界人士和经济学家由于担心党和政府会失去对经济的控制、导致经济的"无政府状态"，因而反对利别尔曼建议外，大多数人积极支持利别尔曼的建议。支持利别尔曼建议的人们赞成减少向企业下达的计划指标，而以利润作为衡量企业经营效果的"基本指标""唯一指标"或"万能指标"；加强以盈利水平为尺度的物质刺激，同时扩大企业自主权，并让工人和经理人员拥有"直接参与分享他们自己用劳动创造的利润"的权利。有些经济学家还提出了土地付费、资金付息、采用生产价格以矫正由于生产资金占有情况不同和价格不合理带来的扭曲[①]。也有经济学家（如毕尔曼等）提出计划不应当去"管理和控制"经济，而只应对经济进行调节，以及取消行政部门供应生产资料的机制，用批发贸易取而代之等补充建议[②]。

① 参见孙尚清、刘翰辰、章良猷编：《苏联报刊关于利别尔曼建议的讨论文集》（1963），北京：生活·读书·新知三联书店，1963 年；《苏联报刊关于利别尔曼建议的讨论文集》（续集 1965），北京：生活·读书·新知三联书店，1965 年。

② 英舍·卢因（1975）：《苏联经济论战中的政治潜流——从布哈林到现代改革派》，倪孝铨、张多一、王复加译，北京：中国对外翻译出版公司，1983 年，第 156 页。

接着，苏联科学院主席团建立了总结这次讨论的结果、为行将召开的苏共中央全会提供材料的委员会。与此同时，新计划制度和企业管理制度改革的试点工作，也在一些企业中进行。据苏联报刊报导，其中某些企业如莫斯科的“女布尔什维克”和乌克兰的“灯塔”等两个缝纫工业公司，都取得了明显的成效。

二、中国理论界的认识

中国的经济理论界也比较早地看到了传统体制的不足，提出了发挥企业积极性问题。

早在50年代中期，我国企业界和经济学界就有不少人提出，在从苏联引入我国的国有企业管理体制下，企业缺乏必要的权力和利益，因而缺乏主动性。为了改变这种状况，需要进行改革。

毛泽东的《论十大关系》代表了大多数人的意见。它除了要求赋予地方政府以更大的组织国民经济的权力外，也在一定程度上反映了这种要求扩大企业自主权的意见。他说，“把什么东西统统都集中在中央或省市，不给工厂一点权力，一点机动的余地，一点利益，恐怕不妥”。不过，究竟可以给企业多大的权益，毛泽东表现得十分谨慎，他只是说，“中央、省市和工厂的权益究竟应当各有多大才适当，我们经验不多，还要研究”[①]。

观点表现得最为鲜明的是当时在中国科学院经济研究所工作的顾准。他在1957年发表的《试论社会主义制度下的商品生产和价值规律》一文中，实际上指出了问题的根源在于实行计划经济和政府直接经营企业。他在这篇文章中甚至建议在社会主义企业中实行类

① 毛泽东（1956）：《论十大关系》，《毛泽东选集》第5卷，北京：人民出版社，1986年，第273页。

似于苏联新经济政策时期那样的“经济核算制”，“最高限度地”发挥价格调节生产和流通的作用。具体做法是，废除按指令性计划生产和计划定价制度，使价格自由涨落；同时，使劳动者的物质报酬与企业盈亏发生程度极为密切的联系，由于企业会自发地追求价格有利的生产，价格就成为调节生产的主要工具[①]。当时担任国家统计局副局长、后来又长期领导中国科学院经济研究所的孙冶方持有和顾准相接近的观点，但他对计划经济的批判态度要比顾准缓和得多。早在 1956 年，孙冶方在国家统计局的一次会议上发表了题为《价值规律和改进计划统计方法问题》的长篇讲话，批评了苏联式经济管理体制造成的极大浪费，认为问题在于对企业的考核片面强调产值，忽视了成本。他主张在社会主义经济中充分发挥“价值规律”的作用。后来，这篇讲话又分成《把计划和统计放在价值规律的基础上》和《从“总产值”谈起》两篇文章发表，在理论界激起了很大的反响[②]。但在“反右派运动”中，他的观点遭到了“具有南斯拉夫修正主义倾向”的指责。

在 1958 年中国向地方分权改革失败以后，孙冶方在 1961 年向中国政府经济领导人提出了一份标题为《关于全民所有制经济内部的财经体制问题》的研究报告。这份研究报告指出，经济管理体制

① 顾准（1957）：《试论社会主义制度下的商品生产和价值规律》，见张问敏、张卓元、吴敬琏编：《建国以来社会主义商品生产和价值规律论文选》（上卷），上海：上海人民出版社，1978 年。

② 孙冶方：《价值规律和改进计划统计方法问题》（1956），《社会主义经济的若干理论问题（续集）》（修订本），北京：人民出版社，1983 年。《从“总产值”谈起》（1957）、《把计划和统计放在价值规律的基础上》（1957），《社会主义经济的若干理论问题》，北京：人民出版社，1979 年。

的中心问题，不是中央和地方的关系、“条条”与“块块”的关系，而是“作为独立核算单位的企业的权力、责任和它们同国家的关系问题，也即是企业的经营管理权问题”。他认为企业之间的供、产、销协作关系的建立和改变应由国家计划确定，而在计划确定的协作关系的范围内的各种经济决策则应由企业自行做出。根据这一思想，孙冶方把经济决策权力划分为应由国家掌握的“大权”和应由企业自行掌握的“小权”两类，提出国家应对企业实行“大权独揽、小权分散”的原则。孙冶方所谓的“**大权**”和“**小权**”，是以资金价值量作为划分的标准的。他认为，由新增加投资进行的生产是扩大再生产，扩大再生产的决策权（即投资权）属于“大权”，应当由国家管住；至于在原有资金量范围内进行的生产属于简单再生产，在此范围内的决策权（即日常经营决策权）属于“小权”，小权范围的经济活动都应当是在企业的权限之内，必须留给企业自己去办。他认为，“小权”分散后，“在全社会各行业基本上以同样速度提高劳动生产率的条件下，在资金价值量简单再生产范围内的实物量的扩大再生产是不至于导致整个国民经济的比例失调的”。孙冶方在这样的前提下提出：“利润是企业经营好坏的最集中表现。”国家据此进行考核监督，就能促使企业努力改善经营管理，降低产品成本，提高产品品质，更好地完成计划。孙冶方的主张的实质是在国家继续保持长期决策权的条件下给予企业某些短期决策的权力，同时根据盈利的高低给予奖惩①。

① 以上均见孙冶方（1961）：《关于全民所有制经济内部的财经体制问题》，《社会主义经济的若干理论问题》，北京：人民出版社，1979 年。

5.2　按照放权让利思路进行改革的尝试

一、60 年代中期的“柯西金改革”

1965 年 9 月苏共中央全会的召开，标志着被西方某些“苏联学家”称为“柯西金改革”的经济改革的开始。当时的苏联部长会议主席柯西金在全会上做了题为《关于改进工业管理、完善计划工作和加强工业生产的经济刺激》的报告，全会通过了同名决议。1965 年 10 月，苏共中央和苏联部长会议又颁发了《关于完善计划工作和加强工业生产的经济刺激的决议》和《社会主义国营生产企业条例》。

1965 年改革包含三方面的主要内容：（1）恢复 1957 年赫鲁晓夫改革以前按部门原则对国民经济进行管理的行政管理系统；（2）实行新的企业管理制度；（3）改革流通体制和进行“价格改革”。

1965 年改革所采取的第一个措施，是消除 1957 年赫鲁晓夫改革的影响，重新建立集中化的国民经济行政管理体系。赫鲁晓夫设立的各级国民经济委员会被撤销，恢复和新建 23 个联盟工业部，统辖上收给中央的企业；建立一系列新的国家委员会，如国家物价委员会、国家物资技术供应委员会、国家科学技术委员会等负责有关方面的事务，赋予国家计划委员会更广泛的权力。这样，就恢复了部门主管机关对企业进行统一管理的制度。

不过，这次改革不能被简单地看作是集中计划体制的回归。改革的核心在于建立新的企业管理制度。它一方面大大减少了国家对企业颁发的指令性指标，另一方面全面更新了对企业的激励机制，强化了鼓励企业更好地完成国家计划的物质刺激。指令性计划指标从改革前的 35—40 项减至 9 项，这 9 项指标分别是：按现行批发价格计算的产品销售总额、按实物量计算的主要产品产量、工资总额、利润总额、资金盈利率、预算缴款、来自中央拨款的投资总额、固定资产投产、应用新技术的任务、由上级机关分配给企业的原材料和设备的供应量。取消了以往作为指令性计划指标体系基础的总产值指标。将厂长基金扩大为利润留成，用以建立三种“经济刺激基金”，即：（1）物质刺激基金；（2）社会文化措施和住宅建设基金；（3）生产发展基金。有关文件规定，物质刺激基金利润提成，按照根据年度计划规定的产品销售额或利润额的增长幅度和盈利水平确定的定额提取。所确定的定额是按工资基金的百分比计算的，即计划规定的产品销售额以可比价格计算比上年每增长 1%，就可从利润中提取相当于工资基金的百分之若干的物质刺激基金；计划规定的盈利率每增长 1%，就可从利润中提取相当于工资基金的百分之若干的物质刺激基金；定额按部门分别规定，定额规定后若干年不变。物质刺激基金除从利润提成中提取外，还可以从因产品质量提高形成的加价获得的利润中提取。新体制的设计者认为，在新体制下，企业提高职工劳动报酬的可能性首先取决于生产的增长、产品质量的改进、利润的增加和盈利能力的提高，因而能促进职工对企业总成果的关心。生产发展基金的利润提成额，根据对资金存量的固定定额，按照由年度计划规定的产品销售额或利润额（用可比价格计算）增长幅度和盈利水平确定；定额在若干年内保持不变，按各工业部门予以规定。除利润留成外，生产发展基金还包括一部分固定资产折旧费和全部出售多余固定资产的收入。实行固定资金与流动资金付费制度和固定预算缴款制度，以便促使企业更加关心资产和资金的利用，并消除企业因优越的自然条件和运输条件而形成的级差纯收入及因此带来的分配不公、苦乐不均现象。

1965 年改革以后，由于国营企业经营自主权的提高和企业利益的增进，企业的经营积极性和职工的主动性在一段时间里确有提高。据苏联著名的改革经济学家阿甘别吉扬说，苏联工业劳动生产率在1961—1965年的五年计划期间提高了25%，而1966—1970年的五年计划期间提高了32%[①]。但是在企业受到第四章已经提到的“内部人控制”而缺乏有效的产权约束的情况下，企业领导人往往可以用损害所有者（国家）利益的办法，取得大大超过自己贡献的利益。因此，物质刺激基金较之生产和效率的提高增长得更快。从1966年到1974年的9年中，主要物质生产部门中的奖励基金上升2—2.5倍，奖金在国营职工工资中的比重由1965年的5.8%上升到1974年的11%，其中工业部门由8.7%上升到16.8%。经济刺激基金总额1965年为14亿卢布，1970年为103亿卢布，1975年达135亿卢布[②]。职工的平均收入在新经济体制下增长得非常快，在许多行业中超过了劳动生产率的增长。职工收入增加很快而产品成本却没有降低，成为后来一些人攻击改革和实行复旧的重要口实[③]。

1965年改革要求国营企业在形式上具有市场经济中自主企业的某些特征，如在交易中计价付款，以收抵支、计算盈亏等。因此，

① 阿·阿甘别吉扬（1990）：《苏联改革内幕》，王昕、江小渭译，北京：中国对外经济贸易出版社，1990年，第132页。不过，A.休伊特对阿甘别吉扬关于劳动生产率提高的这一判断表示怀疑。他说，如果考虑到1966—1970年间由于新定价办法导致的隐性通货膨胀，经济绩效的改善或多或少是一种幻觉。而且，即使有所改善，可能也同1965年的改革无关，而只是由于从赫鲁晓夫改革造成的混乱中恢复了经济秩序。见Hewett前引书，第70页。

② 苏联科学院经济研究所（1980）：《苏联社会主义经济史》，第7卷，北京：东方出版社，1987年，第129—130、132页。

③ 见阿甘别吉扬前引书，第133页。

它所设计的企业管理体制要能够有效地运行，必须具备的前提之一，就是存在市场–价格机制，有合理的价格。然而在保持计划经济总格局不变的情况下，这一前提是很难具备的。因此，从对利别尔曼建议进行讨论时起，人们就绞尽脑汁，设法绕过这一暗礁。在讨论中形成了两种观点：一种观点认为，价格合理化可以通过运用电子计算机计算出康托罗维奇式的影子价格来解决。另一种观点则认为需要通过贸易制度改革：由物资供应制度到批发贸易制度的改革来实现。不过 1965 年改革的主持人对于市场–价格机制对企业改革的意义缺乏起码的了解。柯西金在 9 月全会上的报告虽然也表达过引入批发贸易制度和扩大企业之间的直接供销联系的意向，并且把设计新批发贸易体制的责任交给了新建立的国家物资技术供应委员会，但是在保留主要的指令性指标和实行计划价格的条件下，放弃计划供应制度和建立真正的批发贸易体制是完全不可能的。因此，直到 1969 年，国家物资技术供应委员会经营的 460 个小批发贸易商店的销售额只占生产资料销售总额的 1%。到了后来，苏共中央就更以“要等短缺现象消失后才能向批发贸易体制过渡”为理由，停止了这项改革。然而我们知道，短缺现象正是由计划经济体制造成的，不改变旧体制，就无法消除短缺现象。所以这种倒因为果的说法，等于堵塞了进行较为彻底的改革的道路。阿甘别吉扬曾经讲述过一个故事。他说，柯西金 1965 年一次出访后曾在新西伯利亚停留并与经济学家举行会见，当康托罗维奇院士向柯西金谈到价格体系在新经济条件形成中的重要性时，柯西金竟然打断康托罗维奇说：“价格与我们讨论的问题有什么关系？你在谈什么呀！”[①] 在这样的思想的指

① 见阿甘别吉扬前引书，第 145 页。

导下，1965 年的所谓“价格改革”实际上不过是把定价权集中到新设立的国家价格委员会手中，并由该委员会在 1966—1967 年期间对价格进行全面调整。这次价格调整的基本目的，是保证大部分国有企业取得盈利。这意味着让价格被动地适应由过去的资源计划配置所形成的经济结构，成为促使企业完成计划指标的工具。

由于扩大企业自主权和强化物质刺激的改革同继续保持支配地位的计划经济体制之间存在着不可调和的矛盾，改革措施实施起来十分困难。1966 年底，只有 1.5% 的工业企业实行了新经济体制，它们的产值占全部工业产值的 8%，利润占全部工业利润的 16%。1967 年，为推行新体制而作出了更大的努力，到该年年底，实行新体制的工业企业占工业企业总数的 15%，它们的产值占全部工业产值的 37%，利润占全部工业利润的 50%。到 1968 年底，实行新体制的工业企业占全部工业企业的 50% 左右，它们的产值占全部工业产值的 72%，利润占全部工业利润的 80% 左右[①]。而且，即使实行了新体制，有关投资、发展生产、价格、工资和财政等方面的主要计划指标仍然由中央统一控制，部和总局管理企业的权限也没有明确的范围，文件规定的扩大企业自主权的规定往往只停留在文件上，在实践中得不到实行。

而且，随着新经济体制的缺陷的日益暴露，计划经济的维护者利用了新体制的缺陷，用增加计划指标、发布政府指令等方式使上级主管机关直接指挥企业的作法全面复辟。按照阿甘别吉扬的说法，

① A. Hewett. *Reforming the Soviet Economy: Equality versus Efficiency*（改革苏联经济：平等与效率的选择）. The Brookings Institution, p.236.

“60年代后期或70年代早期，旧的行政管理方法已大部恢复”[①]。阿甘别吉扬还在1973年11月12日苏联《真理报》上著文指出，他领导进行的对西伯利亚和远东的1064个企业的一项调查表明，80%的企业经理反映上级主管机关违反经济体制改革条例，给企业规定理应由企业自行规定的指标。为数众多的国家机关、社会组织、其他机构及主管部门都对企业经营活动施加影响，对企业如何经营发号施令，而又不关心企业有没有执行其要求所需要的物力和财力[②]。1965年改革把指令性计划指标从20多个减少到9个，但漏洞太多，到1971年，恢复了劳动生产率等指标。在奖励基金方面，为使奖励基金的使用更符合自己的意愿和目标，苏联政府还不止一次地改变奖励基金的形成办法。譬如，1971年4月和1972年5月颁布的两份文件就明文规定了建立物质鼓励基金和社会文化基金的新办法。与过去相反，一个企业在五年计划期间的年基本物质鼓励基金数额由主管部决定。在介于五年计划首尾两年的其他年份，企业的奖励基金则随产量（总产值）的计划增长率增加而增加，产量的计划增长率也由部里为企业决定。文件还规定，一个企业，如果准确地按五年计划的规定完成了原计划的年产量任务、盈利率水平、劳动生产率，那么，它那一年的物质刺激基金也将如原计划那样多。如果企业在这三项指标中有任何一项完不成计划，物质刺激基金都要作相应减少。除此以外，企业的奖励基金还要根据企业在关键产品的产量计划、五年计划原规定之外的消费品生产计划、提高产品质量与生产新产品的计划这三项指标的完成情况而有增减。这样，在利润留成

① 张础等编：《苏联的经济改革》，《苏联问题译丛》第9辑，北京：生活·读书·新知三联书店，1981年。

② 见阿甘别吉扬前引书，第133页。

比例增加、企业财权扩大的同时，又为财权的使用添加了许多规定和限制[①]。各部、总管局给企业下达的计划指标不是根据企业核算而来，而是按现已达到的水平加上一定的增长百分比得出，因而往往具有很大的任意性。除计划的不切实际外，各部、局及销售中心屡次变更已批准的计划，随意增删指标的情况也经常发生，有的企业一年修订计划指标1500多项次[②]。结果正如一些苏联经济学家所说的，一方面加强经济刺激，一方面限制企业权限、增加指令性指标数量，两者扭在一起，就失去了对提高效率的刺激[③]。

二、中国的“企业利润留成”改革

在1958年中国的行政性分权改革中，按照毛泽东在《论十大关系》中提出的意见，企业的自主权力也有所扩大。1958年企业管理体制的改革的主要内容，是扩大企业主管人员对企业内部事务的管理权限：（1）减少指令性指标，把生产计划的指令性指标由总产值、主要产品产量、新种类产品试制、重要的技术经济定额、成本降低率、成本降低额、职工总数、年底职工人数、工资总额、平均工资、劳动生产率、利润等12项减为主要产品产量、职工总数、工资总额、利润4项指标。同时，简化计划编制程序，由两次下达、两次上报的编制过程改为两次下达和一次上报。（2）在物质鼓励方面，实行国家与企业之间的利润分成制，企业利润分成由计划利润

① 约翰·P.哈特（1981）：《苏联经济现状》，北京：生活·读书·新知三联书店，1981年，第52—53页。

② 张础等编：《苏联的经济改革》，《苏联问题译丛》第9辑，北京：生活·读书·新知三联书店，1981年。

③ H.彼得拉科夫、E.亚辛：《集中计划领导的经济方法》，载A.阿甘别吉扬（1987）：《经济管理改革：问题与探索》，马文奇译，上海：上海译文出版社，1989年。

分成和超计划利润分成两部分组成；计划利润的分成比例按各企业“一五”时期企业奖励基金的实绩加技术组织措施费、新种类产品试制费、劳动保护费、零星部件购置费等四项费用的实绩和同时期实现利润之间的比例，再加上40%的超计划利润统一计算；国家不再向企业拨付“四项费用”，企业也不再提取企业奖励金。规定企业要把大部分利润留成用于生产，小部分用于职工福利和奖金。（3）扩大企业的人事管理权，除企业主管负责人员（厂长、副厂长、经理、副经理等）和主要技术人员外，所有职工都由企业负责管理。企业有权在不增加职工总数的条件下，自行调整机构和人员。（4）企业的固定资产可以由企业增减或报废。

1958年的这些改革冲击了传统的高度集中管理体制，在短时期内出现过企业增产增收的积极性高涨的“跃进”气象。但与此同时，由于改革的着眼点只在于刺激企业超额完成计划指标，主要是总产值指标的积极性，企业往往可以用增加投入、过度使用机器设备和自然资源等会使效率降低的办法来增加产量，以便取得更多的利润分成；而对那些原来经营管理状况比较好、增产增收的潜力不大的先进企业，反倒产生了“鞭打快牛”的负效应。于是就出现了如下不良现象：（1）在“大跃进”“高指标”的气氛下，“将产值指标一再提高”；（2）企业利润留成增加大大超过生产增长；（3）随意招收新工人，使职工人数大量增加，企业人浮于事的现象普遍发生；（4）企业任意挤占国家资金、挪用流动资金、乱摊成本、偷漏拖欠税款、截留利润、铺张浪费[①]。加之当时正处于“大跃进”的混乱之

① 周太和等：《当代中国的经济体制改革》，北京：中国社会科学出版社，1984年，第78—79页。

中，结果劳动生产率下降，生产费用猛增，亏损大大增加。与1957年相比，1960年全国工业企业百元产值的生产费用从51.1元增加到56.4元，全国国有工业企业全员劳动生产率1959年比1957年下降了15%。国有企业在“一五”时期很少亏损，而在“大跃进”时期，大批企业出现亏损，1961年亏损额达103.2亿元，其中工业企业亏损46.5亿元，相当于整个工业税利的1/3[①]。所以，总的来说，这次改革并没有取得预期的成效。

针对企业管理的混乱现象，1961年9月中共中央颁发了《国营工业企业工作条例（草案）》(《工业七十条》)。它明确规定国营工业企业的根本任务是全面完成和超额完成国家计划，要求对企业实行“五定”“五保”。“五定”是国家对企业的要求和提供的生产条件，包括:（1）定产品方向和生产规模;（2）定人员和机构;（3）定主要的原料、材料、燃料、动力、工具的消耗定额和供应来源;（4）定固定资产和流动资金;（5）定协作关系。“五保”则是企业必须保证完成的任务，包括:（1）保证完成产品的品种、质量、数量计划;（2）保证不超过工资总额计划;（3）保证完成成本计划，并力求降低成本;（4）保证完成上缴利润计划;（5）保证主要设备的使用期限。以上十个方面一经确定，三年保持不变。企业完成“五保”（在“五定”的基础上）后，可以在上缴利润中提取奖励基金。同时，在完成“五保”的基础上，企业可以:（1）精减人员，用工资总额的结余部分增加职工资金;（2）与其他单位调剂余缺，增加生产（但不能用于生活用品和基本建设）。

① 周太和等:《当代中国的经济体制改革》，北京：中国社会科学出版社，1984年，第78—79页。

《工业七十条》规定的制度比1959—1960年期间实行的制度增加了成本、产品品种等指令性指标，它还把企业的有关奖励更严格地同计划指标的完成情况联系起来，这都加强了对企业的计划管理。利润分成内容的变化也反映了这种集中的趋势。例如，1957年决定划归利润分成基数的四项费用（技术组织措施费用、新种类产品试制费、劳动保护费和零星部件购置费用），1961年则规定由国家另拨。

这次整顿加强了国家对企业的管理和监督，对于解决“大跃进”中因权力分散带来的问题具有一定的作用，但是由于它把企业的人财物及产供销都置于更严格的国家计划管理和行政监督之下，因此，虽然在一方面避免了“大跃进”期间的混乱状态，而且出现了像大庆油田那样的以“三老”“四严”[①]的管理而闻名的模范企业，但在另一方面，这套体制也使大多数企业重新陷入高度集权体制下，企业作为上级主管机关的算盘珠，拨一拨、动一动，没有生气的状态。

1958年改革后出现的消极现象，使“左”倾思想更具有吸引力，从而导致企业的行政化和政治化倾向的加强。1962年9月，毛泽东在中共八届十中全会上做了《关于阶级、形势、矛盾和党内团结》讲话，对阶级斗争作了扩大化和绝对化的论述，提出了“以阶级斗争作为一切工作的总纲”，即“以阶级斗争为纲”的错误方针。在“左”倾思想指导下，全国大搞政治运动。1964年，在提出“整党内一小撮走资本主义道路的当权派”的同时，大批“利润挂帅”“奖金挂帅”。一直倡导进行经济改革的经济学家如孙冶方，就

① “三老”是指“当老实人，办老实事，说老实话”；“四严”是指“严格的要求，严密的组织，严肃的态度，严明的纪律”。

被康生说成是“比利别尔曼还利别尔曼”的“经济战线上最大的修正主义分子”。

1965 年，根据当时的政治要求，《国营工业企业工作条例（草案）》（《工业七十条》）作了修正。这个《修正草案》强调企业“必须以阶级斗争为纲，以社会主义和资本主义两条道路斗争为纲，……进行兴无灭资的斗争”。

在从 1966 年开始的十年“文化大革命”中，更是把企业作为“无产阶级专政的阵地”，鼓吹政治第一，企业的许多正确的规章制度被说成是“资本主义的管、卡、压”，厂长负责制被攻击为“取消党的领导”；加强经济核算、增加盈利被称为“利润挂帅”“只算经济账，不算政治账”；一些能够多少反映职工贡献的个人收入分配方法如计件工资和奖励制度被说成是“奖金挂帅”、是“对工人阶级的腐蚀”。结果，企业管理混乱，产品质量、成本无人过问，经济效率极低。

“文化大革命”结束后，对企业的经营管理进行了整顿。1978 年颁布的《中共中央关于加快工业发展若干问题的规定（草案）》做出如下规定，（1）企业整顿好的标准之一是看企业的产量、品种、质量、消耗、劳动生产率、成本、利润、流动资金占用这 8 项指标和各种设备完好情况有没有显著进步；（2）对企业进行“五定”，设立企业基金，全面完成 8 项经济技术指标和供货合同以及国家计划的企业，可以按一定比例在利润中提取企业基金。国有企业体制大体上恢复到“文化大革命”以前的状态。

三、“文化大革命”结束后的企业改革

虽然经历了 20 年的曲折，直到 70 年代末期，中国国有企业的管理体制仍然大体保持着传统体制的基本框架，种种弊端基本上还

未能触及。这样，在粉碎“四人帮”后的“拨乱反正”期间，进行企业管理体制改革的问题重新被提到议事日程上。在新的政治条件下，老的改革者如孙冶方的思想被普遍接受。于是，开始了在计划经济体制的总框架未作变动的情况下进行以对企业放权让利和强化物质激励为主线的改革试验。

1978 年 10 月，中共四川省委选择了重庆钢铁公司、宁江机床厂等 6 个企业进行“扩大企业自主权”的试点。试点从发动职工群众讨论企业的增产节约计划入手，确定在增产节约的基础上，企业可以提取一定数额的利润留成，职工个人可以得到一定数额的奖金。这种办法在当年第四季度计划的超额完成中表现出了优势。1978 年，四川省委根据这些企业试点的经验，制定了 14 条试点办法，其中除明确规定企业对国家应承担的责任如完成国家计划之外，还规定企业在生产计划、产品销售、劳动人事、技术改造等方面有一定的机动权力。例如，企业可以在完成国家计划的前提下，增产市场需要的产品，可以自销国家商业和物资部门不收购的产品，企业提拔中层干部也不再需要经上级行政主管机关批准；此外，国家与企业在利益分配上实行利润留成制度，允许企业在全面完成国家计划的前提下，提取计划利润分成和增长利润分成。

从 1979 年起，四川省的试点扩大到 100 个工业企业和 40 个商业企业。这次试点，取得了比较明显的效果。但是，在扩权方面，企业得到的权力还是很小的，在超计划利润分配方面也是采取“环比”办法，即按当年实现利润增长率大小提取企业留利，这样越是先进的企业，其潜在的利润增长率就越小，提取留利的比例也就越小，反之，越是落后的企业，其潜在的利润增长率可能越大，留利比例可能就越大。这种“鞭打快牛”的做法必然挫伤企业提高生产率的积极性。因此，从 1980 年起改行利润全额分成的办法。与此同时，还在一些企业试行了国家征税、企业自负盈亏的办法[①]。

1979 年 5 月，国家经委、财政部等 6 个部门在京津沪三地选择首都钢铁公司等 8 家企业，进行扩大企业自主权的试点，试点的基本内容实际上是四川做法的推广。同年 7 月，国务院颁发《关于扩大国营工业企业经营管理自主权的若干规定》《关于国营企业实行利润留成的规定》以及关于征收固定资产税、实行流动资金全额信贷、提高固定资产折旧率和改善折旧费使用的文件。这些文件规定：（1）国家对企业主要考核 4 项指标，即产品产量、质量、利润、合同执行情况；（2）企业实行利润留成制度；（3）逐步提高固定资产折旧率，实行固定资产有偿占用制度和流动资金全额信贷制度；（4）在定员定额内，企业有权决定自己的机构设置、有权任免中下层干部；等等。关于利润留成制度，文件规定，凡能够独立核算并且有盈利的企业都可以实行利润留成制度，留成基金分为三部分，即生产发展基金、职工福利基金、职工奖励基金。具体留成办法是，留成比例按下列各项费用与开支占利润总额的百分比，分别予以核定：（1）企业按规定从利润中提取新产品试制费；（2）国家拨给企业和企业主管部门的科研经费及职工技术培训费；（3）按工资总额的 11% 从成本中提取的职工福利基金；（4）按国家规定从成本中开支的奖金。利润留成比例原则上一定三年不变，除非特殊情况发生。同时要求地方、部门按照统一规定的方法进行试点。到年底，试点企业扩大到 4200 个，1980 年 6 月又扩大到 6600 多个，约占全国预

① 周太和等：《当代中国的经济体制改革》，北京：中国社会科学出版社，1984 年，第 166、597 页。

算内工业企业数的16%，产值的60%，利润的70%。

这次以扩大企业自主权为特征的改革在某种程度上改变了旧体制下国有企业仅仅被动地完成指令性计划的生产单位的状况，企业自主权的扩大和利润留成制度的建立，使它们普遍具有超额完成计划和增产增收的积极性，发展意识和盈利意识大大增强。但是，由于这种放权让利改革本身的局限性，也由于其他方面的改革配合不足，企业自主权的扩大和预算约束的硬化不是同时并进的。由于获得了某些自主权的企业并不处于有效产权约束和市场竞争约束之中，也不处于能反映商品稀缺程度的价格体系的引导之下，不仅物质刺激的增产增收效应随着时间的推移而递减，而且企业产值的增加往往靠大量社会资金和其他投入获得，它们的“自主权”的发挥往往并不一定有利于整个社会经济效率的提高和国家实力的增强。这样，财政赤字增加和通货膨胀率提高的趋势日益明显。1979年和1980年出现了历史上前所未有的近300亿元的财政赤字；社会零售物价指数1979年上升1.9%，1980年上升6%，国民经济面临严重通货膨胀的危险。

针对这种情况，中国政府决定从1981年起采取紧缩措施，“进一步调整国民经济”。于是扩大企业自主权的改革出现退潮。为了执行这一决定，提出了增加财政收入、减少财政赤字的要求。各地为了落实财政上缴的任务，对部分工业企业实行了利润包干的“经济责任制”。1982年4月全国工交工作会议肯定了“经济责任制”。1981年11月和1982年11月国务院分别批转了国家经委等单位拟定的《关于实行工业生产经济责任制若干问题的意见》和《关于当前完善工业经济责任制的几个问题》等文件。文件以“认真贯彻计划经济为主、市场调节为辅的原则”为指针，一方面要求“进一步扩大企业经营管理自主权，保证企业生产、经营所必须的条件，使企业逐步成为相对独立的经济实体”；另一方面又要求“实行经济责任制的单位，必须保证全面完成国家计划，按社会需要生产，不能利大大干、利小不干”。这实际上否定了企业作为独立的经济实体要把利润作为经营目标。1983年4月颁布的《国营工业企业暂行条例》进一步明确指出：“国营工业企业是社会主义全民所有制的经济组织，是在国家计划指导下，实行经济核算，从事工业生产经营的基本单位。”

从企业收权和强调计划管理并没有持续太久时间。从1983年开始由国务院主持的一项“增强国有企业素质”的研究表明，把企业置于政府的严格计划管理之下，使企业缺乏应有的活力，于是钟摆又向放权的方向摆回来。1984年5月，国务院发布《关于进一步扩大国营工业企业自主权的暂行规定》，要求进一步扩大企业在生产计划、产品销售、物资供应、利润留成支配等方面的权力。

在中国经济改革的整个过程中，像这样的摇摆曾出现过多次，但是，对传统国营企业体制进行改革却始终是一个必须面对的问题。在更加有效和可行的企业改革思路尚未形成的情况下，实行放权让利的改革就成为经常出现的企业改革思路。1984年5月颁发的《关于进一步扩大国营工业企业自主权的暂行规定》即《扩权十条》要求在十个方面扩大企业的自主权，1992年7月颁发的《全民所有制工业企业转换经营机制条例》（通称《转机条例》）确认企业享有14项经营自主权，即企业经营决策权、产品劳务定价权、产品销售权、物资采购权、进出口权、投资决策权、留用资金支配权、资产处置权、联营兼并权、劳动用工权、人事管理权、工资奖金分配权、内部机构设置权、拒绝摊派权。然而，或者是受到行政主管机关的阻挠，权力下放不下去，或者是由于缺乏有效的产权约束和市场竞争约束，企业自主权力的运用与社会资源的有效配置发生冲突，都使这一类改革不能取得完全的成功。

总之，不论从我国经验还是从国际经验看，放权让利、强化激励的改革都不能说是成功的。下面，我们对这种改革思路的实质、局限性及内在的矛盾冲突作进一步分析。

5.3 放权让利的改革为什么不能成功

扩大企业自主权和强化利润刺激并未使国营企业具有充分的活力，国家对企业放权也一再陷入收、放、收的循环。其根本原因何在？对于这一问题，一些经济学家认为，主要由于企业得到的权利不够大，下放的权力被上级截留了；另一些经济学家认为，放权让利式改革忽视了价格改革等诸多方面的配合，因而不可能成功。我们认为，这些意见都有一定的道理，但是它们还不是问题的全部，最根本的原因还在于，在原有的国营经济的组织制度的基础上对企业下放一些经营自主权和加强一点物质刺激，并不足以形成能够有效实现企业功能的制度安排。

首先，它不能解决由“社会大工厂”制度带来的低效率、高成本问题。

在本书第一章《导论》中讨论企业边界问题和第二章分析传统社会主义企业体制时，我们就已指出，企业规模过大，会增加总成本，因而是不经济的，传统的社会主义把整个社会组织成为一个硕大无比的企业，也是不符合经济原则的。“放权让利”的改革思路企图在保持这种社会大工厂模式基本框架的条件下改善各经济单位的营运状况，显然是不可能达到目的的。

“放权让利”改革的最初设想，是保持各项资源配置决策，包括生产什么、怎样生产和为谁生产等主要决策都由中央计划机关做出（通过行政组织系统逐级下达）的格局，同时加强对完成计划的物质刺激：企业按计划指令生产，然后根据计划指标的完成情况得到物质奖励。有些重要的自主权，如定价权、产品品种和数量的决定权等，不可能放给企业。在这种情况下，虽然企业在“小权”上的机动余地有所不同，但它们的基本性质仍然是实行斯大林式的“经济核算”制度的成本核算单位。因此，柯西金改革以“实行全面经济核算”相标榜，是符合实际情况的。事实很快就说明，仅仅加强工厂和商店的成本核算，无助于改善它们的经营状况。

其次，给予企业更大的自主权，是与“社会大工厂”集中配置资源的本性相矛盾的。因而“放权”必然遇到很大的阻力，很难放得下去。在后来的企业改革的试验中，例如在我国 1978 年以后进行的放权让利改革中，人们逐渐感到仅仅加强企业的成本核算是不够的，有必要赋予“企业”以利润核算甚至某些投资中心的职能。给予“企业”更多的自主权，本身就会受到某些在旧的集中计划体制下有既得利益的机关和人员的阻碍。一般说来，只有具备改革思想的政府领导机关和领导人员才能比较自觉地认识到，必须将或大或小的自主权下放给企业经理人员，而缺乏这种自觉的主管机关和官员则不情愿放弃自己手中的权力，因而常常阻碍将更大的资源配置决策权交还给企业；在不得不给予企业自主权的情况下，也随时企图加以收回。这就是为什么扩大企业自主权的措施总是很难落实，而且很容易出现反复的一个重要原因。

事实上，“企业”部分地具备利润中心、甚至投资中心的功能，意味着它或多或少地成为有独立决策权和独立经济利益的经济实体，于是，作为所有者代表的政府和以经理人员为代表的所谓“企业”[①]之间就具有不同的、有时是互相冲突的目标函数。这种冲突的一种经常出现的形式，就是所谓“利大大干、利小小干、无利不干”的问题。放权让利、强化物质激励，本来意味着让企业经理人员根据市场变化和企业自身的利益做出决策，但是，当这种决策与政府或者上级主管机关的目标发生冲突时，有关的行政机关就会采取措施改变企业的决定，甚至收回已经下放的权力。所以向企业放权总是呈现某种放放收收的格局。

最后，即使在特定的条件，比如说，在改革的政治压力十分强大的条件下，“企业”获得了比较大的决策自主权，这种企业制度也不能有效地运营。

在这种情况下，就会出现我们前面已经提到的“内部人控制”问题。对这种“内部人控制”进行制约，使新体制能够变得有效率，出路就在于建立一种利益机制，使企业经理人员（也包括企业职工）以自己的利益为目标做出的决策与所有者（政府为代表）的目标协同一致（用苏联1965年改革时的语言来说，叫作“凡是有利于社会的，就应当是有利于企业的”）。通常为解决这一矛盾而建立的机制是所谓“利润留成”和与之相关的制度。然而各国的实践和理论分析却表明，利润留成制度无法完成为这类实行“完全经济核算”的国营企业建立有效的激励机制的使命。

① 在我国改革文献中使用“企业”一词时定义往往十分模糊。它通常是指不包括所有者在内的经理人员和一般员工。

第一，利润留成制度的基本逻辑是，企业盈利水平取决于资本投入、劳动（包括生产劳动和指挥劳动即经营）状况、自然资源状况和价格。如果资本投入、自然资源占有和价格条件不变，盈利的高低只取决于企业职工的劳动和企业经营状况，那么，只要把企业职工、特别是企业经理人员的福利同盈利状况联系起来，就能促使企业职工积极劳动和改善经营管理。但是，事情并没有这样简单。企业盈利与其他经济变量的关系，可以用以下公式简单表示：

$$R=f（K、L、N、P）$$

公式表示 R 是 K、L、N、P 的函数。其中，R 表示收益，K 表示资本投入，L 表示劳动投入，N 表示除资本和劳动之外的其他投入品，P 表示价格。将利润留成作为主要的激励手段的基本假定，是 K、N、P 不变，因此，收益和盈利的高低只与 L（包括一般职工的劳动和经理人员的指挥劳动）相关。问题在于，P、K、N 都是可变的。当 P、K、N 都有利于利润的增加时，即使 L 不变，利润也会增加。于是就会出现以下的问题：

在保持计划经济的总格局的情况下，价格决定权仍然掌握在中央机关手中，定价的主观性和价格的扭曲将使得市场对企业的评价无从表现，谁也无法准确地判断企业绩效。

当然，随着改革的深入，人们会逐渐意识到，必须使投入品和产出品的价格合理化，使它们能够反映各自的相对稀缺程度，否则正确的成本和利润计算将不可能进行。在传统社会主义“企业”体制下，资本和土地等其他生产要素对于“企业”来说都是无偿地使用的，占有较好土地（或较好的地理位置）以及更雄厚资本的“企业”，往往可以取得更多的“盈利”。但是，由于在这种体制下整个经济是由国家统负盈亏的，个别“企业”主要进行成本核算，盈利的多少与它的职工的收入水平并无紧密联系，因此这种盈利差别并不具有重要意义。而在进行以强化物质激励为主线的改革后所建立起来的新体制中，“企业”盈利水平的高低却对各该“企业”职工的收入水平发生重大影响，因此，消除生产条件不同带来的盈利水平扭曲，就成为保证新体制有效运作所必须加以处理的一个重要问题。为了排除这方面的影响，有些学者建议对资本、土地实行有偿使用，例如资金付费、土地付租以及“拨改贷”等等。可是，这也无法排除有的管理人员用超强度使用资本的办法，例如使设备超负荷运转、土地的掠夺性经营等等牺牲长期盈利能力甚至造成企业资源破坏的办法，获得短期盈利的增加。总之，在执行上有不少困难。所以在各国放权让利的改革中，这类办法不是朝令夕改，就是劳而无功。

第二，即使判断企业经营绩效的问题解决了，还有一系列基本问题没有获得解决。这里所说的基本问题，首先就是**产权约束**的问题。我们在第一章《导论》中曾经分析过，任何一个企业实体，都建立在明确界定的独立财产（无论是个人私产，还是法人的团体财产）的基础之上，并且把剩余收入的索取权和剩余控制权统一起来。否则就会出现“所有者不在位”“合同执行的监督者无人监督”的情况；在改革的条件下，就是青木昌彦教授所说的“内部人控制无人控制”的问题。在保持国有国营、政府直接经营企业，企业的产权边界不清晰的格局的情况下，根本无法强化企业财产所有者（国家）对经营者的约束，也就是所谓“硬预算约束”。虽然在国有经济中也存在一个名义上的所有者代表，即企业的上级主管部门，但这个所有者代表只是作为一种企业的外部力量存在，而且通常远离生产经营的现场，由于本身的目标函数多着重于政治和信息的严重非对称性，很难实施对经理人员的工作的准确测度和有效监督。

在这种情况下，如果真正落实“企业自主权”，由于“全面经济核算”的经济机制无法实施有效的监督职能，必然发生部分经理人员的“偷懒”和其他机会主义行为。而当这种情况一旦发生，或者会导致“企业”经营状况的不断恶化，或者支持传统体制的人们以此为借口收回已“下放”的权力，以限制“企业”经理人员决策的空间，甚至局部乃至全面恢复旧体制。如果发生前一种情况，整个企业改革就变成了一种进两步、退一步的反复折腾或鲜有成果的马拉松行军；如果发生了后一种情况，则无异于回到改革前的原处，一切又要从头开始。

总之，在无法确定利润的来源，无法根据职工的劳动贡献确定其报酬时，利润分享不可能促使企业合理利用资源。

5.4 简短的结语

从几十年来社会主义企业改革的曲折历程可以看到，“放权让利”改革的本质，是在保持以行政命令配置资源、以完成计划指标的情况作为主要考核尺度不变的条件下，更多地运用物质刺激的手段来激发“企业”完成计划指标的积极性。这样的改革，当然不可能克服植根于命令经济体制中的各种弊病，也没有改变“企业”作为行政机关附属物的地位，不能使“企业”具有活力，也无法建立一种能够在市场经济中有效营运的企业制度。根源在于，改革的思路没有突破计划经济的思维定式，仍然以为把整个社会组织成为一个大工厂的计划经济是一种有效的资源配置方式，以为只要“加强经济核算”，通过“放权让利”、增强物质刺激的办法来“调动积极性”，就能够存利去弊，使它具有活力。结果不但没有找到根本的出路，反而由于制度安排的不合理和激励的不兼容，陷入了放权不足则企业仍然缺乏能够行使优化配置资源的充分自主权，放权太多又使“内部人控制”失去所有者（业主）的最终控制的困境，改革过程变成“放—收—放”的循环。人们为了走出困境力求探索一条新路。

第 6 章 “企业承包制”

在“放权让利”的改革没有收到预期的效果而人们迫切希望找到一种能够“搞活”企业的制度的情况下，企业承包制得到了人们青睐。特别是在 1987—1989 年期间，几乎全部国有企业都实行企业承包制。从工商企业单位、公用事业单位，到整个行业，都采用了承包的办法。在 80 年代后期的很长的一段时间里，相当多的人认为承包可以成为解决国有大中型企业体制问题的基本选择。目前在企业改革的讨论中，仍然有一部分经济学家主张以完善承包制作为改革的基本方向。因而仍然有必要进一步对这个实施已久、毁誉参半的企业制度作一番分析。

承包制的出发点仍然是“调动积极性”。但它同上一章所描述的、在“放权让利”的改革中出现的企业制度不同的是，它企图用以控制企业营运的激励机制，已经不限于收入分配，而在实际上给予了“企业”（它的全体职工或高层经理人员）**剩余索取权**。这样的企业制度是中国条件下的特殊产物，也许可以说是在大一统的行政性资源配置体制下实行分权制的最高或最后的形式。

本章从分析企业承包制的制度特征出发，进而考察它的绩效，考察它在不同生产领域的适应性，研究这种体制能否提供一种能够实现企业功能的企业制度，为实现经济效益的最大化创造制度条件。

如果答案是肯定的，我们需要说明，它在现实运行中的缺点从何而来和应当如何完善。如果答案是否定的，则要分析根本问题在哪里，改革的正确方向是什么。

6.1　企业承包制的提出和推广

所谓承包制是这样一种制度，即所有者（发包人）将自己的财产交给承包人经营，双方达成协议，保证所有者得到固定数额的收益，超额部分则归承包方所有，或按比例在双方之间分配。在经营过程中，发包人对承包人的经营决策不予干涉或基本不予干涉。

承包制在各国实行层级产权制的封建社会里是屡见不鲜的。尤其是在中国的地主制封建经济中，佃农有他们自己的独立的家庭经济，但是，他们缺乏土地资源，因而必须向地主租种土地和交纳地租。这种包租制意味着农民的家庭经济是“镶嵌”在地主经济中的独立经济。作为全国最大地主的皇帝也采用这种方法，除了在农业中征收田赋外，还把矿山、工场包给商人经营，有时还把租税的征收权力发包给商人去执行，商人收足承包的税款以后，多收归己。

承包制或者包租制的实质，是一种**层级制的产权安排**：即由下一级所有者在交付定租或分成租的条件下，从上一级所有者取得部分产权，在此基础上，建立自己的经济，对经营结果享有剩余索取权。

我国的农业家庭联产承包责任制在土地集体所有制的基础上巧妙地运用了我国历史上存在过的佃农包租土地一类经验，使之成为在保持土地的集体所有制不变的情况下改善农业经营的良好微观体制基础。1980年9月中共中央转发了《关于进一步加强和完善农业生产责任制的几个问题》会议纪要，正式确认在边远山区和贫困落后地区，群众要求包产到户的，应当支持群众的要求。仅仅过了两年，包产到户的家庭联产承包责任制就取代了人民公社三级所有、队为基础的制度，成为我国农业经济的基本组织形式。这种制度对我国农业在80年代一改过去衰败的面貌，迅速走向繁荣，起了很大的作用。

家庭联产承包制的成功，说明了这种产权安排和家庭独立经营的体制适应于目前农业生产发展的水平。过去“归大堆”的农业生产合作社和人民公社制度，大大挫伤了农民的积极性和创业精神。在承包制下，农民重新获得当家做主的权利和利益，“交够了国家的，留足了集体的，全都是自己的”。这就是说，一方面它给予农民在承包期间（一般为30年甚至更长）的土地使用权，使他们能够在这种产权安排的基础上建立自己的家庭经济，拥有作出经营决策的充分自主权，能够根据市场要求选择最有利的种植项目。另一方面，农民作为家庭经济的业主，对自己的决策负完全的责任。农户的剩余索取权激励他精耕细作，增产增收。同时，农民有了择业的自由，在农业生产发展、生产率提高的基础上，部分家庭成员可以移入非农产业，加快由二元经济向现代增长转变的过程。

在国有工商企业没有找到适当的改革途径的情况下，人们自然就想到采用承包制这种简便易行、在农村改革中起了很大作用的组织制度，把它引到工业中来，作为国有工业企业改革的方向。在我国工业企业中，曾经有两次推行企业承包制的浪潮：第一次是1981—1983年期间，另一次是1987—1989年期间。

70年代末期扩大企业自主权的改革刚一广泛展开，导致预算约束软化的弊病就明显地暴露出来，因而受到广泛的批评。1981 年开始进一步调整国民经济以后，强化了计划管理，扩大企业自主权的许多规定名存实亡。一些地方政府为了在保证政府预算有稳定收入的前提下调动企业的积极性，对国营工业企业实行了利润（亏损）包干的经济责任制，由企业承担按历史水平向政府上缴利润的义务。因为这种方法企业责任明确，利益落实，同时国家财政收入也能得到保障，很快就在全国 3.6 万个国有企业中得到推广。1981 年 4 月国务院召开的全国工业交通工作会议明确提出了在国营工业中建立和实行经济责任制的要求，随后国务院批转了国家经委和国务院体制改革办公室《关于实行工业企业经济责任制若干问题的意见》。虽然文件列举了“利润留成”“盈亏包干”[①] 和“以税代利，自负盈亏”等多种形式的“经济责任制”以供选择，但是由于“**盈亏包干**责任制”规定企业完成利润包干任务后超收的利润可以留在企业，刺激强度较大，大多数企业选择了这种经济责任制形式。

对于盈亏包干责任制的绩效究竟如何，当时在经济界的讨论中，可以说是众说纷纭，莫衷一是。一方面，有些企业实行了这种办法后，在很短的时期内就取得了增产增收的明显效果。盈亏包干责任制的拥护者据此认为，它为国营企业提供了良好的组织制度。另一方面，实行这种体制的大多数企业经济效益并没有明显的提高，而且在当时价格制度和税收体系等多方面的体制尚未进行改革的情况

① 根据上述文件的说明，“盈亏包干”包括以下形式：（1）利润“基数包干、增长分成”，（2）“基数包干、增长分档分成”，（3）“基数递增包干、增长留用或分成”，（4）“基数包干、超收留用、短收自负”，（5）“定额补贴、超亏不补、减亏留用或分成”，（6）“亏损递减包干、减亏留用分成”等等。

下，盈利水平往往并不能正确地反映企业经营的状况，承包基数只通过一对一的谈判决定，而这种谈判的结果又受到政治地位、“关系”等多方面非经济因素的影响。因此，不少经济界人士感到，盈亏包干是一种很不规范的办法，在实施时普遍存在“争基数、吵比例”的扯皮现象。同时，由于各个企业的经营条件差别很大，“基数”又规定得有松有紧，“苦乐不均”的情况相当严重。在盈亏包干责任制实行了一段时间以后，鉴于以利润包干作为主要激励机制常常不能真正做到奖优罚劣，领导上再次强调了企业全面完成国家计划指标的必要性。1982 年 10 月国务院批转的国家经济体制改革委员会、国家经济委员会和财政部《关于当前完善工业经济责任制问题》文件强调指出，实行经济责任制，首先要明确企业对国家的经济责任；在权、责、利三者中，责是第一位的；企业要顾全大局，勇于承担任务，不仅要完成国家利润指标，还要完成产量、质量、品种、消耗、成本等各项技术经济指标。而且规定，要把工作重点放在落实企业内部经济责任制方面，要求按照“**权、责、利结合，责字当头**”的原则，将各项技术经济指标逐项分解，层层落实到车间、科室、班组，直到职工个人，建立健全各项责任的岗位责任制。这样，就使我国国有企业的管理体制事实上回到了过去那种集中计划下的“经济核算制”——计划指标考核制。

1983 年初，中共中央的一些领导人提出“**包字进城，一包就灵**”的口号，要求在城市工商业中全面推行企业承包制。在短短的两三个月时间内，全国国有企业普遍实行了承包制。这一制度引起的经济秩序混乱和物价涨势，使中共中央和国务院作出决定，停止推行承包制和加快“利改税”的改革，以便为企业自主经营和自负盈亏创造条件。1983 年 4 月，国务院批转了财政部《关于全国利改税工作会议的报告》和《关于国营企业利改税试行办法》，自6月1日起开始实施。这就是所谓“第一步利改税”改革。

当时把“利改税”作为改革的主攻方向，领导上的主要想法是，企业的独立经营必须在稳定的国家与企业的分配关系下进行。通过“利改税”依法征税，就可以把企业应交税款固定下来，使利润能够反映企业自身的经营状况。在1983年6月开始实行第一步利改税，国有企业在按毛利的55%交纳所得税后，税后利润一部分上缴给国家，一部分留给企业。为了配合这一改革，从1983年7月开始，改变了企业流动资金的管理办法，即除按原来的体制由财政拨付企业的定额流动资金仍留作企业的“自有流动资金”外，需要增加的流动资金除企业自筹外，由银行贷款解决。

1984年10月又进行了第二步“利改税”改革。实行改革以后国有企业的税后利润全部留给企业，由企业自负盈亏。当时的想法是实行了两步利改税以后，企业按统一的税法交税，它们就能处于平等地位参与竞争。在这样的条件下，就能通过盈亏奖优罚劣，企业也才能按照商品经济的一般规范，自主经营，自负盈亏。因此，国务院办公厅于1984年7月发出通知，规定各级政府不再批准实行利润递增包干办法，原来实行这种办法的，在到期后要改行依法缴税，税后利润留归企业的办法。

在利改税的实施过程中人们发现，在其他方面的改革没有到位的情况下，仅仅实现两步利改税，并不足以保证企业经营有平等竞争的外部环境，也不可能实现企业的自主经营和自负盈亏。首先，价格改革还没有实行以前，对于适用不同价格的企业来说，就不可能做到按相同的税率交税。于是，在第二步利改税方案中，设置了基本上是一户一率的“调节税”。调节税的设置违反了市场经济中公平税负的原则，也导致了“鞭打快牛”和“苦乐不均”等情况的发生。因而国务院领导在1984—1985年期间确立了进行价格、税收、财政为中心的配套改革的想法，并且在1986年设计了在第七个五年计划（1986—1990）期间进行价格、税收、财政、金融、贸易等方面的大步配套改革，建立社会主义商品经济体制基本框架的方案。这个改革方案在1986年夏季经国务院讨论通过并得到中共中央的批准。但是，到1986年末，领导上改变了原来的想法，中止进行原定于1987年初出台的改革，改革的重点重新转向搞活企业。

企业应当怎样进行改革呢？在1986年末，曾经试图以公司制度（当时叫做“股份制”）作为新企业体制的主要形式。但在当时，人们对于公司制这种现代企业制度相当生疏；公司正常营运的条件也不具备。这样，在作了少数试点以后也就不再被当作重点，企业改革的主要形式重新回到人们在农村改革中所熟悉和易于接受的承包制，由此出现了第二次推广企业承包制的高潮。

1986年12月5日国务院发布了《关于深化企业改革，增强企业活力的若干规定》，把企业改革提到首位，提出要“**推行多种形式的经营承包责任制，给经营者以充分的经营自主权**”。1987年3月，全国人民代表大会会议上的政府工作报告明确提出1987年改革的重点是完善企业经营机制、实行多种形式的承包经营责任制。从1月到4月，国家经委召集了多次会议部署推行企业承包制。这样，企业承包制就在全民所有制大中型企业中迅速推开。到1987年底全国预算内全民所有制企业已有78%，其中大中型企业已有80%实行承包。当时企业承包的主要形式包括：（1）**上交利润基数包干**，超收分成。即确定企业上缴利润基数，超收部分按规定进行比例分成或分档分成。（2）**上交利润递增包干**。在核定上交利润基数的基础上，逐年按规定递增率向财政上交利润。（3）微利企业的**上交利润定额包干**。（4）亏损企业**减亏（或补贴）包干**。（5）**双保一挂**。双保是一保上交税利，二保批准的技术改造项目；一挂是工资总额和实现税利挂钩。此外，在石油、煤炭、石化、冶金、有色、铁路、邮电、民航等部门，还实行了**全行业投入产出包干**。

6.2 承包制的基本特征

1988 年 2 月 27 日国务院发布的《全民所有制工业企业承包经营责任制暂行条例》把承包制度的最重要的内容归结为以下两个方面：（1）按照权责利相结合的原则，**切实落实企业的经营管理自主权**，保护企业的合法权益；（2）按照**包死基数、确保上交、超收多留、欠收自补**的原则，确定国家与企业的分配关系。这就是说，作为企业所有者代表的政府机构将企业包给承包者（一般是企业的经理人员，有时是以经理人员为代表的全体职工）去经营，承包者在计划规定的生产方向等的范围内拥有自主权，同时，他们受到上缴利润基数的约束，企业收入超过原定基数可以多留，欠收要自行补足。上缴利润基数一般以上年上交的利润额（实行第二步利改税的企业，是指依法缴纳的所得税和调节税总额）为准，受客观因素影响、利润变化较大的企业，也可以以承包前二至三年上交利润的平均数为准，再加以适当的调整。企业承包制的设计意图是想通过这样的制度安排稳定国家和企业的关系，实现所谓“上下不干扰”，一方面使企业拥有充分的经营自主权，另一方面使企业受到实际盈利的约束，以便保证经理人员的决策符合于社会的利益。

不过，企业承包制的实践却不能证明这种制度安排能够达到上述目标。从推行承包制后的一段时期看，它的确一方面起了稳定国家财政收入的作用，另一方面也调动了企业超额完成利润计划、增产增收的积极性。有个别企业在实行承包制后还有很突出的表现。但是，从总体上看，这种效果是有限的。据统计，承包的第一年（1987 年）全民所有制独立核算工业企业的总产值增长了 11.3%，实现利税增长了 12.9%，上缴利税增长了 12.2%。第二年（1988 年）这些工业企业的总产值增长了 12.6%，实现利税增长了 17.2%。人们常常用总产值和利税的上述“同步增长”来证明企业承包制的有效性。实际上，二者是不可比的。因为工业总产值的增长是用不变价格计算的，而实现利税的增长是用现价计算的。如果剔除了通货膨胀的因素，我们可以看到，1987 年虽然总产值增长了 11.3%，由于物价上涨了 7.3%，实现的利税价值只增长 5.2%，上缴利税实际增长 4.6%，比总产值的增长率低得多。1988 年情况就更差，由于物价上涨 18.5%，实现利税实际下降了 1.1%，上缴利税则下降得更多。

从长期看，承包制存在的问题就更多一些。概括起来说，大致有以下几方面的问题：

第一，承包制不能彻底解决政企不分的问题，有时还会使企业对上级主管机关的行政隶属关系变得更加紧密。同指令性计划条件下的情况相比，企业同上级主管部门的关系有了一些变化：首先是承包合同划定了政府和企业各自的权利范围，企业的自主权较过去大大扩大了，而且在订立合同时企业可以向上级讨价还价，不像指令性计划时那样得无条件地绝对服从。但在这里，作为承包者的企业并不是一个独立的产权主体，它与作为发包者的上级主管机关之间并不是以平等的商品生产者的身份互相对待的，而是行政上下级之间的关系。承包合同的基本内容是确定上级行政主管机关给下级生产单位什么权利，下级生产单位对上级主管机关应负什么义务。在此基础上，承包者同发包者之间形成紧密的等级从属[①]关系。

第二，承包制不能使企业取得独立经济主体的地位。企业不拥有经过明确界定的法人财产，不能以自己的法人财产独立承担民事责任。它基本上只能作为行政主管机关的代理机构来进行经营活动。这样，承包制企业就不存在硬预算约束，也不可能自负盈亏，即使在最好的情况下，也只是“负盈不负亏”。

第三，承包基数采取一对一谈判确定的办法，使得同行业的企业之间，不同行业的企业之间不能进行平等竞争。

第四，承包制阻碍了经济结构的调整和优化。承包制隐含着一个前提，就是承认现有的所有企业，不管长线或短线，不管效益高或低，都有存活和取得留利的权利。这样应当扩张的难于扩张，应当萎缩和淘汰的也萎缩和淘汰不了，就很难实现优胜劣汰和结构调整。即使我们假定现有的结构在当前是合理的，在一个不断创新的世界里，将它固化也意味着停滞和不进自退。从这个角度看，即使承包制调动了企业增产增收的积极性，也极有可能使经济结构趋于老化和恶化，降低整个社会的资源配置效益。

① 马克思把这种关系称为“支配与从属的关系”，认为这是一种发生在“私人交换”（即市场经济）之前的一种社会经济形态（见《政治经济学批判大纲（草稿）》，《马克思恩格斯全集》第 46 卷上，第 102—106 页）。科尔奈则把匈牙利改革中出现的类似关系称为“纵向从属”（vertical dependence），以之与企业对市场的“横向从属”（horizontal dependence）相对比（见亚诺什·科尔奈［1985］：《国有企业的双重依赖——匈牙利的经验》，邱树芳、刘吉瑞译，《经济研究》，1985 年第 10 期）。

第五，承包制在稳定国家财政收入的同时，损害了财政收入的基础——长期经济效率的提高。承包制在这方面的负效应，一是承包制推动企业追求数量增长。在企业效益不能迅速提高的情况下，企业要多创利税、多发奖金，只能靠增加投入、扩大产量，所以依然像在指令性计划体制下一样，具有追求数量增长的行为倾向；二是有期限地承包使一些企业产生忽视长期发展、追求眼前利益的行为短期化倾向；三是承包后企业的涨价冲动更强烈。这些负效应随着时间的推移而更加明显，对长期发展的损害也更大。

第六，承包制固化了现有体制，加大了进一步改革的难度。“包死”即硬化承包指标是承包制得以成功的基本条件，其必要前提又是经营条件稳定不变。这些要求与改革所必然带来的经济关系和经营条件变动是相悖的。“改了包不住，包了改不动。”即使通过对既得利益者的照顾和补偿仍能逐步走向新体制，也必然大大增加改革的成本。只要新的改革触动了原有的利益格局，政府与企业就会面临着新一轮利益摩擦，必然增加改革的难度。而且，包死了外部条件（包括价格），也就不可能有市场力量的作用，改革本身也成了无目的的行动。

6.3　完善承包制的努力及其结果

从推行承包的开始阶段起，它的各种缺陷就表现得十分明显，于是人们提出了各种矫治的措施，力图兴利除弊，使它得到完善。

第一类措施是实行**风险抵押承包**。

前面讲到，承包制存在的一个缺点，是企业不能以独立的产权为基础，行使民事权利和承担民事责任。于是提出了这样的建议：由承包人在承包时交纳抵押金，用以承担风险责任，以便强化预算约束，克服“包盈不包亏”的弊病。

具体做法是承包者在承包成立时预交一定数量的抵押金，在未能完成承包合同规定的上交利润任务时，用抵押金抵充。例如，1988 年吉林省有近 3000 户工商企业实行全员风险抵押承包，交纳抵押金近亿元。1988 年上半年有 15 户因经营亏损被提前终止承包合同，承包者用抵押金金额进行了抵补[①]。这种承包方式虽然在一段时间内被说成是使承包制趋于完善的有力措施，但人们很快发现，它的效果并不是那样显著。

当时发现的主要问题，是承包者不可能筹措和交纳足够的资金来抵偿可能的经营损失。特别是大中型工业企业，中型企业的资本总额通常在 1000 万元以上，大型企业的资本总额在 3000 万元以上，承包人将全部家产充作抵押金，也不过资本总额的 1% 乃至 1‰，怎么可能用以抵偿经营损失呢？这种制度完全不足以防止企图侵夺公有财产的承包人以少量抵押金为代价，运用不正当的交易活动乃至盗窃手段将企业资产转到自己或自己的亲友手中。

为了克服风险抵押承包制的上述缺陷，有的学者主张把国家与“企业”之间的发包与承包关系，改变为类似于市场经济中借贷资本家与经营资本家之间的关系（或用马克思的语言，叫作“法律上的所有者”同“经济上的所有者”的关系[②]），由承包者以企业全部资

① 《人民日报》，1988 年 11 月 23 日。

② 马克思（1894）：《资本论》第 3 卷，《马克思恩格斯全集》第 25 卷，北京：人民出版社，1974 年，第 418—420 页。

本承担经营风险[1]。但是，这样一来，企业经理人员就已成为用借入资本经营的业主，承包已经不再是承包制，而变成租赁制了。

为了解决“承包企业只能负盈、难以负亏”的问题，国家经委提出实行“国家资金与企业资金分账管理的办法来建立企业风险基金，从而最终为企业自负盈亏创造条件”[2]。国务院1988年2月发布《全民所有制工业企业承包经营责任制暂行条例》，正式规定在实行企业承包制的国营企业试行“资金分账制度”，划分国家资金和企业资金，分别列账；承包前企业占用的固定资金和流动资金，列为国家资金；承包期间的留利，以及用留利投入形成的固定资产和补充流动资金，列为企业资金；企业资金作为承包经营企业负亏的风险基金。由于资金分账制建立伊始，它的数量还不足以肩负起承担全部经营风险的任务，但是明确地把由企业财产产生的剩余收入（利润），部分归原所有者——国家所有，部分归“企业”所有的制度以法规形式固定下来了。不过，这种做法既有“侵犯公有财产”之嫌，又违背民法不可“一物二主”准则，引起了很大的非议，因而在对1988年4月颁布的《中华人民共和国全民所有制工业企业法》作解释时，又强调了“企业资金”的最终所有权仍然属于国家。可是这样一来，把所有权属于发包人的企业资金用来作为承包人的风险抵押基金在逻辑上就更难说得通了。

第二类措施是“**科学地确定承包条件**”。

首要的要求，是使利润上交指标规定得适当，以便保证奖优罚劣的原则得到贯彻。

---

① 当时持这种观点的文献很多，例如可以参看郭家：《论承包制理论原则的深化》，《光明日报》，1987年9月5日。

② 《人民日报》，1987年9月27日。

根据承包制的原来设想，承包基数应当反映所有与企业本身经营努力无关的因素对收入的影响，以便使企业留利水平反映它们的工作绩效。但在实际上，承包基数的确定存在着明显的随意性。承包基数的确定一般采取以历史数据为依据、按部门或全社会平均数递增为主的方法。首先，这种办法不能反映不同企业千差万别的经营环境、技术装备情况以及产品品种和价格的变化，因而必然造成所谓“苦乐不均”的问题。其次，由于在同一行业中，先进企业盈利水平较高，而进一步改进的余地比较小，以历史上的上交额作为确定承包基数的基础，就会发生“鞭打快牛”的问题。而且正如前面已经指出的，承包期太短会加剧企业短期行为，因此，承包期不能少于三年，一般为五年。要在几年前预测企业的经营状况，预测市场的需求和竞争态势的变化以及宏观经济的发展情况，以便准确地规定企业的承包基数，显然是一件不可能的事情。特别是在竞争激烈、技术进步很快的行业里，就越发困难了。为了适应实际经营条件变化的复杂性，在确定承包基数时，必然加进许多在上级主管机关和企业经理人员之间讨价还价的成分，包括使用一些可以施加影响的手段，使得承包制依然不能摆脱传统计划经济的色彩，甚至有过之而无不及。

为了克服这方面的缺点，人们设计了各种各样的计算公式和参数体系，使它能够“科学地”考核承包人的工作并给予奖惩。但是，正如我们在第一章导论中讨论过的，正是由于存在着不确定性，交易合约不能对在一切可能发生的情况下交易双方的权、责、利作出完备的规定，才需要有企业，即需要有一个企业财产的所有者作为中心签约人与各方面签订合约，合约的执行置于自己的控制之下并承担经营风险，享有剩余收入。而在承包制的条件下，虽然也有作为“企业”出现的中心签约人，但是它的身份并不是企业主而是受业主雇佣的代理人，他（或他们）握有剩余控制权却并不直接承担风险。这样一来，就无法建立起一种机制，用所有者的财产盈缩控制他们监控中的“规避责任”行为。要使这种合约关系变得可行，就必须把可能发生的各种情况的处理办法，在合约中一一写明。可是，这又是绝对不可能做到的。所以，结论只能是：使承包指标“科学化”，是一项注定不能完成的任务。

完善承包合同的第三类措施，是所谓“把竞争机制引入承包”，实行**招标承包**。这种办法曾在全国上百个企业中推广，但是后来发现也很难奏效。主要原因在于，承包是一种下级对上级的纵向从属关系，这种关系的深浅亲疏是因人而异的，因此，要在“承包市场”上通过平等竞争确定承包条件，是很难做到的。至于像有些学者所建议的那样，赋予承包者以类似于产业资本家的地位，让他们在企业租赁市场上竞租。这一点如果能够做到，那倒是可以达到目的的，只不过那时的企业制度已经不再是国有经济中的“企业承包制”了。就像一位承包制的支持者所说：企业产权已经“悄悄地下移”到“企业”，承包制变成了“承租制”[①]。

总之，虽然经过多年的努力，对于大多数国有企业来说，承包制始终未能“完善”起来，做到既负盈、又负亏。据国家体改委等单位1992年对6省市898户国有大中型企业的调查，在160户亏损企业中，处理亏损的情况是，采取“挂账”[②]方式的占47.2%，采

① 参见《企业承包论》，吉林：吉林人民出版社，1990年，第182—189页。

② 所谓“挂账”，是指将已发生的亏损作为待摊销的支出“挂”在账上，从而不在亏损额中表现出来。

取财政补贴方式的占 7.1%，采取调低承包基数和其他方式的各占 5.1%，采取企业自补方式的只占 35.5%，而没有一户采取破产关闭和兼并的方式。采取自补方式的，也只有一户股份制企业用自有资金弥补了全部亏损，其他企业都只用自有资金弥补了部分亏损（弥补 16%—60% 不等）。据此，调查报告得出的结论是，它们的“负亏程度是相当低的”[①]。

6.4 承包制为什么不能完善

完善承包制这个口号虽然提出了很久，也作过许多努力，但事实证明企业承包制不大可能得到根本性的改善，原因是这种企业制度带有本质性的缺陷。

承包制所处理的关系是两重的：

第一重关系是作为企业所有者的国家与企业经理人员之间的**委托代理关系**[②]。具体地说，就是上级主管机关作为所有者的代表，把管理职权委托给厂长经理，而政府仍对企业的最终经营结果负责，改变了传统计划体制下政府对企业直接、全面的干预；改变了除企业的日常管理生产管理活动，其余一切重大决策均由政府作出的格局。这样，在政府和企业经理人员之间形成了一种委托代理关系。只不过政府对企业的控制，由过去对具体过程运用多项实物指标进

① 转引自周叔莲：《从计划经济到市场经济》，北京：经济管理出版社，1994 年，第 22—24、108—109 页。

② 关于委托代理关系以及代理成本和代理风险控制的一般论述，见本书第 1 章。

行度量，转而控制投入产出的货币收益，即控制企业的经营利润。企业的长期发展、固定资产投资、改变生产方向等决策仍然由政府作出，企业厂长、经理只是这些决策的执行者和日常生产活动的管理者，没有完全的决策权。在这种体制下，一方面企业所有者（业主）只存在于企业外部；在企业内部由于业主缺位而他们的代理人（经理人员）既缺乏足够的决策权又对企业财产的保值增殖缺乏足够的关心，企业的决策失误和决策不及时仍然是难以避免的。另一方面，国家将代理权授予了经理人员，却缺乏必要的手段控制代理风险。这样，就很容易出现牺牲委托人的利益，追求职工利益的最大化，或承包者利益最大化的倾向。

承包制所处理的第二层关系是国家作为发包者与承包者的**共享利润关系**。这是承包制中最富有特色的一种制度安排。它的实质，是把一部分企业产权，即剩余控制权（residual control rights）和剩余索取权（residual claimant rights）交给了承包者。这使承包人在多收的条件下可以分享剩余收入（利润）。这种制度安排使作为承包者的企业经理人员有很大的经营积极性。但是与此同时，这种产权制度存在重大缺陷。根本的问题在于，在这种体制下，产权界定不是更加清晰，而是更加模糊了。因为给予企业承包者（经理人员或全体职工）以分享盈利的剩余索取权，意味着在同一份工业资产上有两个所有者——一个是在场的所有者（present owner），即拥有占有、使用、处置权的“企业”（实际上往往是指企业的经理人员），另一个是不在场的所有者（absent owner），即号称掌握着“最终所有权”的国家。这种情况会使相互侵权的行为经常发生：某些企业经理人员会用少提、不提或挪用折旧，不恢复固定资产原值，甚至掠夺式经营等对资产过度耗用的办法，来扩大虚假的利润，以便增加自己的收入。因此，这是“短期行为”的制度原因。在这种情况下，侵犯了资产所有者的利益，于是作为所有者代表的行政主管机关就采取对抗行动，用增加附加的承包条件、增收各种摊派等办法来实现自己的产权，把企业束缚得更死。

有些论者以承包制在农业中的成功来反驳上述分析。他们说，既然我国农村家庭联产承包责任制取得了如此巨大的成效，就没有理由认为它不能在城市工商业中取得同样的成功。的确，无论在我国封建社会的农业经济中，还是在当代农村的承包制中，都有某种“一物二主”、多层次所有的产权安排，这并没有加大交易成本和恶化农业经营。那么，为什么在工业中承包制就不可能具有效率呢?看来，问题的症结在于：

第一，在农业中土地承包合同的签约人，是两个独立的民事主体：农业生产合作社集体和承包户户主，因而农户可以做到自负盈亏，欠收自补。而在工商业的企业承包制中，签约的一方是作为公法人的政府，另一方是经理人员代表的“企业”。这里出现的“企业”并不是我们在第一章导论中提到过的经济学或法学意义上的真正的企业，它并不拥有自己独立的财产，因而也不可能具有民事行为能力和民事权利能力。所以，它注定了只能“包盈不包亏”，而不可能“自负盈亏”。人们在推行承包制的过程中曾企图用各种方法建立承包人（厂长、经理或“企业”）自己的财产，但都没有能够建立起来。而如果它真的建立起来，承包制也就不再是国有企业承包制，而是租赁制或另外一种东西了。

第二，在农村承包制中被承包的农业资产——土地和工业企业承包制中被承包的工业资产——主要是机械设备有很大区别。农业的主要资产——土地是较少磨损和不易损坏的，只要承包期足够长，承包者就不会用掠夺经营、过度消耗地力的办法来进行耕作。正如张五常在他的著名论文《分成租佃理论》中指出过的那样，在农业中，分成租佃往往优于标准工资制[①]。看来，产生这种情况的原因是：第一，对土地的质量很难进行标准的衡量，而且容易受气候的影响。这样，对农民需要付出的劳力及技能很难给予准确的界定，许多工作都是因时、因地而异的。因此，标准的工资制度不能反映生产要素质量非规范性的性质，起不到应有的激励作用。第二，农业生产的交换形式简单，土地不可能轻易变卖，在生产过程中，与外界的交易往来不多，而对其最终产品的评价也不复杂。因此土地的所有者不必过分担心对其财产的控制。在这种情况下，采用盈利权分享与使用权代理的产权结构可能是效率比较高的。工业资产，特别是它的机器、设备，却具有需要不断更新和易于损害的特点。于是，在承包制下，承包人就可以用过度消耗现有资产和不恢复固定资产原值的办法来增加虚假的剩余收入，使自己得利。这就是在企业承包制下相当普遍地发生“短期行为”并使企业的长期发展受到损害的制度原因。

由于企业承包制存在上述缺陷，我国国有企业在普遍实行承包制以后，虽然短时间内取得过增产增收的效果，但是总的说来并没有出现转机。到 80 年代末，国有企业有 1/3 明亏，1/3 潜亏，在困境中越陷越深。1990 年第一期承包到期以后，虽然大多数企业仍然在形式上维持承包制，但大多数已经改为一年一定的“滚动式承包”，与实行一般的“放权让利、扩大自主权”没有太大的区别。

---

① S. Chung（张五常）（1969）. *Theory of Share Tenancy*. Chicago: University of Chicago Press, 1969.

6.5 简短的结语

从以上的分析可以得出结论，国有工业企业的承包制可能是我国经济体制转轨过程中出现的“内部人控制”的最高形式。实行企业承包制，只是在政企职责尚未分开、竞争性市场尚未形成、企业组织制度（包括产权制度）还没有可能进行根本改革的条件下给予企业某些自主权的一种过渡性办法，而不是我国大中型企业组织制度改革的根本出路。

企业承包制之所以能够具有刺激承包者增产增收的作用，是因为它在发包者和承包者之间实行对企业产权的分割，当实际的剩余（利润）超过合同的规定时，承包者可以多分。但是也唯其如此，它必然鼓励承包者采取追求短期利益的机会主义行为，从对企业财产过度使用中取利，而将这种经济活动的外部负效应留给企业产权的所有者。而这又会引起所有者（发包者）的反行动，改变承包条件和限制承包者的自主权，也就是说，对承包办法作出调整，以期消除其消极后果。但是，如果所有者采取的限制措施力度不足，这些措施将无法缓解由承包制的本质产生的弊病；而如果这些措施严格到足以堵塞由企业缺乏约束的自主权产生的一切漏洞的程度，则无异于回到了计划经济下一切重要的微观决策都由上级主管机关作出的传统体制。因此，企业承包制不是一种能够在国有大中型企业中稳定地施行的制度。实行承包制也绝非我国国有企业改革的出路。

为了建立与社会主义市场经济相适应的企业制度，需要充分研究几百年市场经济发展过程中企业制度的演变过程，汲取其他市场经济国家的经验和教训，构建我国大中型企业的企业制度。

第 7 章　什么是现代企业制度

近年来，我国经济学家和领导人对照各国企业制度演进的经验，总结我国国有企业改革的教训，逐渐达到了这样的共识：在企业制度的改革上，我们应当走市场经济各国的共同道路，在原来实行国有国营的大中型企业中建立现代企业制度。所谓现代企业制度，就是 20 世纪末期以来在发达的市场经济中逐渐发展起来，并在当代世界发达的市场经济中占据主导地位的**现代公司制度**。

我们在第一章导论中已经指出，在市场经济各国，存在着三种基本的企业（厂商）制度，即业主制（proprietorship）、合伙制（partnership）和公司制（corporation，也可以译为法人制）。其中，业主制和合伙制是古已有之的，已经存在了几千年；而公司制则产生在 16、17 世纪之交，迄今只有 400 多年的历史。19 世纪中确立的公司制度发展成熟为现代公司制度，用了将近 100 年的时间。

7.1 公司制度的产生和发展

现代公司是公司制[①]的成熟形态，因此要真正了解现代公司，就必须对公司制的发生和发展作一番历史的考察。

一、从中世纪后期的合资贸易组织到17世纪的特许公司

人们普遍认为，公司的历史始于16世纪末、17世纪初荷兰和英国的**特许贸易公司**（charted trading company），但是，它的萌芽形式早在15世纪中世纪后期就已经出现了。当时地中海沿岸城市的航海贸易相当发达。当这种贸易所要求的资本规模超过了血缘家庭所能承担的范围时，就需要创造一种超出血缘纽带的经济组织。于是，一种叫作柯立干札（collganza）或**康门达**（commenda）的合资贸易组织便应运而生了。这种组织通常是一种一次性的合资合同，合同有效期三五年不等。通常诸合同签约人把大家的金钱和货物托付给其中一位签约人，后者受托从事航海贸易活动，远航结束后结账，签约人按合同的规定分享利润。

1492年哥伦布“发现新大陆”和1497年葡萄牙航海家加马（Vasco da Gama）绕过好望角航行到印度，开辟了远洋贸易大发展的新世纪。贸易的发展迫切需要组建一些大型贸易企业。于是在西

① 公司制在我国常常被称为“股份制”。需要指出，这是一种容易引起误解的说法。“股份公司”可以被理解为公司制的前身——存在于18—19世纪的“合股公司”（jointstock company），也可以理解为公司制的一种类型——“股份公司”。“股份公司”（Aktien gesellschaft）是一种起源于德国的说法，在日本被直译为“株式会社”，英美等国称为“公众公司”，在我国法律中则称为“股份有限公司”。为了避免概念上的混淆，本书采用“公司制”的说法来涵盖包括有限责任公司、股份有限公司在内的一般公司制法人组织。

欧各国重商主义政府的支持下，建立了一批特许贸易公司。英国在1554年到1680年期间建立了49家这样的公司。其中最为著名的是1600年获得英国女王伊丽莎白特许建立的英国东印度公司，它在英国征服印度的殖民活动中起了特殊的作用。荷兰也建立了若干个特许贸易公司，王室把它们看作国有企业，用它们的收入支付殖民战争费用。法国在1599年到1789年期间建立了70多家这样的公司，其中包括它自己的东印度公司。不过法国的这类公司大部分是不成功的，最后在1789年的大革命中消失了。

由于当时西欧各国盛行重商主义，政府不承认贸易自由，建立贸易公司必须取得皇家的特许，这些贸易公司都是以承担某些义务换取皇家“特许状”（chart）才得以成立的，所以叫作“特许贸易公司”。这些特许贸易公司拥有垄断特权：或垄断经营某一行业，或垄断海外特定地区的殖民活动。比如英国东印度公司就拥有在印度和远东进行贸易的垄断权，英国政府禁止其他公司与印度直接或间接进行贸易，违者受罚。

英国在詹姆士一世（1566—1625）在位时期确认了上述特许贸易公司的**法人地位**[①]（the status of legal-person）。所谓“法人”（corporte或corporation），早在中世纪时就已经存在了。在当时，法人是指一些得到领主或王室给予的特许权（特殊优惠权或豁免权）的团体，如自治城市、行会、教会、慈善机关等。特许贸易公司取得了法人地位，意味着在法律上把它们同在若干个合伙人的自然人财产基础上营运的合伙制企业区别开来，承认它们具有同一个独立

① 民法中有两类民事主体：自然人和法人。法人是自然人的对称，指具有民事权利能力和民事行为能力的组织体，这类组织体依法独立享有民事权利和承担民事责任。

的自然人相同的民事权利能力和民事行为能力。于是，这种取得法人地位的公司也就袭用了中世纪法人团体的名称：corporation[①]，或者称为**法人公司**（incorporated company）。

早期的特许贸易公司往往带有中世纪合资贸易组织短期和松散的特点。例如英国东印度公司在它建立之初的十多年中，一直是按一次航程集资，航程结束后结算。1602 年建立的荷兰东印度公司是世界上第一个永久性的公司，它已具有近代公司制的一些基本的特征：靠募集股金建立，具有法人地位，由董事会领导下的经理人员来经营等。该公司在组建时，资本金总额为 650 万盾，共 2153 股，56.9% 的股份为阿姆斯特丹商会拥有，其余的面向全国招募；公司设立股东大会作为最高权力机构；由股东大会选出 60 名董事组成董事会，为公司决策机构；另选 17 人组成经理会，为执行机构，主持日常事务；公司所得按股份分红[②]。有的学者指出，由于荷兰东印度公司有如下的特点而被看作公司制的滥觞：（1）股东的有限责任的确立；（2）公司治理机构的建立；（3）发行股票和允许股票转让；（4）公司生命的永久化[③]。

特许贸易公司虽然具有某些近代公司的特征，但它是靠政府（皇家）的政治权力建立的，用向政府提供贷款或其他服务换取贸易垄断权。拥有特许贸易公司的股票也被看作一种特权。因此，这种

① 于是 corporation 一词在近代英语中就有了两种不同的用法：其一是该词的原义，指中世纪从事非营利性活动的法人团体；其二是指工商金融等行业经营的公司。

② 徐向艺主编：《工业公司管理学》，济南：山东大学出版社，1991 年，第 12—13 页。

③ 大冢久雄：《股份公司发生史论》，转引自奥村宏（1985）：《日本的股份公司》，郑凤权等译，北京：中国展望出版社，1988 年，第 2 页。

公司还不能被认为是近代意义上的公司。

特许贸易公司的直接衍生物，是19世纪初期出现的“特许专营公司”（franchised corporations）。这些公司和特许贸易公司的组织形式类似，但营业方向不同，不是从事航海贸易，而是建筑公路、桥梁、运河、铁路，供应煤气、水、电力，经营市内交通、电话等等，在美国还开办银行。不过，这些特许专营公司和特许贸易公司一样，以某些政府的权力作为基础，比如运河公司和铁路公司有权征用土地，银行有权发行纸币等等，因而也不是近代公司的直接祖先。特许贸易公司和特许专营公司经过一二百年的变异和发展，才在19世纪中期正式确立为近代意义上的公司。

二、由18世纪的合股公司到19世纪中期公司制的确立

近代公司制的直接祖先，是18世纪发展起来的**合股公司**（joint-stock company，有时也译作股份公司）。18世纪初叶特许贸易公司获得的高额利润使商人们垂涎欲滴，他们发现，在没有取得政府“特许状”的情况下，也可以模仿特许贸易公司的组织形式，通过发行股票来吸引投资者。这样组建起来的公司，被称为合股公司。合股公司不同于特许贸易公司，因为它没有皇家的特许状；它又不同于合伙企业，因为它的股票可以自由转让，股东只负有限责任，而股票持有者也不像合伙企业中的合伙人那样有权代表其他合伙人签署对所有合伙人都有约束力的合约，而是由被股东集体授权的经理人员来经营①。

1720年，英国发生了一场由一家特许贸易公司“南海公司”掀

① N. 罗森堡、L. 小伯泽尔（1985）：《西方致富之路》，刘赛力译，北京：生活·读书·新知三联书店，1989年5月，第225—226页。

起的股票投机狂潮，即史称“南海泡沫”（South Sea Bubble）的金融诈骗事件。当时南海公司靠大肆鼓吹可以从加勒比海贸易中取得高额盈利引发了对南海公司股票的疯狂投机，股价成倍上升，许多人一夜之间成了大富翁。在泡沫膨胀的年代，形形色色未经皇家特许的合股公司也雨后春笋般地出现。由于这些泡沫公司股票的发行使南海泡沫的继续膨胀受到威胁，在南海公司的游说和运动下，英国议会1720年通过了“取缔投机行为和诈骗团体法”，即“泡沫法”（Bubble Act），禁止没有特许状的企业发行股票，并且在1741年将“泡沫法”的运用扩大到英国在北美的殖民地。这一法案的颁布使众多的合股公司倒闭。不过，这些都没有阻止合股公司的变相发展。由于工商业的发展迫切需要创立大型企业组织，商人们很快想出了绕过法律障碍的办法，这就是将两种早已存在的合法组织形式——合伙和信托结合在一起，通过指定合伙人中的某些人作为其他合伙人的财产（股金）托管人、授予他们与其他个人或团体订立合同的权力，将经营权集中到少数人手中[①]。通过这种方式，合股公司得以继续发展。

合股公司虽然使商人们能够获得特许公司的某些好处，但仍然被英国的习惯法视为合伙制企业，而不是法人实体，相应地，也就不可能像法人公司那样方便地以法人身份签订受到法律保护的合同，也不能以法人身份起诉和应诉，而且每个合伙人都要对公司债务承担无限责任，因而这种合股公司被称为“**没有法人地位的合股公司**”（unincorporated joint-stock company）或“**非法人公司**”（un-

① 约翰·伊特韦尔编（1987）:《新帕尔格雷夫经济学大辞典》，第1卷，陈岱孙等译，北京：经济科学出版社，1992年，第731页。

incorporated company)。

尽管合股公司从 18 世纪中期起 100 年左右的时间内在法律上被当作合伙制企业，不完全具备法人公司所具有的许多优点，但由于它具有可以筹集较多资本、所有者权益易于转让、经营有连续性和由所有者的代理人而不是所有者本人来管理等优点，深受投资者欢迎。这就推动了法律制度向赋予合股公司以法人地位的方向变化和革新。以英国为例，议会首先在 1825 年废除了“泡沫法案”，不再禁止创办民间合股公司。1834 年，又授权君主向合股公司发放特许证书，使之具有通过政府官员进行代理诉讼的权利，这就在事实上接近于承认了合股公司的法人地位。1837 年，美国的康涅狄格州颁布了第一部一般公司法，这项法律规定了标准的公司注册程序。接着美国的其他各州也相继采纳了康州的一般公司法。英国议会也在 1844 年通过了公司法，规定建立公司不必事先获得特许，只要通过简单程序，就可以获准登记。根据这一法律，英国设立了合股公司注册处，要求有 25 个以上成员并有可转移股份的“合伙制企业”注册为公司。1844—1856 年期间，共有 910 家这样的合股公司登记注册。但是在这种注了册的合股公司中，股东的债务责任仍然不受他出资数量的限制，就是说，仍然要负无限责任。直到 1856 年，英国议会才正式确认了注册公司对债务只负**有限的赔偿责任**。这样，公司制度的基本框架就在英美两国确立起来了。

三、现代公司制度的形成

随着现代工商业的发展，公司规模扩大，业务日益复杂化，同时，股东人数增多，股权也愈来愈分散，公司原来那种大股东亲自担任高层经理人员、只有中下层经理人员才由支薪的雇员担任的做法越来越不能适应新的形势，于是，在大公司中不但中下层经理人员由支薪的雇员担任，连高层经理人员也由支薪的雇员担任的情况变得愈来愈普遍。这些高层经理人员往往不是公司的股东，只是由于自己的经营管理能力而被代表股东权益的董事会所聘用。这样，第一次世界大战后越来越多的大公司的高层管理转移到了支薪雇员手中。美国的情况最有代表性。正因为这样，美国法学家伯利（A. Berle）和米恩斯（G. Means）才在1933年根据这种情况得出结论：现代公司的发展，已经使它们由过去“受所有者控制”改变为“受经营者控制”，出现了所有与控制的分离[①]。

美国经济学家钱德勒在他的名著《看得见的手——美国企业的管理革命》[②]中，对美国现代企业制度形成的历史进行了细致的分析。他指出，现代公司源于19世纪80年代开始的大规模生产和大规模销售的结合。在公司从事多方面的经营活动的情况下，企业的经营管理只能交由专业经营人员来负责，于是，公司制企业就从旧时的“企业主企业”（Entrepreneurial Enterprises）演化为现代的“经理人员企业”（Managerial Enterprises）了。据钱德勒的研究，美国现代企业制度的成长过程可以从两方面把握：一是企业规模的扩张过程；二是资本所有权与管理的分离过程。现代企业组织总的成长过程发端于铁路企业的兴起。大铁路企业的成长开始于19世纪

① 在我国，人们往往把现代公司中的这种“两权分离”同借贷资本家同产业资本家之间的“两权分离”混为一谈，这是不正确的。详细的考证，见吴敬琏（1987）：《“两权分离”和“承包制”概念辨析》，《吴敬琏选集》，太原：山西人民出版社，1989年，第373—389页。

② 参见钱德勒（1977）：《看得见的手——美国企业的管理革命》，重武译，北京：商务印书馆，1987年，第1—6、571—591页。本节以下所引材料未注明出处者均见钱德勒书。

40年代末。与传统企业相比，铁路企业几乎一开始就是所有权与管理相分离的企业，其中有两个因素起了关键性的作用。其一是铁路的筹资方式。修筑铁路需要大量的资本，正如马克思所说，“假如必须等待积累去使某些单个资本增长到能够修建铁路的程度，那么恐怕直到今天世界上还没有铁路。但是，集中通过股份公司转瞬之间就把这件事完成了”。[①]19世纪40年代后的铁路繁荣时期因此也成了以纽约为中心的美国资本市场的形成的时期。其二，铁路的管理要求专门的技能和训练。当时的铁路管理人员都是受过训练并且具有铁路和桥梁修筑经验的土木工程师，他们在管理知识和能力方面与出资者相比占有明显优势。与过去的管理人员相比，这个时代的管理人员面对的是特殊的挑战，他们不仅要在既定的组织结构内进行日常管理，而且还必须致力于组织结构的创新，即致力于创立新型的管理层级制组织。在1841年的美国，全长仅150英里的西部铁路的组织结构就遇到了这种挑战。这条铁路是分三段建造的，建成后也分三个区段管理，每个区段各有一组管理人员。在这条铁路上，相反方向的行车每天交会12次，协调的缺乏很快造成了一连串的事故。其中最严重的一次，是1841年10月5日发生的客车相撞事故，伤亡19人。这场事故使美国社会各界人士强烈要求铁路公司进行管理改革。改革后，公司设置两名高层经理——总监（superintendent）和总裁（president）——协调和监督各区段经理人员的工作。1852年，总裁成为专职的官员。他是专职的支薪经理人员同由所有者选任的非专职董事之间的联系纽带。这样，西部铁路

① 马克思（1867）：《资本论》第1卷，北京：人民出版社，1975年，第688页。

便成为美国第一家靠一个由专职的支薪经理人员组成的正规管理系统运转的工商企业。接着美国的铁路企业纷纷效法西部铁路公司的做法。因此钱德勒指出，在1850—1860年期间，美国铁路公司成为“第一批现代工商企业”。

19世纪80年代，美国企业通过横向一体化和纵向一体化，主要是纵向一体化，形成了一大批把大规模生产和大规模销售结合起来的大公司。

企业规模的扩张及与之伴随的技术和管理过程的复杂化导致专职经理人员作用的增强。这个过程在伯利和米恩斯的《现代公司与私有财产》一书中用“所有与控制的分离”来概括。用钱德勒的语言说，则是“经理人员资本主义的兴起和企业主资本主义（包括家族资本主义与金融资本主义二者）的衰落的过程”。在过去的企业主企业或家族企业中，企业主本人与其亲密伙伴或家族成员在企业的高阶层管理中居于支配地位，但是，除非这些人本身受过专业训练，否则就很难在高阶层管理中发挥作用。这就是说，真正决定他们在高阶层管理中的地位的已不再是他们所掌握的股份，而是他们自己的管理能力。这一点导致了家族资本主义的衰落，因为财产殷实和收入丰厚并不能保证富豪家族的每一代成员都有胜任高层管理的能力。事实上，“在美国大型生意企业中，曾有两代以上的家庭参与其公司的管理决策者只有少数几个企业”。到1963年，在美国200家最大的非金融公司中，由某一家族或集团控制的只有31家，其中以多数股份实现控制的只有5家。甚至在杜邦公司这样长期被公认为杰出的家族企业中，杜邦家族也已不再作出重要的经营决策。总之，钱德勒所说的经理人员企业从19世纪50年代的铁路业中萌生，到20世纪50年代已在美国经济的主要部门中成了工商企业的标准形式。

这样，钱德勒给**现代企业制度**下了一个被学术界普遍接受的定义：“**由一组支薪的高、中层经理人员所管理的多单位企业，可以恰当地被称为现代企业**。这种企业在 1840 年的美国还不存在。到第二次世界大战时，这类公司已在美国经济的许多部门中成为占优势的企业制度。”虽然股权的分散化和经理人员掌握大权，对于公司的营运也造成了一些问题（对于这些问题，我们在后面还要作进一步的讨论），但人们普遍承认，现代公司的出现是 20 世纪大工业和大商业兴盛的重要组织基础。

7.2　公司制的特性和类型

公司制度与传统企业制度（如个体业主制企业和合伙制企业）相比较，有两个鲜明的特点：

第一，公司是一个**法人组织体**，在独立的法人财产的基础上营运。传统企业，不论是单个业主制企业还是合伙企业，都是在业主的个人（自然人）财产的基础上营运的，这决定了传统企业规模不可能很大。在公司中股东投入的股本组合在一起，形成具有独立生命的法人财产，为公司的大规模经营奠定了基础。而且，公司股东只在其资本金的范围内对公司债务负有限责任，这就大大降低了个别股东的风险。而且，公司有“永续的生命”，个别股东发生股权转移或其他变动都不会影响企业的营运。

第二，公司是由一个**公司治理结构**（corporate governance）来统治和管理的。任何治理都得靠有意志的人来进行。公司是一个组织，没有意识和意志，它只能经由一个组织系统，即公司治理结构支配的管理人员才能对公司进行治理。所谓公司治理结构，是指由所有者、董事会和高级执行人员即高级经理人员三者组成的一种组织结构。在这种结构中，上述三者之间形成一定的制衡（check and balance）关系。通过这一结构，所有者将自己的资产交由公司董事会托管；公司董事会是公司的最高决策机构，拥有对高级经理人员的聘用、奖惩以及解雇权；高级经理人员受雇于董事会，组成在董事会领导下的执行机构，在董事会的授权范围内经营企业。

在现代市场经济中，公司有两种基本的类型。这两类公司在以德国为代表的大陆法系国家被分别称为有限责任公司和股份公司（后者在中国叫作股份有限公司）[①]。需要说明的是，在英国公司制度刚刚建立时，并没有作这种区分，而把它们统称为有限公司（limited company，limited liability company 或 company limited by shares）。1892 年德国颁布了世界第一部《有限责任公司法》。于是才有了有限责任公司（德语原文是 Gesellschaft mit beschrankter Haf-tung，意思是带有限责任的公司，缩写为 GmbH）的称谓，与之相区别的是股份公司（德语原文是 Aktien gesellschaft，缩写为 AG）。采用大陆法体系的国家如日本、旧中国都使用这样的称谓，在日本公司法中分别称为有限会社和株式会社，在旧中国公司法中称为有限公司和股份有限公司。在英美法系国家的公司也分为两类：其中，类似大陆法系中有限公司的公司称为私人公司（private company）或封闭公司

① 除有限责任公司和股份公司之外，在大陆法系国家和地区的法律中，还有两种法律地位接近于合伙制企业的“公司”，即“无限公司”和“两合公司”。但由于这类企业制度不合乎现代经济的要求，在现代其数量日趋减少。例如 1980 年台湾有 25.8 万家公司，其中无限公司只有 22 家，两合公司只有 12 家（见吴新平、高旭晨编：《台湾公司法》，北京：中国对外经济贸易出版社，1991 年，第 12 页）。

（closed corporation）；类似于股份有限公司的公司则称为“公众公司”（public company（英）或 public corporation（美））。以下，我们用大陆法的分类（我国《公司法》与大陆法较为接近），对这两类公司的特征作一说明。

一、有限责任公司

有限责任公司是指不通过公开募股，而由为数不多的股东集资组成的公司。

有限公司具有以下一些基本特性：

第一，有限责任公司股东人数较少，各国公司法一般对股东人数规定有最高限额，如日本和美国某些州的公司法规定这类公司股东人数不得超过 30 人，英国和法国规定不得超过 50 人。

第二，有限责任公司的资本无须划分为等额的股份，也不发行股票，股东确定入股金额并交付股金后，由公司出具股单，股单只能作为股东在公司中应享有权益的凭证，而不能自由买卖。股东在出让股权时，受到一定的限制，一般要取得其他股东的同意，而且老股东具有先买权。

第三，在有限责任公司中，董事和高层经理人员往往具有股东身份。大股东亲自经营企业，使所有与控制分离程度不如股份有限公司那样高。

第四，有限责任公司成立、歇业、解散的程序比较简单，管理机构也较简单，同时公司账目无须向公众公开披露。

由于有限责任公司自身所具有的上述特点，许多中小规模的企业往往采取这种公司形式。这样，既可享受政府对法人组织给予的税收等优惠和法人制度带来的其他好处，又能保持少数出资人的封闭式经营，所以在一些西方国家中有限责任公司的数目大大超过股份有限公司。不过在资本总额上，有限责任公司通常大大小于股份有限公司，因而经济地位相对较弱[①]。不过，这样情况也有例外。例如，德国的若干大国有公司，如大众汽车公司和汉莎航空公司，都是有限责任公司（GmbH）而不是股份公司（AG）。新加坡的三大国家控股公司，也是私人公司而不是公众公司。

二、股份有限公司

股份公司（在我国公司法中称为股份有限公司），是指把全部资本划分为等额的股份，发行代表股份的有价证券——股票，股票可以自由转让的一种公司形式。

股份有限公司具有以下一些基本特性：

第一，股份有限公司的股东必须达到法定人数，如法国、日本法律规定，这类公司股东的最低人数为 7 人，德国法律规定为 5 人。股东可以是自然人，也可以是法人。

第二，股份有限公司的总资本是由若干等额的股份所组成的，这是股份有限公司区别于其他公司形式或商业团体的一个重要标志。股份有限公司可以通过向社会发行股票而筹集资本，人们可以通过认购股票而取得相应的股权。股东不能要求退股，但可以通过买卖股票而随时让渡股份。

第三，股份有限公司必须向公众公开披露财务状况。为了保护投资者的利益，各国公司法一般都规定，股份有限公司必须在每个

① 80 年代初期联邦德国有 28 万家有限责任公司，股份公司却只有 2000 家左右。日本株式会社（股份公司）和有限会社（有限公司）的数量大致相当，各有约 100 万家。但是，大多数株式会社的规模很小，名实不符。资本额在 1 亿日元以上的股份有限公司大致只有 2 万家（见前引奥村宏著：《日本的股份公司》，第 4—6 页）。

财务年度终了时公布公司的年度报告，其中包括董事会的年度报告、公司损益表和资产负债表。

股份有限公司较之其他公司和企业形式有着更独特的优越之处，因而对社会经济的发展起到了重要的作用。这主要表现在：（1）它是筹集大规模资本的有效的组织形式，为广大公众提供了简便、灵活的投资场所，为企业提供了筹资渠道，使某些需要巨额资本的产业得以建立。（2）股份有限公司有利于分散投资的风险，特别是在企业规模很大、风险也很大的条件下，它可以使每个投资者承担较小的风险。（3）股份有限公司有利于资本产权的社会化和公众化，把大企业的经营置于社会的监督之下。因此，有的国家规定，享受政府政策优惠的企业，必须“公众化”（going public，或译“社会化”），如韩国取得综合商社（JTC）资格的“要件”（必要条件）之一，就是必须是公众公司。由于股份有限公司具有以上的优点，使它成为现代市场经济中大型企业的主要组织形式。

股份有限公司较之其他企业形式的缺点是：（1）它们作为公众公司，开设和歇业的法定程序较为复杂；（2）它们的所有与控制的分离程度高，由此产生了出资者与经理人员之间的复杂的委托—代理关系，弄得不好，代理成本会很高；（3）公司经营情况必须向公众披露，难于保守营业秘密。由于存在着这样的缺点，如果没有必要，人们并不愿意将自己的有限责任公司“升格”为股份有限公司。

伴随着股份有限公司的发展，公司制度本身也表现出一些更为鲜明的特点。除了我们已经谈到过的**股权分散化、经理人员的地位与作用提高**以外，还有一个引人注目的特点是近几十年来**自然人持股比率下降，法人持股比例上升**。这种情况尤以日本最为突出。20世纪50年代以后，日本法人持股的比率大幅度上升，由1950年的

15% 多一点上升到 1980 年的 60% 以上。法人持股上升的结果是，早期资本主义股份公司中自然人持股为主的格局逐渐演变为法人持股为主的格局。法人持股为主，更加增强了经理阶层在经济和社会中的地位与作用。

7.3 公司的法人地位和公司治理结构

如上所述，公司制有两项最基本的特征，这就是：（1）公司在法律上具有独立的法人地位，这种法人地位的产权基础是它所拥有的法人财产；（2）公司不是由出资人个人，而是由一个公司治理结构（法人治理结构）来经营和管理的。现在我们就主要以公司制的成熟形态——股份有限公司为背景，分别对这两个特征进行更深入的考察。

一、公司的法人地位

公司的法人财产，由股东所投入的股本形成。然而它一旦形成，便具有了独立的生命。公司的盈亏，表现为法人财产的盈缩。法人财产虽然归根到底仍是股东的财产，但是法人（公司）财产和股东财产又有如下的区别：（1）公司的法人财产和股东的除股金以外的财产之间有明确的界限；（2）公司以其法人财产承担民事责任，如果公司破产，也与股东的其他个人财产无涉；（3）股东不能以个人身份直接支配他已投入公司的资本，而只有作为法人组织的一分子，通过一定组织程序，才能参与公司财产的最终控制。

对于法人财产制度，目前有一些广为流传的误解，需要加以廓清。

最经常发生的误解是把法人看成自然人。例如，我们经常听到这样的说法：某某人是某某公司的“法人”。其实，法学或经济学上所说的“法人”并不是一个“人”（自然人），而是一个具有和自然人相同的民事能力的组织团体。在上述误解的基础上产生了第二种误解，就是把“法人财产”看成股东以外的什么人，比方说，“企业”（即以企业领导人员为代表的职工集体）的财产。例如有些人以为，公司的盈利属于股东以外的这个什么“法人”，“交了国家的，还了银行的，付了股东的，都是‘企业’自己的”。所以，为了避免产生误解，最好不要笼统使用“企业拥有法人财产”这一类说法；如果要用，也需对其中“企业”一词加以明确的界定，说明只有企业**法人才拥有法人产权**。这是因为，法人财产属于法人，法人是由股东合伙组成的团体，这些本来都是清楚的，而企业则往往是一个混沌的概念，主要是指经理人员和全体职工而不包括所有者，不加限定地说企业拥有法人财产，无异于说公司财产属于股东、经理人员和全体职工共有。

二、公司的治理结构

前已指出，在公司制度创立初期，许多公司的业主都是一身二任的，既是大股东，又是高层经理人员。特别是在一些家族公司中更是如此。随着公司制度的发展，所有与控制进一步分离，就更加需要完善公司治理结构，既保证作为经营专家的高层经理人员放手经营，又不致失去出资者（股东）对经理人员的最终控制。

公司治理结构由股东大会、董事会和由高层经理人员组成的执行机构三个部分组成。

1. 股东大会

股东是指持有公司股权的投资者。股东有在册和非在册之分。所谓在册股东，是指在公司股东名册上登记其姓名、地址和其他简况的股东。所谓非在册股东，是指没有在公司股东名册上登记其姓名、地址和其他简况的股东。享有在平时获得定息的优先权和清盘时获得补偿的优先权的优先股持有人通常不算在册股东。普通股持有人依法过户后就成为在册股东。

股东可以是自然人，也可以是法人。

普通股持有人依法凭所持股票行使其权利，享受法定的经济利益。股东的权利包括：（1）对剩余收入的索取权，即确定分红的权利；（2）在审议董事会关于修改公司章程、出卖部分或全部财产的建议和财务报告时的投票权；（3）对董事的选举权和在董事玩忽职守、未能尽到受托责任时的起诉权；（4）对公司经营活动的知情权和监察权。与此同时，股东也要承担缴足股金的责任。

股东是公司的所有者，他们通过股东大会行使自己的审议权和投票权，维护自己的法定权益。

股东大会分为例行年会和特别会议两种。股东大会例行年会，是指公司一年一次必须召开的股东大会。它一般由董事会组织召开。普通年会的主要内容是：（1）讨论和批准公司年度报告、资产负债表、损益表和其他会计报表；（2）修改公司章程；（3）决定公司的合并或解散；（4）讨论和通过董事会关于增减公司资本的建议；（5）选举公司董事；（6）讨论和批准董事会提出的股利分配方案。股东大会特别会议，是指在两次年会之间不定期召开的股东会议。它一般用于讨论决定公司的重大决策问题。根据各国公司法和传统做法，股东特别会议可以由董事会召开，或者由持有一定数目股权的股东提议召开，或者由法院发布命令召开，法院发布命令既可以根据自己的动议，也可以根据任何一个董事或有表决权的股东的申请。股东特别会议的内容，各国在法律上往往予以明确规定。

召开股东大会的通知必须采取书面形式，并在开会前送到每个在册的有表决权的股东手里。参加股东大会的股东必须达到法定人数才能视为合法，通过的决议才能有效。

2. 董事会（The Board of Directors）

对于拥有众多股东的公司来说，不可能靠所有的股东的经常集会来执掌所有权，他们需要物色少量能够代表自己利益的、有能力的、值得信赖的人员，组成一个小型的机构，将公司的法人财产交给他们托管，这个机构就是董事会，董事会由董事组成。有些国家的公司法规定，法人也可以担任公司董事，但必须指定一名有行为能力的自然人作为代表人执行作为董事的职能。

董事会是公司最高决策和领导机构，是公司的法定代表。董事会由股东大会选出，代表全体股东的利益，负责制定或审定公司的战略性决策并检查其执行情况。董事会的主要职责是：（1）制定公司的经营目标、重大方针和管理原则；（2）挑选、委托和监督经理人员，并掌握经理人员的报酬与奖惩；（3）协调公司与股东、管理部门与股东之间的关系；（4）提出盈利分配方案供股东大会审议。

董事会的权限受到三个方面的限制：（1）董事会作为公司的法定代表，不得从事与公司业务无关的活动；（2）董事会不得超出股东授予他们的权限范围行事；（3）如果董事会的决议同股东大会的决议发生冲突，应以股东大会的决议为准。股东大会有权否决董事会决议以至改选董事会。

对于董事会下面要不要设立执行委员会或其他专门委员会，各国公司法没有硬性规定，由各公司根据需要在公司章程或内部细则中加以规定。一般地，在大公司的董事会下设有执行委员会和其他专门委员会，包括财务、高级执行官员提名和报酬、情报法律等委员会。这些委员会是董事会的辅助机构，它们的主要任务是给董事会提供各种业务资料和咨询意见。

3. 执行机构

公司执行机构由高层执行官员（executive officers，包括总经理、副总经理等）组成。这些高层执行官员即高层经理人员受聘于董事会，在董事会授权范围内拥有对公司事务的管理权和代理权，负责处理公司的日常经营事务。执行机构的负责人称为首席执行官员（Chief Executive Officer，简称 CEO），通常由总经理担任，有时也由董事长担任。一般地说，首席执行官员的主要职责是：（1）执行董事会的决议；（2）主持公司的日常业务活动；（3）经董事会授权，对外签订合同或处理业务；（4）任免经理人员；（5）定期向董事会报告业务情况，并提交年度报告。

首席执行官员领导下的执行班子包括：总经理、副总经理、各部门经理、总会计师、总工程师等。

上面只是对股东、董事会、高层经理人员在公司治理结构中职能的一般规定的介绍。由于具体情况不同，在各个公司中有关三者职权划分的规定是不尽相同的。例如，股东大会对董事会的授权范围不同：有些公司的股东大会授权董事会决定公司的收购与兼并事宜，有些则由股东大会直接决定上述事宜；多数公司的股东大会授权董事会任命总经理，但也有的公司由股东大会自己掌握最终批准权；等等。董事会与总经理的关系也具有灵活性：有些公司的董事会只任命总经理，再由总经理任命副总经理，而另一些公司的董事会不仅任命总经理，还负责任命副总经理；有些公司的董事会设置参与日常经营管理的常务董事，有些公司则不设这一职位；有些公司是由董事会较多地负责战略性决策并较频繁地召开董事会，有些公司董事会则把较多的决策权交由总经理负责；等等。

以德国为代表的某些中、北欧国家的公司治理结构设置有自己的特点。德国公司设立 Aufsichtsrat（监事会）和 Vorstand（经理理事会，简称理事会，在我国有时被译作董事会，后者是一种误译）两个委员会。人们有时把这种制度说成是“双重董事会制度”。其实这是一种误解。德国公司制度中的 Aufsichtsrat 实际上类似于英美等国公司的董事会，德国公司制度中的 Vorstand 则类似于英美等国公司的最高执行机构。这可以从德国公司监事会、理事会的职责划分以及二者的关系上看得出来。

德国公司监事会的主要职责是：（1）决定公司基本政策；（2）任免理事会成员；（3）监督理事会工作；（4）决定理事会成员的报酬。监事会不参与公司的具体管理，一般也不能对外代表公司进行活动。公司日常经营由理事会负责。理事会要定期向监事会汇报公司利润、营业额及其他重要情况。监事会还可以随时向理事了解公司事务，也可以通过专家或自行审查公司账目。

以上是股份有限公司的情况。对于有限责任公司，德国法律规定，职工人数不到 500 名的，公司可自行决定是否设立监事会，这时股东会实际上执行了监事会的职能。职工人数超过 500 名的有限责任公司必须设立监事会。

当然，德国公司的监事会、理事会与英美等国公司的董事会、公司最高执行机构也有些差别。比如德国公司监事会的职能执行英美等国公司董事会的职能，还兼有英美公司中专司监督董事会和总经理的监事会的职能。再比如在人员构成上，德国公司监事会成员与理事会成员不允许相互交叉，一个人不能既是监事会成员又是理事会成员。英美等国则不同，公司董事会与公司最高执行机构人员大都是相互交叉的，公司总经理、副总经理一般都是董事会成员，董事长和总经理也可以由同一人担任。

三、公司治理结构中的矛盾与委托代理关系

在公司治理结构中，股东及股东大会与董事会之间、董事会与高层执行官员之间存在着性质不同的关系，要完善公司治理结构，就要明确划分股东、董事会、经理人员各自的权力、责任和利益，从而形成三者之间的制衡关系。

从法律原则上说，公司法明确区分了股东大会与董事会之间的信任托管关系（Fiduciary Relationship）和董事会与高层经理人员之间的委托代理关系（Principal-Agent Relationship）。

1. 股东大会和董事会之间的**信任托管关系**

在公司治理结构中，董事是股东的受托人（trustees），承担受托责任（fiduciary duties）。这种关系是一种信任托管关系。其特点在于:（1）一旦董事会受托来经营公司，就成为公司的法定代表。股东既然将公司交由董事会托管，就不再去干预公司管理事务，也不能因商业经营原因，例如非故意的经营失误解聘董事，但可以以玩忽职守、未尽到受托责任而起诉董事，或者不再选举他们连任。不过选举不能由单个股东决定，而要取决于股东大会投票的结果；个别股东如对受托经营者的治理绩效不满意，还可以“用脚投票”，即转让股权而离去。（2）受托经营的董事不同于受雇经理人员，不兼任高层经理人员的董事一般不领取报酬，只领取一定的津贴或称车马费，表明不是雇佣关系，而是信任托管关系。在有限责任公司的情况下，由于股东的人数较少，董事会的成员多半具有股东身份，这意味着大股东直接控制公司；在股份有限公司情况下，董事会主要由经营专家以及社会人士组成。（3）在法人股东占主导地位的情

况下，大法人股东的代表往往派出自己的代表充当被持股公司的董事。这时，公司，特别是所谓“关联公司”的高层经理人员，由于懂得经营和财务、关注自身的可靠性价值，往往成为被持股公司董事的合适人选。

2. 董事会与公司经理人员之间的**委托代理关系**

董事会以经营管理知识、经验和创利能力为标准，挑选和任命适合于本公司的经理人员。经理人员作为董事会的意定代理人，拥有管理权和代理权。前者是指经理人员对公司内部事务的管理权，后者是指经理人员在诉讼方面及诉讼之外的商业代理权。这种委托代理关系的特点在于：（1）经理人员作为意定代理人，其权力受到董事会委托范围的限制，包括法定限制和意定限制，如某种营业方向的限制，处置公司财产的限制等。超越权限的决策和被公司章程或董事会定义为重大战略的决策，要报董事会来决定。（2）公司对经理人员是一种有偿委任的雇用，经理人员有义务和责任依法经营好公司事务，董事会有权依经理人员的经营绩效进行监督，并据此对经理人员做出（或约定）奖励或激励的决定，并可以随时解聘。

这里应当指出的是，在现代实际经济生活中，董事会的主要职能已经从管理转为起战略决策和监督的作用，而作为董事会意定代理人的高层经理人员的权力要比法律上的规定来得更大。因此，如何加强对他们的监督和激励就成为完善现代公司治理结构的一项重要课题。

应该看到，委托人和代理人各自追求的目标是有不同之处的。作为委托人的董事会要求经理人员尽职尽责，执行好经营管理的职能，以便为公司取得更多的“剩余收入”利润；而作为代理人的高层经理人员所追求的，则是他们的人力资本（知识、才能、社会地位）的增值和提供人力资本进行指挥劳动所取得的收入的最大化。

为此就需要建立一套有效的激励机制，根据经理人员的工作绩效（包括公司的盈利状况、市场占有率、在社会公益方面的表现等）对他们实行激励。高层经理人员的报酬大体采取以下几种形式：薪金、奖金、在职消费、股票或股票期权（options）。

此外，高层经理人员还受到三重市场竞争机制的约束：（1）商品市场竞争的约束；（2）资本市场对企业的评价（特别是股价）的约束；（3）经理人员劳动力市场的约束。在这三重市场竞争的激励和鞭策下，高层经理人员必须兢兢业业地工作。董事会则要运用若干监督和评审手段，包括指定外部机构对公司进行审计和任命直接对董事会负责的财务经理等手段，尽可能准确地评价经理人员的代理绩效。需要指出的是，在这三种约束中，商品市场的约束是基础。因为一个企业经营的好坏，归根到底要由它在市场竞争中的表现来衡量。经理人员在劳动力市场上受到的竞争约束具有最关键的意义，它给经理人员以晋升的可能和被取代的压力，因而被看作是控制我们在第一章导论中讨论过的“代理风险”的主要手段。资本市场竞争约束，例如证券市场股价的涨落，在它大体能够反映出企业的经营状况的条件下，能够对经理人员的行为起很大的激励作用。例如，人们过去往往认为，为了防止本公司股价下降和被恶意收购，经理人员会不遗余力地改善经营管理。但是，现代经济学的研究告诉我们，股价变化除了受企业盈利状况影响，还受其他因素的重要影响。在股价扭曲和发生不正常波动的情况下，资本市场就很难充当控制代理风险的主要手段。

3. 股东、董事会和经理人员之间的相互制衡

公司治理结构的要旨在于明确划分股东、董事会和经理人员各自的权力责任和利益，形成三者之间的制衡关系，最终保证公司制度的有效运行。

首先，股东作为所有者掌握着最终的控制权，他们可以决定董事会人选，并有推选或不推选直至起诉某位董事的权利；但是，一旦授权董事会负责公司后，股东就不能随意干预董事会的决策了。

其次，董事会作为公司的法人代表全权负责公司经营，拥有支配公司法人财产的权利并有任命和指挥经理人员的全权；但是，董事会必须对股东负责。正是由于需要建立股东与董事会之间的制约与平衡关系，现代经济学的研究得出结论，股权的过分分散化、股东失去对董事会的控制，对公司的有效运营是十分不利的。

最后，经理人员受聘于董事会，作为公司的意定代理人统管企业日常经营事务，在董事会授权范围之内，经理人员有权决策，其他人不能随意干涉；但是，经理人员的管理权限和代理权限不能超过董事会决定的授权范围，经理人员经营绩效的优劣也要受到董事会的监督和评判。

7.4 不同国家现代公司制度的特点

一、美国现代公司股权结构和公司治理结构的特点

美国和英国的现代公司制度，是在传统的自由资本主义基础上发展起来的，因此具有与这种特定经济条件相适应的特点。

从公司的融资方式来看，美国公司主要是通过发行债券和股票的方式从资本市场上直接筹措。形成这一特点的主要原因是：第一，英美两国有发达的证券市场。早在19世纪后期，证券市场已经在从事政府债券交易和公用事业股票交易的市场的基础上形成。公司能够很方便地通过股票市场为扩张自己的事业大量融通资金。第二，

美国有反对金融势力集聚的传统。早在 1863 年，美国国民银行法案就把商业银行的业务限制在一个州的范围之内。1929 年大危机爆发后，人们认为金融寡头是招致危机的罪魁祸首，于是在 1933 年通过了格拉斯–斯蒂格尔法案（the glass–Steagall Act），规定投资银行和商业银行必须分立，并禁止它们拥有股票。此外，美国商业银行众多，现在约有 1.4 万家，但根据规定，银行只能经营短期贷款，不能经营 7 年以上的长期贷款。在这种条件下，公司的长期资本不能主要依靠通过银行中介的间接融资，而要靠在证券市场上直接筹集：一种办法是发行股票，由此筹集的资本约占筹资总额的 30%；另一种办法是发行企业债券，由此筹集的资本约占筹资总额的 70%。

从公司的股权结构来看，美国公司的股东主要有两类：一类是个人股东，另一类是法人（机构）股东。在不太久以前，美国公司的股票还基本上由个人（家庭）持有。这些个人股东通常家产有限，在一个公司中拥有的份额也不大。近 20 年来，法人（机构）持股发展很快，目前约占全部上市公司股本的 50%。美国的机构投资者主要是养老金基金（pension funds）、共同基金（mutual funds）、捐赠基金会（foundations）。这些机构投资者为了分散风险，在每个公司中占有的份额也不大。这就造成了美国大公司股权十分分散的状况：一个大公司往往有千千万万个股东，其中最大的股东拥有的股权也很少超过 5%。这种股权结构状况对美国公司治理结构造成重大影响：一方面，占有股权微不足道的小股东有“搭便车”（free riding）[①]

① 经济学中的“搭便车”，是指集体中的某些个人企图不付代价地享用共有财富的行为。自己享用，让别人承担成本费用，从个人的角度看是有利的；但从社会整体的角度看，这却造成了浪费（帕累托无效率）。搭便车行为在公共品（public goods）的领域最容易发生。

的倾向，他们既不关心、也无力左右经理人员的工作；另一方面，机构投资者并不是真正的所有者，而是机构性的代理人（institutional agents），代理本基金的受益人运用资金。它们作为“被动的投资者”（passive investers），主要关心公司能付给它们多高的红利，而不是企业经营的好坏和实力的强弱。而且它们所持有的股份具有较强的流动性，一旦发现所持股票收益率不高，就会迅速抛出手中的股票，而无意于插手改组公司领导班子或帮助公司改善经营。

在这样的股权结构下，对公司经理人员的约束主要来自股票市场。从理论上说，如果企业经营不善，红利减少，股价下落，就会给公司董事会和高层经理人员造成很大的压力，督促他们改进工作。然而在实际生活中，这套机制并不那么有效。首先，以股利多少和股价高低作为判断企业经营好坏的主要标准是股金分红率和股票价格的高低，因而对公司经营者形成了追求短期盈利和高分红率的巨大压力，造成经营者的短期行为倾向，损害企业的长远发展。与此同时，董事会成员多数由高层执行人员或他们推荐的人担任，不愿或也无法对执行人员进行有效的监督，于是往往发生大公司高层经理人员玩忽职守和谋取私利的问题，轻率决策、挥霍公司的资财、大量投资和兼并、营造自己的大帝国，乃至营私舞弊的现象屡有发生。

近年来，对于美国高层经理人员过高报酬的批评的呼声也越来越强烈。据斯蒂格里兹（J. E. Stiglitz）教授分析，报酬过高的主要表现是：（1）最高执行人员的报酬与普通工人的报酬差距悬殊。例如，1974 年典型首席执行官员（CEO）的报酬约为普通制造业工人的 35 倍，到 90 年代增长到约 120 倍。（2）美国最高执行人员得到的报酬大大超过其他市场经济国家的同行。例如，日本的一般最高执行人员的报酬只有一般工人的20倍，英国为35倍。而日本经理的效率与美国经理相比却毫不逊色。（3）美国最高执行人员的高报酬并未提供努力工作、改善经营的刺激。即使公司绩效极差，他们的报酬也照样增加。在陷入经济衰退的1990年，美国公司的利润下降了7%，最高执行人员的报酬却提高了7%（见表7–1）。

表7–1　1990年美国报酬最高的前10位CEO①

姓名	公司	报酬总额 （单位：百万美元）
1. S. M. 沃尔夫	联合航空公司	18.3
2. J. 斯卡利	苹果电脑公司	16.7
3. P. B. 怀尔曼	Reebok运动器材公司	14.8
4. D. L. 班特楚克	浪费管理公司	12.3
5. L. C. 赫尔胥	美国外科公司	11.7
6. M. D. 艾斯索	华特·迪士尼公司	11.2
7. J. D. 威廉姆斯	Warner Lambert公司	8.5
8. D. O. 马克斯威尔	联邦全国抵押公司	7.6
9. G. V. 格汝奈	读者文摘公司	7.5
10. P. R. 瓦格罗斯	Merck公司	7.1

资料来源："The Flap over Executive Pay," Business week, May 6, 1991; Graef Crystal, In Search of Excess (New York: Norton, 1991).

这种情况被认为是美国近年来竞争力减弱的重要原因之一，引起了人们的普遍关注。许多学者著文分析美国公司治理结构存在的

① J. E. Stiglitz. *Economics*. New York: W.W. Norton & Company, 1993, p. 570.

缺陷，提出改进的办法。90 年代初期，美国的一个由企业界、高等教育界和工会共同建立的民间组织——竞争力委员会和哈佛商学院主持的一项包括 25 位专家费时 2 年的研究项目得出结论，包括外部资本市场和公司治理结构在内的美国的资本配置制度正在威胁美国企业的竞争力和国民经济的持续增长。美国制度的优势主要表现在灵活性和反应能力方面，因此有利于新兴产业和高科技产业的成长。但是，公众公司日益依赖暂时性的所有权基础和所有者对经理人员控制的削弱，都使美国公司的目标集中于投资的短期收益和股票的现价提高，而对公司的长期价值和社会收益重视不足。该研究报告提出的改进方向，包括鼓励外部股东在公司中有更多的股本，起到更主动的作用，将所有权扩展到董事、经理、雇员甚至雇客和供应商，以便把各方的目标结合在一起，改善信息质量以及为经理和所有者提供获取信息的更多途径等等[①]。

在实际生活中人们走得更远些。在美国公司制度中，股票市场有很重要的作用，而股票市场对经理人员进行控制的重要机制，是通过“恶意收购”（hostile buyout）实现的。所谓“恶意收购”，就是在公司绩效不高、股价下降到远远低于资产价值时，多数股权被一些投资者收购，然后这些投资者凭借股权优势，召开股东大会撤换公司现有领导，进行整顿和改组。在 80 年代，美国出现了恶意收购的狂潮。被收购公司的资产市值由 1979 年的 1 万亿美元上升到 1989

① Porter, M. E.（1992）. *Capital Choices: Changing the Way America Invest in Industry*（《首要的选择：改变美国产业的投资方式》），A Research Report Present to the Council on Competitiveness and Co-Sponsored by the Harvard Business School, Washington, D.C: Publication Office, Councilon Competitiveness.

年的 3 万亿美元。当时的主要做法是：由少数投资者出资合股组成合伙制财团或有限责任公司，以他们的资本作为母本再从银行借入或靠发行债券筹集大量资本（这种筹资法叫作运用“杠杆”原理筹资），用以收购那些由于经营不善以致股票市价低于净资产价值的公司，然后加以整顿，使之成为盈利企业，或者继续经营，或者再行出售，以此赚取高额利润。这种做法叫作“杠杆收购”（leveraged buyout），从事杠杆收购的组织叫作 LBO。虽然到了 80 年代末期由于 LBO 发行的债券（“垃圾债券”）的崩溃，“杠杆收购”不再流行，但是有些经济学家认为，LBO 创造了一种较之现代公众公司（股份有限公司）更为有效、所有者直接参与战略决策和公司治理、有远大前途的企业制度[①]。

同时，大股东也开始更加积极地介入公司治理。从 1991 到 1993 年期间，美国发生了长期的经济衰退，在大公司盈利率普遍降低的情况下，“用脚投票”的回旋余地也很小。这种情况迫使机构投资者行动起来，对绩效差的公司的领导班子进行整顿。仅仅在 1991 年到 1992 年的 18 个月中，就迫使《财富》杂志 500 家美国最大公司中的 13 家，包括数字设备公司（DEC）、通用汽车公司（GM）、克莱斯勒汽车公司（Chrysler）、康柏电脑公司（Compaq）、固特异橡胶公司（Goodyear）等赫赫有名但经营绩效欠佳的首席执行官员下台；接着，又有国际商业机器公司（IBM）、西屋电气公司（Westing House）和柯达公司（Kodak）的首脑落马。这被美国报刊称之为“机构持股者的觉醒”，或“不在所有者的回归”，认为这标志着所有

① Jensen，M. C.（1989）. Eclipse of the Public Corporation（《公众公司光彩的消失》），*Harvard Business review*，67，61–74.

者与经理人员之间的关系的"历史性变化"①。

二、日本公司的相互持股制度和主银行制度

日本的公司制度由于其经济本身所具有的特殊性所决定，有着很多与英美模式不同的特点。这主要表现在以下几个方面。

1. 以法人相互持股为特征的股权结构

战后，日本经过民主改革，解散财阀，50 年代曾经出现了所谓的"大众投资时代"，但 60 年代中期出现了"证券危机"，日本采取了通过日本银行贷款买入大量股票进行冻结的方法。后来，当股票价格复苏时，为了配合当时日本推行的"稳定股东"的政策，即防止外国公司通过购买股票而吞并日本公司，这些股票便被卖给了稳定的法人股东。由此，日本公司的法人持股迅速发展，个人持股率则持续下降。据日本全国证券交易所协会《股份分布状况调查》统计，1949—1984 年，个人股东（不包括外国人）的持股率从 69.1% 下降为 26.3%，而法人股东的持股率则从 15.5% 上升为 67.6%②。另据统计，1989 年日本个人股东的持股率进一步下降为 22.6%，法人股东持股率则进一步上升为 72.0%③。

一般来说，股票占有的基本方式应是单向持有，而日本的法人持股却经常采取相互持股的方式。产生这种情况的一个重要原因，

① 参见 Stewart, T.A. (1993). The King is Dead. Fortune, 127 (1): 34–40; Bishop, M. (1994). A Survey of Corporate Governance. The Economist, January 29: 1–18.

② 转引自奥村宏（1985）：《日本的股份公司》，郑凤权等译，北京：中国展望出版社，1988 年，第 13—14 页。

③ 转引自吴家骏：《论企业法人相互持股》，《经济研究》杂志 1992 年第 7 期，第 29 页。

是日本法律和欧美法律不同，对企业之间的相互投资几乎完全没有限制。另一方面，可能同日本1945年以前的财阀传统有一定的关系。在50年代初期日本企业相互购入对方的股票的过程中，原来属于同一财阀组织的企业也纷纷通过相互持股而集结起来，形成所谓“企业集团”。所以日本企业的相互持股往往发生在一个企业集团内的各个企业之间，虽然一个企业拥有的集团内任何一个企业的股权通常不超过对方总股本的2%，但是由于集团中的每一个企业都在该企业中拥有股份，日本企业由本集团诸企业拥有的股份常在30%至90%之间。这种集团内企业之间的相互持股，不但有利于防止公司被吞并，而且加强了关联企业之间的联系。通过公司之间的相互持股，有助于建立长期稳定的交易关系，从而维持稳定可靠的经济环境。

2. 银行在融资中起主导作用的**主银行**体制

日本作为一个后起国家，证券市场不发达，其融资体制也不同于欧美国家，主要采取的是“银行导向”型金融（bank-oriented financing），即直接融资（债券、股票等）比例小，间接融资（由银行进行的投资）比重大，因此，企业的自有资本比例较小，大量依赖银行贷款，特别是从经济恢复期到高速增长时期，企业对银行贷款的依赖程度不断提高。而且日本银行与企业之间的关系，一般来讲是比较固定的，一旦结合就很少变动。更为独特的是日本所有大企业都有自己的主银行，这是从二次大战时期由指定金融机构对指定公司提供军需贷款的制度沿袭而来的。主银行制度虽然并不是法律上的明文规定，却是金融界和企业界不言自明的规则。一般把在某企业接受贷款中居第一位的银行称为该企业的主银行，而由主银行提供的贷款叫作系列贷款，包括长期贷款和短期贷款。当企业遇到危机时，主银行必须采取措施加以救助。从 50 年代末开始，公司对银行贷款的依赖程度趋于下降，但同时引人注目的是，银行对企业的持股却增加了。日本的《禁止垄断法》在 1947 年制定时，把金融机构对一个公司的持股限制在该公司股本总额的 5% 以内，而在 1953 年第二次修改后，则放宽为 10%（1977 年恢复为 5%，但可以缓期 10 年执行）。以此为契机，银行开始大幅度增加对企业的持股（详见表 7–2），而且银行的持股大都集中在以本银行作为主银行的公司的股票上。这样便进一步强化了主银行体制。

表 7–2　银行股份占有量的变化[①]　　**单位：亿日元**

年度	全国银行	城市银行
1955	552	352
1960	2310	1511
1965	6122	3887
1970	14786	8986
1975	33529	19925
1980	65954	36758
1984	106737	59424

资料来源：日本银行《经济统计年报》。

3. 以经营者的巨大自主权力和法人股东的**有力监督为特征**的公司治理结构

在法人相互持股和主银行体制基础上形成的日本公司治理结构，具有与英美等国很不相同的特点。

① 转引自前引奥村宏著：《日本的股份公司》，第 81 页。

一方面，日本公司中经理人员拥有作出经营决策的极大自主权。法人相互持股有利于加强企业经营者对公司的自主控制。由于日本个人股东持股率很低，所以公司很少受个人（包括家族）股东的控制；而作为企业大股东的法人股东，又由于法人之间具有相互持股关系，很少干预对方的经营活动。而且，由于相互持股是为了建立长期稳定的交易关系，在一般情况下也没有必要干预对方企业的内部事务。因此，法人股东之间形成默契，互不干涉，这些都加强了经营者的地位，使他们拥有很大的自主经营的权力。

另一方面，企业经营者又会受到来自集团内企业（以该企业的高层经理人员为代表）的监督，特别是主银行的监督。这种监督采取两种形式：（1）在集团内，约每月举行一次的“社长（经理）会”，是关联公司相互监督的主要论坛；（2）通过主银行进行的监督。主银行是公司的持股者，又是主要的贷款者或贷款银团的组织者。主银行除了持股和提供长期资金外，还负责企业的短期贷款及收支账户管理。它所关心的主要不是股息，而是通过与企业的贷款交易以及与此有关的各种金融交易来获得长期收益，并保证投资安全。同时，处在银行的位置上，监督企业经营是很便利的。正如美国斯坦福大学的青木昌彦所说，日本银行与企业的关系具有以下两方面的特征：一方面，“银行是公司的主要股东，但是它们并不对这些公司的经营实施直接控制，在盈利情况良好的条件下，它们只作为‘平静的商业伙伴’而存在。它们的权力只有在公司绩效恶化的情况下才是可见的”。另一方面，“如果公司利润开始下降，主银行由于所处的特殊地位，能够在相当早的阶段，通过营业往来账户、短期信贷、与公司最高管理层商业伙伴的长期个人交往等途径取得信息，察觉出问题”。如果情况继续恶化，主银行就可以通过召开股东大会或董事会来更换企业的最高领导层[1]。因此，这种关系既保证了经营者有充分权力，又保证对他们的监督十分有效；既保证了所有者的权益，也维护了企业的长远发展。两者在这里得到了统一。

但是，这种企业间相互持股、大股东与企业高层经理之间存在密切关系的制度也有它的问题。相互持股制度不强调企业领导人对股东所负的责任，给股东分红很少，而是着重于企业本身的扩张以及企业与企业之间、企业与银行之间相互支持的长期关系。在高速增长时代，企业领导人为追求自己的目标，将盈利主要用于再投资，尽力扩大企业的规模，提高市场占有率，这不论对于关联企业还是对于职工都是有利的。正是在这样的基础上，日本大公司成为某种"利益共同体"。近年来，日本经济趋于成熟，增长率降低，银行和持股企业要求投资有较高的回报，与企业经理人员和职工就存在较大的矛盾。同时，企业领导与职工之间摩擦也增多。与此同时，随着集团成员企业的业务扩展，集团内各公司间交易量在总交易量中的比例降低，各公司的独立性增大，企业集团社长会的作用变得愈来愈小，有的日本经济学家甚至认为已经变得与一般社团集会相差无几，很少对成员企业的重大战略问题进行讨论和作出决定[2]。此外，大公司的经营成就，特别是在海外的经营成就，给他们带来了充裕的现金流入；加之日本政府对金融市场放松管制，也给大公司开辟了新的融资来源。所有这些，都使企业对银行的依赖减弱，主银行只在解救困难企业时才扮演重要的角色。从主银行的控制下解放出

① Masahiko Aoki. Toward an Economic Model of the Japanese Firm（《关于日本厂商经济模式》）. *Journal of Economic Literature*，Vol. XXVIII（March 1990），pp.1–27。

② Bishop, M. (1994). A Survey of Corporate Governance（《对公司治理结构的考察》）. The Economist，January 29: 1–18.

来以后，日本大公司的领导人更加放手地大规模投资于研究与开发、海外扩张、收购企业以及为职工营造住房等。这类投资往往因为考虑不周而不能收到效益，充其量也只能在遥远的未来带来中度的盈利。面对这种情况，不少日本经济界人士认为，日本公司的治理结构应当向英美方式转变，增加股票的流动性，提高收购、兼并等在企业优化重组中的作用。

三、德国公司的股权结构和“职工参与决定”制度

德国公司的治理结构有两方面的特点：（1）区别于英美等国，主要股东与公司关系密切，对经理人员有较强的监督；（2）区别于其他国家，职工广泛参与公司治理。

德国公司的股权结构与日本公司有相似之处。在德国，公司股份总额中约有 40% 由别的企业拥有。因而股票的流动性很低，股票市场的作用不大。大股东在公司股份中所占份额往往很大。例如，最大的 5 名投资者在通用汽车公司（美）股本总额中所占份额为 9%，在奔驰汽车公司（德）却占 68%。特别是一些大银行（被称为“全能银行”），它们从大债主开始发展成为最大的股东。同时，它们还代表小股东在股东会上行使投票权。因此，它们往往在股东大会上拥有过半数的投票权，对于公司经营拥有很大的权力，有可能对经理人员实施密切的监督。不过最近也有人指出，德国大银行没有充分运用它们拥有的权力选出监事会成员来代表它们的利益。同时，监事会每年不过开会 2—4 次，常常只是承担顾问的角色而不是代表所有者执行最终控制的角色[①]。这种有限的外部监督使某些德国大公

① Bishop, M. (1994). A Survey of Corporate Governance（《对公司治理结构的考察》）. The Economist, January 29: 1-18.

司的经理人员能够大量进行大手大脚的投资。

德国公司的“职工参与决定制度”有着十分丰富的内容，归纳起来，大体是两方面：一是对有关职工利益问题的参与决定，二是对企业重大经营决策的参与决定。

企业职工对有关其自身利益的参与决定一般是通过“企业职工委员会”实现的。按照德国《企业组织法》（1952年、1957年）等法律的规定，企业职工委员会是保护职工利益的组织核心，在雇佣5名以上具有长期选举权的职工的企业中，必须设立企业职工委员会。委员会成员由工人和职员按比例选举，以无记名直接投票方式分别或共同选举产生，每隔3年选举一次。委员会每个季度都要召开所有职工都参加的企业代表大会，向职工做工作报告。委员会的参与决定权包括：（1）监督已经制定的维护职工利益的法律的执行情况和劳资协议的执行情况；（2）在社会福利问题（包括工作时间和假期、工资构成、企业住房、劳动保护和健康保护等）上享有与资方对等的参与决定权；（3）享有对企业经营的知情权和咨询权，雇主每季度至少要以书面形式（1000名以上职工的企业）或口头形式（20名以上职工的企业）向职工通报一次情况，让雇员了解企业的经济状况。

职工对企业重大经营决策的参与决定是通过职工代表进入公司领导机构（监事会、理事会）实现的，其具体形式有以下3种。

一种形式是根据《企业组织法》（1952年、1972年）实施的职工参与决定制度。股份公司、股份两合公司、雇用职工500名以上的有限责任公司、矿山法规定的本身具有法人资格的联合采矿公司等适用这种职工参与决定制度。这种制度的基本内容是由职工选出1/3的监事会成员，作为职工代表。职工代表候选人名单由企业委员会提出，并且至少应有 1/10 或 100 名有选举权的职工附议，然后由职工直接选出。

另一种形式是根据 1951 年《煤钢行业参与决定法》实施的职工参与决定制度。它适用于职工在 1000 人以上，其法律形式为股份公司、有限责任公司或自己具有法人资格的矿业企业和钢铁企业。它的基本内容是职工代表进入监事会和理事会。在理事会中，有一名劳工经理专门负责人事和社会福利问题，这名经理在得到监事会职工代表多数的支持下由监事会选举产生。监事会由 11 人组成，其中资方和劳方各选出 4 名代表和 1 名“其他成员”，共 10 人，外加 1 人作为“中立者”参加监事会。其中，劳资双方的“其他成员”不允许与劳方或资方有任何依赖关系，也不允许从那些与本企业有利益关系的企业挑选。劳资双方的“4+1”位代表由双方分别提出，但都需经过股东大会通过。第 11 位“中立者”，由劳资双方共同提名，也需经股东大会选出。在“4+1”名职工代表的决定中，工会拥有强大的影响力。4 名代表中的 2 名由企业职工委员会与企业中的工会及工会的最高组织磋商后任命，其中 1 名是工人，1 名是职员，另外 2 名代表和 1 名“其他成员”由工会最高组织在与企业中的工会和企业职工委员会磋商后任命。

第三种形式是根据 1976 年《参与决定法》实施的企业参与决定制度。它适用职工在 2000 名以上的股份公司、股份两合公司、有限责任公司、矿山法规定的本身具有法人资格的联合采矿公司等。它的基本内容是职工代表进入监事会，席位占 1/2。监事会视企业大小可以分别有 12 名、16 名或 20 名成员。由于监事会成员是偶数，因此在投票双方票数相等而出现僵局时要进行第二次投票，监事会主席拥有 2 票。一般情况下，监事会主席在监事会成员中间根据 2/3 多数原则产生，如果双方得票相等，要由资方代表担任主席。职工代表由工人、职员和高级职员根据其在职工人数中的比例选出。职工代表的选举在 8000 人以下的企业中，一般采用直选方式，在更大的企业中则通过选举人间接选举。

对于德国的职工参与决定制度的优缺点，虽然长期以来一直存在着争论，但有一点是很清楚的，那就是职工参与决定是深深扎根于德国的政治和文化结构之中的，是德国社会各派力量相互斗争和妥协的产物。正如德国实行不同于其他西方工业发达国家的“社会市场经济”体制一样，职工参与制度也是德国社会稳定和经济繁荣的重要保证。

7.5 简短的结语

现代公司是在市场经济 400 年的发展过程中历尽坎坷，反复改进而逐渐形成的一种企业制度。它突破了血缘关系的纽带，由众多的出资者结合而成。公司制的鲜明特点是：第一，公司是一个具有独立财产和独立生命的法人组织体，公司股东对公司债务所负的责任以他投入公司的股本为限。第二，公司不是由业主直接经营，而是通过公司治理结构，由专职经理人员经营管理。这样，它就能够比较好地适应从事大规模生产和大规模流通相结合的经济活动的现代企业的需要，成为现代大中型企业的基本组织形式。为了建立社会主义市场经济，振兴我国大中型企业，我们也要走各国企业发展的共同道路，将原来的国有国营的大中型企业改组为现代公司。

各国公司制度既有共同的规范，又因各国市场经济模式不同而具有自己的特点。这主要表现在各有特色的公司治理结构上。一个好的公司治理结构，需要具备以下的性质：第一，所有与控制在业主与经理人员之间的适度分离，以便公司领导人（CEO和其他高层执行人员）有充分的自主权以实现有效率的经营管理；第二，企业领导人应当充分了解股东、职工和社会公众对公司的期望，并有充分的动力去努力实现这种期望；第三，公司的股东，特别是大股东应当掌握关于公司运作的充分信息以便判断他们的愿望是否得到了实现，同时握有充分的权力和手段，能在经理人员未能实现自己的愿望时采取果断行动进行干预。

在我国进行公司化改革，应当既注意遵循国际上已经形成的公司一般规范，同时，又悉心研究各国公司制度的特点，以便博采众家之长，发展适合于自己的社会环境、文化传统与发展阶段的现代公司。

第 8 章 “股份制试点”的情况和问题

在尝试了行政性分权、放权让利和推行企业承包制而未能取得明显成效之后，我国一些经济学家提出国有大中型企业可以改行市场经济各国通行的公司制度（当时往往被称为“股份公司制度”或“股份制”）。与此同时，世界银行也向中国政府提出了将国有企业改组为不同的公有机构持股为主的现代公司。在 1983—1986 年期间，在全国范围内零星地出现了一些“股份制”企业。1986 年末，当配套改革的想法被领导上放弃、转入以企业改革为中心以后，开始正式进行“股份制试点”。到 80 年代末期，已经建立起 3000 多个试点的“股份制企业”。这项试点工作突破了以往国有企业改革的老框架，积累了宝贵的经验，是十分有益的。不过，由于我国经济界对公司制的理解存在着不少不够明确的地方，这些“股份制企业”与西方市场经济 400 年来形成的一般规范往往不甚吻合。加之市场化改革的其他方面尚未到位，使“股份制改革”未能取得预期的成效。本章将按时间顺序对“股份制”改革的经验进行分析。

8.1 对国有企业公司制改造的酝酿

1986年底以前是我国国有企业公司制改造的酝酿时期。在这段时间里，有不少经济学家提出国有企业改革应以“股份制”或“股份化”为目标，但更多的人持相反看法。不过在这段时间里，已经有少量企业根据实际需要选择了“股份制”作为改革的方向。由于当时对公司化改革的理论准备不足，对一些基本问题尚未达成共识，因而初期的“股份制”存在各种有待解决的问题。

一、公司制改造的早期理论探索

根据现有文献，最早系统地提出对国有大中型企业进行公司制改造的思路的是两位年轻的经济学家吴稼祥、金立佐。他们在1983年写的《股份化：进一步改革的一种思路》中对国有企业为什么要进行“**股份化**”改造、怎样进行这种改造作了比较全面的分析[①]。

文章认为，当时已经实施的企业改革措施并没有解决下面三个问题：（1）资金仍然不能得到有效配置。在“扩大企业自主权”改革中，针对由于国营企业无偿使用国家资金导致资金资源浪费所采取的固定资产付费制度并没有收到预定成效，80年代初实行的将国家预算无偿拨款改为银行贷款的改革（“拨改贷”）的效果也有限，没有解决已有固定资产存量的占用问题，也没有解决国家资金如何能流向效率最高的生产部门的问题，更没有解决国家资金以外的社会闲散资金如何得到生产性利用的问题。（2）政府行为并没有真正合理化。首先，政府既是部分企业（国营企业）的所有者，又是整

① 吴稼祥、金立佐的《股份化：进一步改革的一种思路》写于1983年，先在理论界内部传阅，后发表在1985年8月3日的《经济日报》上。

个国民经济的管理者，两种职能的混淆妨碍政府职能合理化。其次，政府所有的企业无论属于哪一级，都是由特定的单一的部门对其行使所有权职能的，这必然导致“条块分割”。再次，代表国家或政府部门对企业行使所有权职能的人，具有“国家资本人格化”和“自我利益人格化”的双重人格，妨碍他对企业实施有效的管理。最后，企业资本不可分割地归属于政府特定的主管部门，企业发展的决策权也就总是垄断在某一个部门或某一个人手里，得不到合理地分散。（3）企业领导人由上级政府部门任免，是从属于行政机构的官员，这必然导致企业行为的不合理和短期化。

为解决上面的问题，文章认为应当发展“股份经济”，因为“股份经济”有以下独特的职能：（1）作为融资手段，股份资本不依赖国家和银行，由企业作出投资决策，加上股金分红的压力，更有利于提高资金使用效果；企业的利润信号能够引导社会闲散资金流向利润率高、生产率高的生产部门；股票稳定度强又可以转让，有利于企业连续生产和资金流动。（2）作为管理手段，股份化一方面增多行使所有权职能的主体，另一方面，通过设立公司董事会，可以把所有权职能的担当者与管理职能的担当者分离开来，解决政府行为的合理化问题。（3）股份经济使管理者和职工也成为企业的股东，就可以把他们的短期利益（按劳分配）和长期利益（股金分红）有机地结合起来，建立起更有效的动力机制。

对于如何实现国有企业特别是大中型企业的“股份化”，文章提出了分三步走的办法：第一步，保持现有条块政府机关代表国家行使所有权形式，通过资产折股，将企业分给若干有关的主管部门和地方共同占有，形成初级形式的国有股份经济。第二步，成立国营控股公司或投资信托公司等金融机构，取代各级各类政府部门作为国家所有权的代表，管理产权已经股份化的国有企业，解决政府所有者职能和宏观调节者职能相混淆的问题。第三步，让国有股份企业的股票有限上市，向社会开放。

对于吴稼祥和金立佐的观点，不少人表示赞同，但更多的是反对或不理解[①]。比如有的论者把国有企业的“股份化”改制与向个人出售国有资产相等同，认为国营企业有几千亿（当时价值）固定资产，个人根本没有那么多钱来买股票，因此“股份化”是行不通的。也有人认为国有企业“股份化”改造后，各级各类政府部门成为企业股东，会更加强化政企不分。还有些经济学家认为，国有企业改为公司以后，由政府机构或公有制金融机构作为机构持股者，它们的行为并不一定会合理。因而小型国有企业可以进行“股份制”改造，大中型国有企业则不行。

如果说我国学术界关于“股份制”的争论由于没有达成多数人的一致意见而没有得到领导上的重视，国际经济专家关于将我国国有企业改组为现代公司的建议，就在领导层中引起了较大的关注。1983 年，世界银行的中国经济考察团向中国政府递交、并在 1985 年公开发表了他们的考察报告:《中国：长期发展的问题和方案》。报告提出，国有企业改革需要解决的根本问题在于建立国家和企业之间的恰当关系，认为可以将国有企业的财产划分为股份，分散给若干个不同的公有机构（政府、银行、养老金基金、保险公司、其他企业等）持有，这样，就可以将国有企业改组为以各种公有机构持股为主的公司制企业。[②]

① 参见王小强:《企业非股份化模式的思考》,《经济日报》1985 年 7 月 13 日；陈从新、陈吉江:《试论全民所有制企业的股份化》,《管理世界》1986 年第 2 期。

② 世界银行 1984 年经济考察团:《中国：长期发展的问题和方案》（主报告），北京：中国财政经济出版社，1985 年，第 219—220 页。

世界银行的这份报告还以发达市场经济国家的例证说明，公司制度适用多种所有制形式。所有这些，都引起了各方面的浓厚兴趣。

总之，虽然当时我国经济界和学术界对于公司作为一种企业制度的理解还不够深透，但“公司化”的想法打开了人们的思路，使他们认识到要真正理顺政府与企业之间的关系，深化国有企业改革，“公司化”是一条值得探索的路子。这在当时的社会主义各国中，是走在前面的。

二、1984—1985 年各地自发建立的“股份制企业”

当理论界和经济领导层还在讨论我国国有企业是否应当进行股份公司化改革时，兴办职工持股的股份公司的潮流，已经自下而上地兴起了。开始时，我国“股份制企业”与建立在个人财产联合的基础上的劳动者合作社相类似，由土地、资本和劳力等生产要素折股组成。在此基础上形成了一种理论，认为“股份制”作为一种制度安排，主要的优点是可以通过职工持股，使他们与企业建立物质利益上的密切联系，从而生成主人翁思想，真正做到爱厂如家。这种想法由于和社会主义的传统思想十分接近而迅速流行开来，不论股份化的支持者还是反对者，都以它作为主要论据，似乎这是判断公司制究竟是否可行的基本标准。1984 年以后，在企业极力筹资以便扩大规模的热潮中，感到用股票筹资实在是一种最方便的办法。特别是到了 1985 年，银行实行信贷紧缩，企业资金短缺，更推动了企业实行“股份制”，以便发行股票集资。

由于当时“股份制”的推行是建立在上述两种想法的基础之上的，新建立起来的“股份制企业”以面向本企业职工发行股票为主。基本的做法是：企业原有资产不折股，只将新投入的资本折股；新资本投入又以职工投入为主。据上海市1985年底的统计，企业向内部职工集资占集资总户数的93%，集资总额的70%[①]。直到90年代初，这种情况也没有大的改变。据统计，到1991年底，全国约3200家各种类型的试点企业中，内部职工持股类的达2751家，占85.4%（见表8-1）。

表8-1 各种类型的股份制试点企业（1991）

	数量（家）	份额（%）
法人持股的公司	380	11.8
内部职工持股	2751	85.4
向社会发行股票的公司	89	2.8
其中：在交易所上市的公司	39	1.1
股份制试点企业合计：	3220	100.0

资料来源：刘鸿儒：《关于我国试行股份制的几个问题》，见《股份制企业组建和试点政策法规》，北京：企业管理出版社1992年版，第8页。

在对公司制度的本质没有深刻理解的条件下为了一时的需要建立起来的“股份制”企业，不论在建立职工的“主人翁感”还是在改善企业经营方面都没有能达到预期的目标。

根据实践的检验，认为仅仅依靠职工持有企业的少量股份就能建立起他们作为所有者的“主人翁感”显然是一种不切实际的想法。

近年来某些发达的市场经济也存在推行“职工持股计划”的潮流。在大多数情况下，公司只拨出部分股份按有补贴的低价出售给

① 转引自徐景安：《股份制：我国经济改革的新探索》，《经济发展与体制改革》，1986年第10期。

职工，以便建立职工个人与公司之间的某些财产联系，增加利益上的认同感。但是，在西方工业化国家中，职工持股并不是一种独立的公司形式，而是以公司的既定存在为基础的，所占股本份额一般也不太大。以日本为例，日本的股份有限公司大都设立职工持股会，入会职工个人零星出资，一般是按月从工资中扣缴少量资金或由年中和年末奖金中扣缴，公司再给一些奖励性补贴，由职工持股会统一购买股票，按人分别列账，股票由持股会理事会负责管理，由该理事会理事长代表出席公司的股东大会。实行这样一种制度，目标主要有三个：一是形成稳定股东，二是增强职工归属感，三是帮助职工形成个人财产[①]。

此外，在企业规模比较小又面临严酷竞争的条件下，公司全部由职工持股往往也能达到全员生死与共、全力拼搏的效果。

但是，在有成千上万职工的大企业中，企望主要通过职工持股来确立职工与公司之间的血肉联系和劳动者的主人翁思想，却是一种过于简单的想法。因为在将这样的企业改组为职工持股制度以后，“搭便车”的传染病很容易在企业中流传开来。因为在这样的大公司中，一位职工所拥有的股份，充其量只占总股本的千分之一或几千分之一。他如果采取“偷懒”的行动，由于增加闲暇而导致的个人效用增加和由于造成企业损失而遭致的个人效用减少（其数量为他所造成损失的千分之一或数千分之一）是不成比例的。因此，虽然内部职工持股制的公司在我国大企业中建立的时间并不长，但职工以股东名义要求实行高股利分配方案或经理人员以高额股利换取职

① 吴家骏：《日本股份制企业值得注意的一些特点》，载《中国工业经济研究》，1992 年第 9 期。

工的支持从而损害了企业的长远发展的情况，已经多有发生。

以上情况说明，这种很不规范的公司制度成了“内部人”运用自己的控制权获取自己的利益的新形式。之所以会出现这种情况，除了缺乏关于公司制的必要知识和试点规范外，主要原因在于进行“股份制试点”的指导思想存在很大偏差，在很大程度上只是把它当作一种筹集资金的工具或者“为职工谋福利”的手段。

“股份制”不规范的第一种表现是**股票的债券化**。当时不少试点企业规定对个人股“还本、付息、分红”，有的企业甚至允许“自由退股”。这样，个人股票就已经不是规范意义上的“股票”，而是一种比企业债券更为优惠的“债券”了。

股份有限公司的股票和债券虽然都是有价证券，但它们在性质上是不同的。股票是股份权的证券化，是表现在股票这种有价证券上的股份，股票的持有者是公司的所有者，有权对公司行使股东权，同时在股金范围内承担风险。债券则不同，它是表明债权债务关系的一种凭证，持有公司债券的人是公司的债权人，他无权过问公司事务，但风险也要小得多。一个公司发行债券，只是表明它与企业债券的持有者发生了债权债务关系，但公司本身的产权关系并不发生变化。但是，一个企业发行了股票，那么它的产权结构就发生了变化，相应地，企业的治理结构也会发生变化。

股票和债券性质上的不同，决定了它们的风险和收益也不相同。购买公司债券风险比较小，无论公司经营状况如何，都要还本付息。债券利息是公司的固定支出，在股利分配之前支付。遇到公司破产清盘，债务必须首先偿还。购买股票则完全不同，风险大，收益不确定。股票一经出售就只能转让，不能退股，股本由公司永久性支配（除非企业破产）。股票获利多少，完全取决于企业的经营状况，企业经营得好，税后利润多，股东的股息和红利收益就大，经营不好，收益就小，如果企业经营失败而破产，股东的股本可能付诸东流。因此，他们才会关心企业的兴衰荣辱。

由于某些“股份制企业”发行的“股票”实际上是企业债券，在这种场合，“职工个人股”既无风险，又能取得高股息，变成了变相滥发奖金的一种手段，并不能强化产权约束。

“股份制”不规范的另一种表现，是“职工个人股”与“国家股”同股不同利。有的“股份制企业”规定企业原有的国有资产不折股，也有的“股份制企业”规定“国有股”不分红。即使分红，“国有股”的股利也远比“职工个人股”为少。例如，中国人民银行上海市分行就在《关于发行股票的暂行管理办法》(1984 年 7 月）中规定：股息和分红两者总额占股票面额的比例，国家股、集体股以不超过 7.2% 为度，个人股以不超过 15% 为度。个人股是国家股、集体股的 2 倍多。

上述做法的结果，是大量向职工发放股息和红利。据一项报道，当时“有些企业发放的股息、红利的总和达到股金的 30% 以上，少数甚至达到 100%”[①]。

8.2 1986 年以后的股份制试点

在经过几年的理论讨论和实行以后，我国国有大中型企业进行“股份制试点”从 1986 年底全面开始。在这之前，以建立社会主义

① 见徐景安：《股份制：我国经济改革的新探索》，《经济发展与体制改革》，1986 年第 10 期。

商品经济为目标进行配套改革的想法被放弃，转向以企业改革为中心，于是在国有企业中实行股份制的呼声高涨起来。一直主张“企业改革主线论”的厉以宁教授9月在《人民日报》上发表文章，全面论述了在国有企业中展开以实行股份制为主要形式的所有制改革的必要性，同时向党政领导提出了建立股份制企业的具体方案[①]。国务院在12月发布了《关于深化企业改革增强企业活力的若干规定》。《规定》指出：“各地可以选择少数有条件的全民所有制大中型企业，进行股份制试点。”接着各省、市，特别是上海、深圳、武汉、重庆等大城市相继选择了一些国有企业进行“股份制试点”。

1986年底正式开始的国有大中型企业“股份制试点”，由于对公司制的基本特征以及如何进行公司制改造没有搞得十分清楚，“股份制试点”并没有按公司制的国际规范进行，以前存在的“股票债券化”、同股不同利等问题也没有解决，而且出现了一些新的问题，主要是产权界定不清、公司治理结构不规范。

一、公司的产权界定问题

公司制是按各个股东所持股份的多少确定其对公司权利和义务的企业制度，因此，国有企业进行公司制改造，首先需要对企业资产进行评估，并以此为基础将企业原有资产和负债弄清楚，将净资产折成股份，才能进而明确界定公司的法人财产和每个股东的权益数额。但是，一个企业的资本价值究竟是多少，只有在资本市场上才能准确地加以确定，在不存在资本市场的情况下，企业原有资本额很难确定。从“股份制试点”企业的实际情况看，一是资产评估

① 见厉以宁：《我国所有制改革的设想》，载1986年9月26日《人民日报》。

未能认真、合理地进行，究竟有多少国有资产并不清楚，往往低估国有资产的实际价值；二是企业股份中普遍设立（本）“企业股”，进一步模糊了企业产权关系。这样，公司的建立和正常运行便失去了可靠的基础。

“股份制试点”企业资产评估中的问题，首先是评估“无法可依”，人们不知道应当怎样进行资产评估。资产评估需要有一系列法规对资产评估的对象、计价标准、评估程序、组织管理作出详细的规定，还要有足够的合格评估人员和评估组织。一些地方性的股份制试点法规虽然规定了国有企业在进行试点时要进行资产评估，但究竟怎样评估并没有作具体的规定。全国性的国有资产评估法规《国有资产评估管理办法》直到1991年11月6日才发布实施，而且其规定也失之抽象，在执行中存在很大的伸缩性，很容易出现偏差。

更为重要的是，国有资产代表机构不明确，评估工作通常不是在业主的主持下进行，因而普遍存在低估资产价值的问题：（1）试点企业大都按资产的账面值计算资产价值，有的甚至是按固定资产的账面净值折股；（2）往往未将土地使用权的巨大价值估计在内；（3）未将商誉等无形资产的价值计入企业资产的市场现值。当然，也有高估的因素，这就是没有从企业毛资产中减去负债，得到国有资产的净值即资本额。

股份制试点企业资产评估不准的另一种情况，是为了使新股东低价取得企业原有资产，采取了压低国有资产价值的做法。比如有的试点企业搞“一厂两制”，即不是整个企业进行试点，而是在原企业中划出一部分进行试点，而划出来进行试点的这一部分，或者是主要车间，或者是企业效益最好的部分，这样，就把“包袱”抛给了不进行试点的部分，形成公共资产减值和流失。比如某企业出售一个已经进行技术改造的车间，由职工集资购买，形成企业内部的股份制车间，该厂只把车间厂房、设备列为资产评估内容，而且只按净值估算，与该车间有关的外部管道、线路、道路、土地占用费一概不计价[①]。

在国有资产长期无人负责的情况下，对于前面提到的种种侵害公共资产的行为，有关部门并未采取得力措施加以制止。

国有资产高估的情况也是存在的。最主要的是，在重估企业资产时，没有将企业现有资产中由政府对职工的社会保障、住房等负债形成的资产划分出来，单独加以处理，从而夸大了国有净资产的数量。在过去实行的由国家统包各种社会保险的制度中，职工应当预缴的社会保险税（费）是以企业利税的形式上缴给国家的。国家将这笔资金投入新企业的建设，然后用新企业的利润支付职工的各种社会保险支出，如医疗费、失业救济金、养老金等。所以，现在国有资产中包含有政府对职工的负债，即它负有的支付职工社会保险费用的义务。在进行社会保障制度改革以后，社会保险基金要由职工和雇主缴纳的社会保险税（费）形成，如果不从企业净资产中扣除这部分基金，将它们变成为股权分配和出售，将来老职工的社会保险费用就会没有着落。因此，在国有企业进行公司制改造时，应将这部分资产划入社会保险基金，或在拍卖时从价格中扣减（使发放社会保险成为新公司的责任）。住房基金的情况也与此类似。不承认职工对这部分资产的所有权，通过他们的保险基金来掌握这部

① 邢幼青:《股份制试点存在一些亟待解决的问题》,《中国经济体制改革》杂志，1989 年第 3 期。

分所有权，是不公平的，而且无异于使老职工的社会保障、住房福利等失去了保证。

二、关于“企业股”

沿袭承包制改革时期企业资本金“分账管理”和“股份制改革”酝酿时期设立“职工集体股”的做法，在各地试点时，普遍规定了在试点企业中设置“企业股”即本企业股。比如《上海市股份制企业暂行办法》（1988 年）在“股份设置和结构”中规定：“依照投资主体的不同，股份制企业一般可设国家股或政府股、单位股、个人股。”其中所谓单位股又分成两部分：由自有资金构成的股份和由外单位（包括全民、集体所有的企事业单位）认购的股份。前一部分由试点企业“自有资金”构成的股份就是“企业股”。《福建省股份制企业暂行规定》（1988 年）规定：“发起组建股份制企业的全民所有制企业，其资产整体向股份制企业入股时，对其中属于承包期间形成的‘企业资金’，经批准允许继续保留而形成的股份”，构成“本企业资产股”。

为在企业中设立本企业股辩护的人们所持的理由是，既然在“股份化改革”前就存在“自有资金”[①]，在进行“股份制改造”时，把这部分“自有资金”折成股份，就能使企业产权得到明确界定。但实际上，这种在企业中设置“本企业股”，由企业全体职工占有或由经理人员代表企业持股的做法，使得产权界定不是更清晰而是

① “自有资金”这个称谓，是从过去实行经济核算制时期的“自有流动资金”演化来的。正如我们在第 2 章中已经说过的，所谓“自有”流动资金，是同从银行借入的资金相对而言的，是名副其实国拨资金。由于在旧体制下企业全部属于国家，企业的“自有流动资金”也就是国有资金。

更模糊了。这是因为，这样做会使企业财产有了两个主人，一个是大概念的“企业”，即由持股者组成的法人本身，另一个是小概念的“企业”，即公司持股者之外的一部分人（经理人员或全体职工）。于是经理人员便有了双重身份：既是小“企业”的主人，又是大“企业”的代理人。这样，经理人员的行为就易于向小概念的“企业”的利益倾斜，扩大自己一方的剩余控制权和剩余收入索取权，损害全体股东这个大概念的“企业”的利益。股份公司发展的经验也证明，公司法人自己拥有自己的股票的做法流弊很大，因而各国法律对此有严格限制：日本商法明确规定这是一种违法行为；美国商法则规定，股份有限公司在募股时，可以保留部分股票暂不出售，但这部分股份，一无投票权，二不能分享利润，并不能形成所谓“本企业股”。

一个与此相关的问题是，企业负债经营获利再投资所形成的资产应该归属于谁。不少人认为，这部分资产不应属于企业的原所有者即国家，而应当归“企业”所有。实际上，这个问题本来也是很清楚的，企业负债经营所形成的资产归企业所有者（在国有企业就是由政府代表的国家）所有，因为企业的所有者承担负债的风险，也理所当然地拥有由此形成的全部资产。这种由市场经济长期发展形成的规则，应当对一切所有者一视同仁地加以实施，否则就会搞乱产权关系，不利于市场经济的正常运行。

实际上，只有由集体福利基金和奖励基金节余用于投资形成的资产，才属于职工集体所有。但即使是这一部分资产，也要选择适当形式来加以管理。例如可以建立“职工同仁基金会”，作为一个法人来持有由这部分资产演化出来的股权。而且在采取“同仁基金会”方式时，最好规定本企业的主要经理人员不得充当“同仁基金会”

的法人代表，因为如果一个人既是法人持股者的代表，又是股东所聘的经理人员，在“同仁基金会”股份占有相当比重时，会破坏所有者—董事会—高级执行人员之间的相互制衡关系，使经理人员获得的“内部人控制”的权力成为不受约束力的权力，损害外部股东的利益。

三、公司怎样治理

国有企业改组为“股份制企业”以后，一般是按两种方式治理的：一种是各级政府仍然采取传统的计划经济管理方式，对“股份制试点企业”实行与传统国营企业相同的管理办法，由政府派员直接经营。另一种是国家在实际上并没有对试点企业行使股东、而且是主要股东的权力，企业处于“无所有者控制”的“内部人控制”状态。

第一种方式的主要表现是：（1）企业的领导成员，包括董事长、总经理和其他高级经理人员等仍然由原来的上级行政主管机关直接任命，而不是由全体股东组成的股东会任命董事组成董事会，再由董事会聘任经理人员。（2）企业自主权并未真正落实，国家作为股东不是通过股东会议制定公司章程、任命董事会成员、决定企业总体目标进行管理，而是仍然对企业的生产经营、投资决策、对外贸易、劳动人事和工资分配等进行直接干预。（3）企业内部高效率的管理体制尚未建立起来，生产经营系统与党委、职代会、工会等之间的关系还有待理顺。（4）改组后的“股份制企业”在遇到困难、发生亏损时，仍然像国有企业一样向政府部门打报告，要求政府帮助解决。而且，有些政府部门也受理这类报告，给企业以财政补贴、低息贷款、减免税费等优惠。

第二种方式的主要表现是：（1）企业的上级主管机关和国有资

产管理部门并不明确自己作为国有产权的行使人的权力和责任，充其量只是对国有资产进行审计和管理，而并不从事经营。(2)企业的上级主管机关向企业派出的国有资产的产权代表，大多是指定厂长、经理或党委书记担任，这种把监督者和被监督者集于一身的做法，使对于公司治理结构至关重要的股东—董事会—主要执行人员之间的制衡关系无法形成，这样，派了国有产权代表和没派国有资产产权代表也就没有多大的差别。(3)上级主管机关和国有资产管理部门有时也直接向试点企业派出国有产权代表，参加董事会，但大都是副手兼职，有的身兼多家企业的董事，不了解企业的实际情况和整个市场的走势，缺乏必要的专业知识和经验，只是参加一下股东会、董事会，并不决定企业的大政方针。以上情况表明，国家股权在实际上并未得到有效的行使，使试点的股份制企业处于一种“无所有者控制”的不正常状态。

之所以出现这种状态，原因是多重的。

首先，对于公司制的特性和功能缺乏必要的了解，因此虽然形式上组成了“股份制企业”，但产权没有界定清楚，独立的法人实体也没有建立起来，企业实际上是由若干上级行政机关多头管理。

第二，在各行政部门争夺国家股权代表者的过程中，往往是行业主管部门占优势。行业主管部门在充当国有产权的主要代表时，往往仍然采用自己的习惯做法，把改组后的“股份制企业”仍然当作国有国营企业来管理。

第三，在“股份制改革”中开始发挥作用的各级国有资产管理局是否适宜充当国有资产产权代表，也是一个需要再作探讨的问题。国有资产管理局的各级机构，是由财政部门的中下级机构转变而来的。这些机构和它们的人员所熟悉的是对国有财产的行政管理，即“看好摊子”，而无法负起作为国有资产产权代表积极作资本经营的责任。正因为如此，对大多数试点企业，国有资产管理部门都是“授权”行业主管部门和企业经理人员全权经营。

“股份制试点”中普遍出现“内部人控制”的最重要的原因还在于指导思想有偏差。在我国改革中一直有重大影响的“放权让利”思路在“股份制改革”中也找到了自己的表现形式，这就是只强调扩大经理人员的经营权，而不强调明晰产权和发挥产权的最终约束作用。在80年代中期，领导上还提出了“弱化所有权，强化经营权”①的口号，就更为种种强化“内部人控制”的做法提供了理论基础。

四、1987年世界银行研讨会的建议

1987年6月，世界银行中国处的一个代表团在我国有关方面的协助下，对北京、上海、武汉、广州、长春、沈阳、十堰的几十家国有企业及它们的上级主管部门进行了访问和考察，并在此基础上于同年10月在北京召开了“国有企业管理与组织国际研讨会”，根据各国企业制度长期发展的经验，针对我国实际情况，对我国国有企业公司化改制过程中面临的种种问题进行了探讨。

会议认为，中国国有企业向公司转变，首先需要实现**国家所有权的明晰化和多元化**。

① 参见“经济参考论坛”:《两强分离是为了强化经营权》,《经济参考报》1987年12月11日。这篇通常反映领导意见的“论坛”文章强调：实行国家所有权与“以厂长为代表的经营权”的分离“不是要强化所有权的约束，而是要扩大企业的经营权”,“强化经营权的独立”。“经营权包含资产占有权、支配权和使用权”。

会议认为，中国的国家所有权是含糊不清的，所有权的三项权能“资产使用权”（the rights to use the asset）、“资产收益权”（appropriate returns from the asset）、“改变资产形态权”（the rights to change the form of the asset）只有中央的最高行政机关完整地拥有，其他政府机构只拥有一部分，这样做的结果是没有一个政府机构对其所管理的国有企业的长期运营感兴趣，因为这些企业的资产随时都可能被“平调”到其他地方去。国有企业产权模糊不清的另一个表现是很多政府部门，不只是主管部门，还包括许多其他政府部门像财政、物资、物价等，都有权管理企业，但都对其行为不负责任或只负很少责任。国家所有权模糊不清的直接结果是政府经济管理部门特别是行业主管部门所有权职能与经济调节职能的不分。

虽然中国政府为改变国家所有权模糊不清的状况采取了一系列措施，但会议认为这些措施不可能真正有效。比如组建国有资产管理局对企业实行“资产经营责任制”（the asset management responsibility system），就是一种同现行的国有企业管理体制并没有大的差别的工业组织体系。问题的关键在于，在同一个政府部门内部，要把作为宏观管理者的职能同作为资产所有者的职能分开是非常困难的。再比如向下级政府下放所有权责任（ownership responsibility），这虽然有助于减少对企业的干预层次，促进竞争，但并不能完全做到把前述两种职能分开，因为地方政府也会干预企业经营。此外，组建全行业性公司如有色金属总公司、石化总公司等也不是好办法，因为它企图用把上述两种职能完全合一的办法来解决两种职能不分的问题，结果使行业内竞争归于消失。

为了解决国家所有权模糊不清、管理职能与所有权职能不分的问题，会议建议实行国有企业所有权的多元化（diversification of ownership claims over state enterprises)。首先，要明确界定国有企业的产权，确立企业的法人地位。在此基础上，把国有企业的所有权由中央政府转归投资信托公司、保险公司、基金会、银行等国有金融机构等，使这些机构成为国有企业的主要所有者。

与此同时，也可以**吸引居民个人对国有企业投资**。

会议对国有企业产权多元化、明晰化后的公司组建也提出了详细的建议。它强调指出，公司化的**重点是建立公司治理结构**。其中，**有效的董事会**起着关键作用：经理人员只执行来自董事会的指示，直接对董事会负责，而不直接对股东负责；董事会则对股东负责，按股东会制定的公司章程和公司目标行事。对于如何有效地发挥董事会的作用，报告认为最重要的是董事会的人员构成，也就是说，董事必须具有本公司经营的专门知识和经验。理想的董事人选是其他工业企业和金融机构的高层经理人员，以及法律、财会和教育方面的专家。董事的职业身份应高于或至少是与经理人员相同。为避免出现把控制经理人员的权力交给这些经理人员自己的情况，董事的大多数成员应当来自公司外部（即非本公司支薪人员）。董事长和首席执行官员（Chief Executive Officer，简称 CEO）也不宜由同一个人担任。同时，为了有效地履行董事职责，一个人也不宜同时担任多个公司的董事。

但是，会议也指出，虽然董事会是实现国有企业的自主经营和自负盈亏的有效工具，但仅仅建立董事会企业也并不必然使企业成为独立自主的经济实体。国际上常见的情况是，董事会并没有被授予足够的权力，也不能有效地控制企业经营，而是经常受到政府基于政治因素的干预。如意大利国有企业的情况就是这样。因此，即使是在公司制度下，为了政治目标而干预国有企业经营的情况也是应该注意避免的。

会议对我国的“股份制试点”也作出了评价。与会者认为，在多数试点企业中，公司制度的一些最有用的因素，特别是可以使所有权与经营权分开的“公司治理结构”或称“控制结构”（control structure）被抛开了。大多数企业都没有建立董事会，更没有召集股东会议任命或解聘董事、批准公司年度报告。与会者还认为，对职工出售股份在多数场合是为了绕开国家对工资和奖金的控制，而对明晰产权关系毫无作用。

对于国有企业公司化过程中企业主管部门（中央各部、地方厅、局）的改革，会议也提出了建议。会议认为，现在的企业主管部门有三种职能。（1）调节职能（regulatary functions），包括体制改革、部门发展规划、设定技术标准等。（2）所有权职能。（ownership functions），包括任免企业管理者、批准企业年度生产计划、利润分配计划和投资计划。（3）服务职能（service functions），包括信息收集与传播、职工培训、代表企业利益与政府对话等。为了给企业公司化改革创造有利条件，这三种职能应该进行分解，由三个相互独立的部门行使：调节职能交给综合经济管理部门，包括中央银行、劳动部、工商部、公正交易委员会等。这些部门的级别应高于资产管理部门。所有权职能交给国有资产管理机构，这些机构以财务收益和经济效果最大化为目标。服务职能则由现有行业主管部门的大多数机构和职工执行。

世行会议对我国国有企业公司化改造的建议及对我国“股份制试点”的评价，大都是中肯的，对我国的国有企业改革有重要的指导意义。可惜的是，这些建议似乎并没有引起我国有关部门的足够重视，因而没有能够起到应有的作用，避免不必要的损失。

8.3　1992 年以后按“规范意见”进行的试点

1992 年 2 月 29 日至 3 月 4 日，国家体改委和原国务院生产办在深圳联合召开了“股份制企业试点工作座谈会”。会后，国务院 13 个部门共同制定了《股份制企业试点办法》《股份有限公司规范意见》《有限责任公司规范意见》《股份制试点企业宏观管理的暂行规定》《股份制试点企业会计制度》《股份制企业劳动工资管理暂行规定》《股份制试点企业有关税收问题的暂行规定》《股份制试点企业审计暂行规定》《股份制试点企业财务管理若干问题的暂行规定》《关于股份制试点企业物资供销管理暂行规定》《股份制试点企业土地资产管理暂行规定》等 11 个法规，经国务院批准下发执行。

这 11 个法规，特别是《股份制企业试点办法》《股份有限公司规范意见》《有限责任公司规范意见》《股份制试点企业会计制度》，对“股份制企业”的一些基本问题如试点目的、原则、“股份制企业”的组织形式、股权设置、企业组建、审批程序和财务制度等作了原则规定，改变了“股份制试点”缺乏统一的全国性法规的状况。

但是，这些法规在一些关键问题上，特别是对国有资产管理、国家股股权行使、公司治理结构的组织和运行规则等的规定，并不明确，缺乏可操作性，因而以前“股份制试点”中存在的问题，并没有因为这 11 个法规的发布实施而得以解决。这样一来刚刚开始出现的资本市场就失去了规范化的公司这一组织基础，成了无源之水、无本之木。在某些似是而非的“理论”和新闻渲染的误导之下，人们没有把“股份制试点”的注意力集中在公司的制度建设上，而是放在了如何通过低价买进然后高价卖出原始股或者通过股市投机发财上。加之股票市场的规章制度不健全，宏观经济政策过松，其他配套改革也没有跟上，形成了**过度投机**和**泡沫经济**。这样，“股份制”的发展在一定程度上偏离了正确的轨道。

一、关于“股份化”工作的组织和规范化公司治理结构的建立

1992年“规范意见”等法规发布以后，“股份制试点”企业仍然不能按公司制的基本规范改制，首先在于这些法规本身存在比较大的缺陷。

按照现代公司制度的基本规范，所谓公司制改造，就是要在明确界定公司法人财产的基础上，建立能够保证公司正常有效运转的治理结构。但是，正如1987年世行会议所指出的，我国的国家所有权是模糊不清的，国家对国有企业的所有权职能同国家的宏观经济调控职能是搅在一起的。因此，国有企业的公司制改造，首先需要改革国家所有权制度，把所有权职能同经济调控职能分开，构造独立行使所有权职能的机构，界定国家股权和公司法人产权（即明确公司法人财产的边界），然后以此为基础建立规范的公司治理结构，实现真正的公司化。

这就需要做好几件事：（1）明确谁**代表原所有者（国家）主持国有企业的公司化**；（2）明确谁是**未来公司中国家股权的代表**，即上述独立行使国家所有权职能的机构；（3）建立有良好制衡关系的治理结构，一方面保证经理人员放手经营，另一方面保证所有者（股东）实现有效的最终约束。

但是，“规范意见”等法规没有能够使这些问题完全明确。

例如，关于公司的发起，《股份有限公司规范意见》规定，“原有企业改组为公司，如以原有企业为发起人，应经原有企业资产所有者批准并委派股东代表”。关于国家股的持有，《规范意见》规定，“国家股由国务院授权的部门或机构，或根据国务院决定由地方人民

政府授权的部门或机构持有，并委派股权代表”。但文件并未对谁是国有企业的“原所有者”和如何“授权”作出明确的说明。

法规本身的模糊导致了“股份制试点”工作的多头领导和无人真正负责。国有企业经理人员自己充当其公司化改造的主持者。国有资产管理局、企业原有的上级主管机关都争着做国家股权的代表。如前所述，这样做的结果是使“内部人控制”取得了很大的势头；与此同时，原有的上级领导机关对企业的具体事务保持很大的干预权。在前一种倾向占主导地位的时候，公司就处在少数股东、甚至不是股东的雇员的控制之下，损害主要的所有者的利益。在后一种倾向占主导地位的时候，新建立的公司就成了换汤不换药的“翻牌公司”。

“股份制试点”的某些不成功的事例证明，企望在现行国有资产管理体制和国有企业管理体制的框架内通过表面上的“股份化”实现“经营机制转换”是不可能做到的。

二、关于股票发行市场

国有企业进行公司化改造需要发展资本市场与之配套，可以通过发行股票集资是股份公司制度的重要优点，这些都是毋庸置疑的。但是，在我国“股份制试点”过程中，不少公司把募股集资当作主要的目的，认为要搞“股份制”就得建立发行股票的公司（股份有限公司），也有人利用股票的买卖敛财。

首先，发行股票集资并不是建立有限责任公司的目的，也不是建立股份有限公司的目的。正如我们已经说过的，在市场经济各国，大多数公司是有限责任公司，而有限责任公司是不发行股票的。即使对发行股票的股份有限公司来说，股票融资也不一定是主要的融资形式。当股份有限公司需要增加自己可以运用的资本时，可以在四种融资方式中选择一种，这就是：（1）将利润用于再投资（内部融资）；（2）向银行借款（间接融资）；（3）发行企业债券融资；（4）扩股增资。发行股票融资属于第4种。在我国近年来的流行的观点是，发行股票是公司筹资的最佳方式，认为通过发行股票，公司不但可以迅速筹集大量低成本资金，而且还可以永久性地占用，而不像银行贷款、公司债券等有还本期限和付息要求。但是，从西方发达的市场经济国家看，实际情况与这种观点正相反。大多数西方国家投资的主要来源是公司自身积累和银行贷款及债券，股票发行只占很小比例（见表8-2）。

表8-2 股票融资在西方发达国家公司总融资中的比重

时期、国别	净股票发行占总融资的比重
加拿大（1970—1985）	2.5%
芬兰（1970—1985）	-0.1%
法国（1970—1985）	0.9%
意大利（1970—1985）	8.2%
日本（1970—1987）	2.7%
英国（1970—1989）	-8.0%
美国（1901—1912）	14.0%
美国（1923—1929）	19.0%
美国（1946—1958）	6.4%
美国（1970—1989）	-8.8%

资料来源：《European Economic Review》V.36, 1992, p. 278。

一般西方国家公司外部融资主要靠银行融资，如德国银行间接融资一般占总融资90%，日本也占65%；发行股票融资在直接融资中的比重也不大。唯一的例外是美国，相对于其他的发达市场经济国家来说，它在历史上比较倚重股票融资，不过近年来也发生了变化。美国净股票发行占公司总投资的比例，1901—1912 年为 14%，1923—1929 年为 19%，1946—1958 年为 6.4%，1970—1989 年为—8.8%[①]。发达市场经济中公司资产结构出现这样的状况，是与公司有关的各种人——债权人、所有者、高级经理人员（他们又有持股多少的差别）之间利益均衡的结果。曾经有两位诺贝尔经济学奖获得者 Modigliani 和 Miller 提出过著名的“无关定理”，认为公司的资产结构（即股票、债券、银行贷款之间的比例）与公司的市场价值无关。按照“无关定理”，似乎不应出现股票在公司资产中所占比例最低的情况。问题在于，“无关定理”是建立在“完全资本市场”假定之上的，在这一市场上，“套利”（arbitrage）的机会总能充分实现，若某一金融手段（如股票）特别有利，“套利”将一直进行到这种机会消失。但是，在实际经济生活中，这一假定是不存在的。70 年代以来发展起来的“不完全信息经济学”证明，信息的不完全性使套利机会并不总能实现，公司资本结构对公司市价有明显的影响。进一步说，各种融资方式对有关当事人的利益影响是不同的。例如对于控股的大股东来说，为了保持控股地位，往往不愿意采取扩股方式筹资，而愿意借款；对于经理人员来说，对于不必付息还本的股票融资常常更感兴趣；股东和银行作为投资者必然要首先考虑各种合同安排是否能够保证他们的资本的安全性。此外，曾任美

① 见 Milgrom, P. and J. Roberts（1992）. Economics, Organization, and Management. New Jersey: Prentill Hall,ch15. 又见该书中译本《经济学、组织与管理》，费方域译，北京：经济科学出版社，2004 年，第 15 章。同见 European Economic Review V.36, 1992, p.278. 转引自崔之元：“对中国发展股份制和股票市场的思考”，载《经济社会体制比较》，1993 年第 3 期。

国金融学会主席的耶鲁大学 Stephen Ross 教授关于资本选择的“信号”（signalling）理论还认为，一个公司过多选择发行股票，对投资者来讲是一个坏信号，说明这一公司前景不佳，所以才选择“风险共担、只需付息、不必还本”的筹资方式；反之，一个公司更多采用发行债券和向银行贷款的方式筹资，对投资者来讲是一个好信号，说明该公司前景可能真的不错，所以才敢用“既需还本又要付息”的筹资手段。另一位曾任美国金融学会主席的麻省理工学院 Stewart Myers 教授则用他的“顺序理论”（Pecking Order Theory）证明，在三种融资形式中，**公司投资先用内部积累、再发行公司债券、最后才是发行股票**，这是公司在资本市场上的最优决策[①]。

从我国股份制试点的情况看，发行股票成了某些企业最愿意采用的筹资方式，相当一批企业正是因为可以发行股票才积极要求“试点”。这首先是我国试点企业中利益结构失衡的结果。正所谓“股票是软的，债务是硬的”[②]，掌握着控制权的“内部人”往往以为“既不担风险，又不必还本”的股票融资对自己最为有利。此外，在刚开始试行“股份制”时，还有一些特殊情况使股票筹资大为盛行，它们是：（1）试点企业大都是经过精心挑选的经营业绩优良、市场前景看好的企业，公众对它们有充足的信心；（2）在公司化工作中存在“所有者缺位”的现象，有低估企业原有资产的倾向，股票一

① 见 Milgrom, P. and J. Roberts（1992）. Economics, Organization, and Management. New Jersey: Prentill Hall,ch15. 又见该书中译本《经济学、组织与管理》，费方域译，北京：经济科学出版社，2004 年，第 15 章。同见 European Economic Review V.36, 1992, p.278. 转引自崔之元：“对中国发展股份制和股票市场的思考”，载《经济社会体制比较》，1993 年第 3 期。

② 同上书。

上市流通，市价就会大大超过原始股发行价；（3）我国的股票市场刚刚起步，公众不但缺乏必要的股市知识，而且抱有比较浓厚的投机思想，股价被哄抬到了不正常的高度，有的公司领导人利用这种情况，通过高溢价发行得到额外的资金，并使用低价和平价取得原始股的人们得到额外的收入。如果公司化大面积推开，而且进行得比较规范，这些特殊因素就会逐步消失，发行股票也就不可能再成为公司筹资的“最佳”方式了。1992 年和 1993 年就屡屡出现新股上市不久市价就跌破发行价的情况。这种做法损害了股民的利益，败坏了公司制度的声誉，是极不可取的。

针对股票发行中的不规范的状况，证券交易的监理机关采取了对股票发行实行规模控制的做法。对股票发行实行规模控制，就是每年的股票发行全国有一个总盘子，对各省、区、市切块下达。这种做法，不符合《股份有限公司规范意见》关于股份有限公司在有关部门审查批准设立后就可以发行股票，而不必再具备其他条件的规定。而且现在看来，把重点放在控制股票发行规模上，并没有抓住问题的要点。购买股票是一种自愿的投资行为，股票能发行多少，取决于公众愿意购买多少，国家没有必要去控制。为保护国有资产和公众利益所应该做的，是审查公司是否符合设立条件、监督股票发行企业将其真实的财务状况和经营情况向公众披露，使公众能够在掌握足够信息的情况下做出是否购买股票的决策，同时组织好股票发行市场，保证公平交易。而这些正是“试点”的薄弱环节。只有对症下药，认真改进这方面的工作，把工作的重点转移到严格审查企业的公司章程、资产评估报告、验资报告、招股说明书、严格执行公司向社会公众披露企业情况的制度和建立股票发行市场的公平竞争秩序等方面上来，才能从根本上改善股票发行的规模限制。

在发行市场上发行和购买股票都变成了一种特权，提供了获得特权的人寻租（rent–seeking）[①]的可能性。1992年8月深圳市由“股票认购证”发行舞弊行为引起的“8·10事件”正是这样发生的。

领导“股份制试点”的有关当局在国家对股票发行实行规模控制的条件下作出决定，允许国有企业改组为企业内部职工持股的股份制企业，作为“定向募集公司”发行“股权证”，并规定在公司成立一年以后可以转为“社会募集公司”，发行股票（《股份有限公司规范意见》第七条）。这样做的结果是使许多不具备股票发行条件的企业通过“企业内部职工持股”这种形式在事实上发行了股票。1992年深圳“8·10”事件之后，国家对股票公开发行中的舞弊行为管制较严，于是有些地方利用企业内部职工持股的“股份制企业”比向社会公开发行股票的“股份制企业”审批条件低的做法，自行审批了一大批这类“股份制试点企业”，然后等待时机转变为向社会公开发行股票的公司。前期“股份制试点”过程中已经存在的股票债券化、同股不同利、超利润分红等不规范现象，在这类企业内部职工持股的“股份制企业”中比其他类型的试点企业更为严重。

三、关于股票流通市场

股份有限公司的股票是可以自由转让的，因此，既然存在一定数量的股份有限公司，就要有股票流通市场（二级市场）。

股票流通市场的基本作用，是通过股票交易和股价变动，对公司经营作出评价和进行监督以及实现资本的优化重组。股票流通

① 所谓“寻租行为”（rent–seeking activities），是指通过行政权力取得由行政垄断造成的超额收入（租金）的行为。关于“寻租”和“寻租行为”，可以参看《比较》杂志编辑部编：《腐败：权力与金钱的交换》，北京：中国经济出版社，1993年第2版。

有不同的形式，既可以通过证券交易所，也可以经由各种**场外交易进行**[①]。在发达的市场经济中，在证券交易所挂牌交易的**上市公司**（listed companies）一般数量很少，大约只占公司总数的1—2‰[②]。

对于股票市场是否一定能够实现前面讲到的功能，从来是有不同看法的。一些人认为，股票市场是敏感的信息处理机，股票价格包含着完备的信息，能够灵敏地反映企业的收益率的变化（“有效市场论”）。因而从企业方面看，经营好的企业能够很容易地筹措到足够的资本，从而扩大它的经营规模；从投资者方面看，他们会根据股价的变化选择和调整投资方向，实现资源配置优化重组。这样，通过股票市场的运作，不但保证了资本的有效配置，也同时对公司的经营起到了评价和监督的作用。但是，不少经济学家对股票市场是否在一切情况下都具有有效性持怀疑态度（“非有效市场论”）。例如凯恩斯早就说过，在股票市场上，真正起支配作用的不是人们对企业投资前景的信心，而是他们对股票下一期出售价格的短期预期，他们估量的只是下一期别的买者愿意支付的价格，而并不相信股票的价格由企业盈利水平的高低决定[③]。有的经济学家甚至认为股

① 最主要的股票“场外”交易，是所谓柜台交易或店头交易（over the counter trading）市场，即由买方和卖方在证券经纪机构的营业处直接议定成交价格。

② 在市场经济国家中，绝大部分股份有限公司的股票只在场外交易市场交易，只有极少数大公司的股票在证券交易所挂牌交易。例如，80年代初期，在大约250万家美国公司中，在证券交易所上市的不到2000家；在约110万家日本股份有限公司（株式会社）中，在证券交易所上市的也不到2000家。对于股票上市，在我国存在广泛的误解，以为公司就是“股份公司”，而凡是“股份公司”都要在证券交易所挂牌上市。

③ 约翰·梅纳特·凯恩斯（1936）:《就业、利息与货币通论》，徐毓译，北京：商务印书馆，1977年，第431页。

市不过是一个非理性的赌场。目前有越来越多的证据说明后一种看法是有道理的。耶鲁大学的经济学家谢勒（R.Shiller）在分析了美国1871—1971年股价指数同红利水平之间关系的经验数据后得出结论：股票价格的急剧波动，难以单纯由红利水平（企业盈利水平）来解释[①]。正像当代微观经济学的新成果证明的，股市是一个不确定性很大的不完全市场，它的价格往往由人们的心理预期决定，并不存在单一的具有帕累托效率的均衡点[②]。

当股价脱离它的真实价值飚升时，股市就会为投机活动所左右，成为过度投机的市场或完全投机的市场，单纯投机无异于赌博，并不能使物质财富增加、价值增殖，而只是造成财富的再分配；从输者的口袋转到赢者的口袋，再考虑到税费和手续费抽取了一部分，赌输的概率必然大于赌赢的概率，只有掌握内幕信息的人才能稳操胜券。与此同时，股市交易存在很大的“信息不对称性”。于是有些人就可以利用证券市场的这种特性，运用制造和散布虚假信息、造势设局、进行“内幕交易”等手法，进行金融欺诈活动，牟取暴利。在这种情况下，市场经济各国无不制定严格的规则对证券市场进行严格的管理，对非法牟取暴利者实行严厉的惩罚，以保护大众的利益。然而即使在这样的条件下，诈骗丑闻也是经常出现的。此外，在宏观经济政策出现失误、发生货币过量供应的情况下，证券市场就很容易和房地产市场，期货市场等不确定性很大的市场一样，

① Robert Shiller. Do Stock Prices Move Too Much to be Justified by Changes in Dividend?（《股票价格的巨大变化是否变化太大以至于不能用分红来解释？》）. *American Economic Review*, Vol.71, 1981, pp.431–435.

② 参见肖梦：《许成钢博士访谈录》，载《改革》杂志，1993年第5期。

在人们赌博心理的支撑下，出现哄抬价格的投机狂热，这时，人们为追求差价暴利而纷纷入市抢购，于是“越涨越抢，越抢越涨”，似乎财富不吹自胀，所有的人都在一夜之间发了大财，其实物质财富并没有增加，“天价”终有一天会回落。当价格止涨回落时，正反馈的过程完全反转过来：“越跌越抛，越抛越跌”，使持股者全被“套牢”，大量的股民破产。因为股票市场的以上特点，现在经济学家普遍认为，单独的股票市场不一定是有效工具，必须有若干个条件结合在一起才能督促经理努力改善企业经营。而如果不对股票市场进行严格的监督和规制，它却可以导致种种消极的后果。

可是在我国，有的人全然不顾经济学已有的智慧，只字不提股票市场可能出现的消极作用，把它的积极作用鼓吹得天花乱坠，甚至说什么“市场经济就是投机经济”，“中国市场投机不足，要大力发展投机”。在这种情况下，看来有必要讨论一下投机的问题。经济学所说的“**投机**”，是这样一种经济行为，即不是为了使用，而是为了再出售而暂时购买商品，以期从价格变化中获利。投机活动在市场经济中有它不可或缺的功能，这就是有助于发现价格，实现市场均衡，从而实现资源的优化配置。因此，证券市场上的投机活动在一定条件下有其积极作用，决不能一概否定。但是，只有当投机活动与投资等经济活动正确结合、交互作用并限定在一定范围之内时，其作用才是积极的。反之，单纯投机却不能对物质财富的增加有所助益，充其量只不过是财富的转移：甲所赢就是乙所输，如此而已。所以，投机过度是弊大于利的。如果因为投机在一定条件下有积极作用而全面肯定地提倡投机，那就更是大错特错了。这是因为，正如前面指出的，由于投机市场是一种不完全市场，这种市场上价格是高是低，在很大程度上取决于买者卖者对未来价格的预期。

而且，这种预期有一种“自我维持”或“自我实现”的性质，即一种商品价格越上涨，就有越多的人由于有上涨的预期而入市抢购，而抢购又会使价格进一步上涨和预期增强。反之亦然。因此，证券市场和房地产市场、期货市场等不确定性很大的市场一样，很容易出现过度投机。而当投机活动在市场上占了支配地位的时候，只要有充足的货币供应，投机市场上的价格就会不断上升，形成“泡沫”（Bubbles）现象。“泡沫经济”（Bubble Economy）沿着价格上扬—狂热投机—诡计诈骗—急剧崩盘这样的轨迹运动，不论狂热投机、还是急剧崩盘，都对经济发展造成极大冲击，并伴随着一些人（往往是小户）破产。1929 年美国股市的大崩溃和 1992 年日本“泡沫经济”的破灭，都对社会经济造成了极大的冲击。以美国为例，股市崩溃后到 1933 年才开始复苏，而道琼斯股票指数一直到 1955 年才恢复到 1929 年的水平。日本 80 年代的“泡沫经济”在 90 年代初破灭后，经济陷入战后最严重的衰退之中[①]。

正是因为经济学对市场的认识，好几位著名经济学家对中国提出过忠告：审慎地对待股票市场，不要对股票市场优化配置资源的作用抱有不切实际的幻想。例如，耶鲁大学的诺贝尔奖金获得者托宾（James Tobin）在 1985 年的“中国宏观经济管理国际讨论会”（“巴山轮会议”）上，一方面极力主张对中国的国有企业实行公司化

① 关于 17 世纪以来股票投机和金融诈骗的历史，可参看 Galbraith, John E. 1990. *The Story of Bubbles: A Short History of Financial Euphoria*（《泡沫的故事：金融投机简史》）. 1992 年第 2 版。详细中文摘要见《改革》杂志 1994 年第 4—6 期。朱绍文教授的《日本“泡沫经济”的破裂及其教训》一文，对从 17 世纪荷兰“郁金香疯狂”和 18 世纪“南海泡沫”“密西西比泡沫”，直到 80 年代末日本投机狂潮的由来和后果，作了生动的描绘和深入的分析（见《改革》杂志 1993 年第 4 期）。

改制，另一方面建议在20年内不要放开股票市场[①]。另一位诺贝尔奖金获得者萨缪尔逊（Paul A. Samuelson）教授1992年在一篇论述中国经济发展的文章中指出：中国不必急于放开股票市场。他后来在一篇答问中解释道，“为什么我认为现在中国大陆搞股票市场不那么重要呢？”“要点在于，从历史上看，有组织的股票交易往往是跟随着包含更多信息的那些市场的发展——城乡交易会、商贩、零售和批发的推销等等——之后。对19世纪美国的商业和生产来说，乡村银行和当铺的重要性超过了纽约股票交易所或芝加哥交易所。”[②]持有相同意见的还有时任美国总统经济顾问、斯坦福大学的斯蒂格利兹（Joseph E. Stiglitz）教授，他在1993年在广州中山大学所作的报告中指出：“在中国，股票市场的获利很高，而在美国，人们常说股票市场只是有钱人游戏赌博的地方。股票市场当然重要，人们可以交易其股份和风险。但是，股票市场并不是筹措用来投资的资金的十分重要的场所。”以美国为例，在过去的20年里，新股的发行，远赶不上企业回购现股的规模，从而资本在股票市场是净流出。具体来说，新股减去回购对追加投资的比率是负9%，在其他发达国家情况好一些，也只有2%左右。“人们的普遍认识是，股票市场是一个重要的架构，但不是融资的重要来源。”[③]

在我国的“股份制试点”过程中，由于国有企业没有实现规范化的公司化改制，加之财会审计等制度不完善和证券交易法规不完备，使发展股票市场失去了基础；加上对股票市场的上述种种误解

① 本书作者的记录。
② 萨缪尔逊：《中国经济改革展望》，见《经济社会体制比较》，1992年第5期。
③ 王则柯：《拯救美国的经济学家》，《读书》杂志，1994年第4期。

以及前一段时期过松的货币政策，就使得我国股票市场不但积极功能未能充分发挥，反而在一定程度上出现了过度投机和“泡沫”现象。我国股票市场刚刚起步，它对企业经营的评价功能显得很弱，而其投机性却相当强。这种情况从过高的股票换手率上明显地表现出来。在世界各市场经济的证券市场上，各种股票的平均每日换手率，一般不过万分之几；美国在股市投资行为短期化以后，股票的平均日换手率也不过千分之一二；而在我国的证券市场上，平均日换手率竟高达百分之几十，股票在一个买主手中的平均停留时间只有几天；有时日换手率超过百分之百，一张股票在一天中就换手不止一次。这表明这个市场是由投机活动统治的，大部分甚至绝大部分入市者都是做“短线”、买了就卖的投机者，而很少有做“长线”的投资者。

我国证券市场的过度投机性质，还可以从股票“市盈率”（即每股市价与每股税后年收益之比值）上看。在西方成熟的股市上，一般说来，市盈率在15倍左右是正常的。80年代后期东京为40—50倍，当时人们就已指出这表明日本股市的投机性过强。这果然导致了后来的“泡沫”冲击。我国股市的市盈率远远超出各国股市的一般标准。以1992年中期的情况为例，当时上海股市的平均市盈率为200倍左右，深圳为60倍左右，表现了强烈的投机哄抬色彩[①]。

8.4 简短的结语

现代公司是一种适合于社会化大生产的企业制度。实现我国大

① 参见曹宇、汪福安:《警惕，股市的狂跌》，北京：中国经济出版社，1992年10月。

中型企业的公司化改造，对于整个市场化改革具有关键性的意义。因此，从80年代初期开始探索、在1986年正式开始进行的“股份制试点”，是一项具有重要意义的试验。但是，新的公司要真正发挥这样的作用，必须按照在400年市场经济发展过程中形成的基本规范来建立。不够令人满意的是，在过去几年“股份制试点”的过程中，由于认识上的偏差、实际工作的缺陷和客观条件的限制，发展公司经济的基础性的“改制”工作没有取得真正的突破。这样，公司募股和股市运作都由于缺乏基础而变得扭曲。加之在草创时期，会计师事务所、律师事务所等等组织尚不健全，股票发行和流通规则不完备，监理不严格，使我国股份制试点未能取得预定的成果，不仅其功能不能发挥，反而使一段时间里在资本市场上弥漫了投机气氛，导致了经济中“气泡”现象的发生。

“前事不忘，后事之师。”我们应当把过去的失误经验变成改进今后工作的有用向导。为了落实建立现代企业制度的要求，我们需要认真总结“股份制试点”的经验，针对存在的问题，根据各国公司制发展的共同经验，切实推进我国公司化改造，使建设现代企业制度的事业早日取得突破性进展。

第9章　大中型企业改革的目标：建立现代企业制度

建立现代企业制度是我国国有大中型企业的唯一出路，以前建立的不规范的“股份制企业”也要按照体现在《中华人民共和国公司法》中的现代公司制度的规范要求加以改造，这是目前多数人已经取得共识的意见。现在的问题是，在我国的现实政治经济条件下，不完全改变目前基本的所有制结构，是否有可能把原来的国有大中型企业改组为现代公司。

我们已经指出过，现代公司制度有两个突出的特点，这就是（1）公司是一个法人团体，它以自己的法人财产为基础营运，享有与自然人相同的民事权利，承担与自然人相同的民事责任。这样，就在公司的法人财产同股东的其他财产，包括国家股东的其他财产之间划出了明确的界线，消除了吃国家“大锅饭”的产权基础。（2）它是由一个公司治理结构来统制和管理的，在对公司法人财产作出明确界定的基础上，建立公司的治理结构，也就是说，由股东大会将公司法人财产托付给它所选定的董事会经营，董事会作出有关企业经营的战略性决策，并雇佣高层经理人员来加以执行。这样，才能真正实现政企职责分离，保证在出资人保持最终控制权的条件下由经营专家来治理公司。

问题在于，在我国的政治经济条件下，是否有可能建立起具有上述特点的公司制度。对于这个问题，我们的答复是肯定的。在本章中，我们要对这个论断作出具体的说明。

9.1 现代公司的股权结构和国有企业的公司化改造

国有企业公司化的第一件工作，是建立公司的产权基础，或者说，设计好企业的股权结构，将公司股权和法人财产界定清楚。在这个基础上，建立法人治理结构就是一件顺理成章的事情了。

在传统社会主义经济体制的框架内，千千万万个国有“企业”都建立在统一不可分割的国有财产的基础上，没有独立的生命，由政府直接经营。在这种条件下，“企业”根本不可能取得独立的法人地位，也不可能成为真正的企业。因此，设计新公司制企业的产权制度框架，主要是要清楚界定对公司法人财产的股权，而且要有明确的所有者或所有者代表行使这一股权。

一种主张是由自然人来充当改制后企业的股权所有者，即通过私有化[①]，把现有的国家企业财产统统归于自然人个人所有，使公司成为这些个人股东持股的公司。持这种主张的人认为，只有当自然人个人成为公司的股东时，他才会真正关心企业的经营。因此，他们主张采取激进的办法，像宇宙诞生时的“大爆炸”（Big Bang）一

① 对于“私有化”（privatization）这一概念存在多种不同的理解，不少经济学家认为所谓“私有化”，是与“国有化”相对而言的，指的是实行一种产权可以在不同主体之间交易而不为国家垄断的制度安排。也有学者认为，只有把财产分给自然人个人，才是真正的私有。这里讲的“私有化”，指的是实行后一种狭义的“私有”。

样，在极短的时间内创造出“私有化”的新世界。

在我们看来，这种观点可能忽略了以下两个基本的事实：第一，即使当代资本主义国家的大公司，也是以法人持股为主，而不是以自然人持股为主。第二，从东欧和独联体各国的经验看，“私有化”并不是一条平坦的路。特别是在我国的情况下，要把国有企业改组为个人持股为主的公司必然遇到极大的困难。

为激进私有化的主张者所忽视的第一个基本事实，是当代发达的市场经济国家中，没有哪一个国家的大公司是以自然人持股为主的。它们无一例外地采用法人持股为主、自然人持股为辅的股权结构。

现代市场经济中大公司股权结构的这种变化，一方面是由于生产力不断发展、企业规模不断扩大，为企业提供资金超出了个别资本家的能力；更重要的是，随着生产力的社会化和产权形式的社会化，产生了新的机构投资者，成为公司的“法人股东”。这些机构投资者有多种类型：

第一类是非银行金融组织，包括养老金基金（Pension Funds）、共同基金（Mutual funds）、保险公司、信托投资公司等。第二次世界大战以后，这些机构投资者发展很快。以美国为例，战后初期，各种投资基金在上市公司（Listed Companies）中的持股率还不到1/4，到目前，已经达到1/2以上[①]。

第二类是工商企业持股。这种情况在世界各国都可以经常看到，其中最为典型的是日本。日本不但企业间相互持股占了大公司总股

① 奥村宏（1985）:《日本的股份公司》，郑凤权等译，北京：中国展望出版社，1988年，第22页。Stewart, T.A. (1993). The King is Dead. Fortune, 127 (1): 34–40.

本的很大比重，而且往往是环形持股。这种持股方式使相互持股的关联企业形成了荣辱与共的大企业集团。

第三类是银行。银行持股以德国和日本最为典型。日本的情况，我们在第 7 章中已作了介绍。德国由于没有对银行持股的限额，而使银行的作用更加突出。80 年代末期，几家大的“全能银行”（Universal banks）拥有 100 家最大企业中 43 家的 25—50% 的股权和其他 48 家 10—25% 的股权；在这 100 家企业的 9 家中，全能银行占有 50% 以上的股权[①]。

第四类，许多国家采取国有持股公司（Holding Company，有时也译作控股公司，这主要视公司持股量的多少、是否达到了控股程度而定）的方式经营国有资本。

这些持股公司又可以分成两类：一类是在企业中拥有较少的股权，不插手公司经营，起着资产管理公司或投资基金消极投资者的作用，公司股权有可能只是暂时在政府的持股公司手中，以后会逐渐转移给私人公司或个人；另一类在企业中掌握大部分股权，代表政府行使所有权并参与公司经营。以上两种类型的公司可能在一个国家里同时存在。

此外，还有一些非营利性组织，如各种捐赠基金会、社会福利基金会，也在大公司中持有股权。

总之，多种法人组织持股在现代市场经济各国大公司的股权结构中占有优势。虽然有的国家低一些（如美国约占 55% 上下），有的国家高一些（如日本占到 70% 以上），但以法人持股为主都是共同的。

---

① L. 瑟罗（1992）:《迎头对撞——正在到来的日本、欧洲、美国经济战》，北京：中国社会科学文献出版社，1993 年（中文版书名为《21 世纪的角逐》），第 20 页。

现代大公司的这种股权结构表明，认为只有实行把产权落实到个人的私有化才有可能建立现代公司制度的说法是没有根据的。的确存在这样的可能性：我国国有企业的公司制改造不通过私有化的办法，直接过渡到以法人持股为主、个人持股为辅的公司制。

值得注意的是，东欧和俄罗斯搞私有化的顾问、美国哈佛大学的杰弗里·萨克斯的观点。他认为，通过私有化把国有大企业分解为个人财产，并不是改革的最终目标。之所以搞私有化，只不过是为了打破国家对产权的垄断。这就好比只有把垄断在一家手里的牌分给所有牌局的参加者，牌戏才能玩得起来，为了达到这个目的，起先随便怎么分都可以。私有化是一种打破国家垄断的最方便、最快捷的方式。在此之后，市场会起作用，股权会逐渐集中，最终形成一个理想的股权结构。

问题在于，东欧和俄罗斯是把实现原国有企业的私有化作为基本国策的。私有化一般分为小企业私有化（“小私有化”）和大企业私有化（“大私有化”）两个阶段。“大私有化”采取了以下几种方式：

1. 拍卖

由于买卖双方都需要有充分的时间进行企业资产的估价和盈利前景的预测以及类似企业之间的比较，在缺乏资本市场的情况下，拍卖工作一般进行得十分缓慢。而且，在通常的情况下，计划经济中居民存款的数量有限，而且没有太多的人有兴趣取出银行存款去购买公司股票。由于这些条件的限制，除德国东部地区依靠西部地区的巨额资本投入收购，使国有企业的拍卖在花了四五年的时间后取得较大进展外，其余国家都远没有达到预定的目标。

2. 职工参股和经理人员收购

东欧和独联体国家实现私有化的另一种办法是把一部分或大部

分股票以低价卖给经理人员和职工。这种办法可以进行得比较快，但是它的经济和社会后果是值得怀疑的。现有国有资产从理论上说，属于全体人民所有，如果以企业为单位半赠半送地分给本企业经理和职工，必然造成社会财富极不公正地分配的情况：富裕企业的经理人员和一般职工分得多；贫困企业分得少；在物质生产部门工作和退休人员则一无所有。这种经济利益再分配极易造成社会对抗。

3. 通过股权购买券（Vouchers）分配

这种分配方式的具体做法是：将现有可分配国有资产折成同额的购股券，按人均数额一人一份地分给全国居民（或全体成年居民），然后居民用自己的购股券去购买公司股票，或将购股券入股到投资基金，由投资基金统一经营，购买股票。这种方式的好处是：（1）解决了居民没有足够的储蓄来购买股票的棘手问题；（2）所有居民平等地分取一份社会资本，容易得到大多数居民的拥护；（3）推动更多的人注意和参与资本市场和公司运作；（4）整个工作在社会代表机构的主持下进行，能够避免“内部人控制”的强化。但是，这种办法也需要具备某些复杂条件，如较强的会计、统计机构，较为规范的股票拍卖市场（用购股证购买）等等。而且，即使在一些股权拍卖进行得比较顺利的国家（它们一般规模较小），也都出现了公司股权集中在极少数人的情况。所以，它的社会后果是值得怀疑的。

至于幅员广阔、人口众多的国家，采用这种办法的困难就更大。以俄罗斯为例，它在“大私有化”过程中，将 2、3 两种办法结合起来，先低价售予本企业经理人员一部分股票，然后按照待分配的国有资产的平均数发给每个公民价值 1 万卢布的购股券。不久以后，由于恶性通货膨胀的影响，这 1 万卢布的购股券已经所值无几，加之大多数居民对于资本市场几乎一无所知，毫无投资决策能力，大多将它转卖给收购商换取少量现钱。新建立的公司，大多数控制在既购买了较多股权，又以企业领导身份掌握了本企业职工股份的代表权的经理人员手中。我国如果采取类似的方法，所遇到的困难绝不会更小。

美国斯坦福大学经济系教授保罗·米尔格罗姆和约翰·罗伯特在《经济、组织和管理》一书中论述了计划经济国家进行私有化的困难选择。他们指出，最棘手的问题是企业产权的分配。一种选择是只分配给企业的在职职工。但是，这会遭到其他公民——他们也是这些财产名义上的所有者——的反对。另外一种选择是在全体公民中分配所有权。但是，由于在这些国家不存在完善的资本市场，这将会大大“稀释”所有权。而且，事实上很难准确估计出资产的实际价值，因为不但原先所实行的会计制度不合理，计划机关制定的价格也是扭曲的。这种情况，也使得出卖这些资产成为问题，因为投资者会担心付出过高的代价，政府则会担心卖价过低导致政治问题。外国人，作为有经验的工商业者和投资者，甚至有可能对所有优良资产都不感兴趣。因此，他们认为，作为一种体制设计，“私有化”在东欧仍然是一种试验[①]。

9.2　公司化改造的两种方式：“就地改造”与“引资改造”

按照《中华人民共和国公司法》的规定，我国公司有三种形式，股份有限公司、有限责任公司和作为有限责任公司特殊类型的国有

① Paul Milgrom 和 John Roberts 前引书，第 306 页。

独资公司。国有独资公司只有唯一的投资者，无法组成股东大会，只好由国家授权的投资机构或国家授权的部门委派董事组成董事会，由董事会聘任经理管理企业。我们认为，这种治理结构同现在的国有企业体制并没有太大差别，不宜大量采用，只有个别特殊企业例如重要的国防工业企业，才可以实行这种体制，大多数原来的国有工商企业都应当改造成为规范的有限责任公司和股份有限公司。

怎样才能将现有的只有一个总的老板（所有者）的国有企业改造成有多个股东持股的有限责任公司和股份有限公司呢？看来有两种主要的方式。我们把它们分别称为“就地改造”和“引资改造”。

一、关于“就地改造”

所谓“就地改造”，指的是在保持现有的企业产权（包括对企业资本的产权和对企业债务的产权）结构大体不变的条件下，将企业资产划分为股份，组成多个股东持股的公司。

任何企业的资产，都是由资本和负债两个部分组成的。在对企业资产进行评估、划分成股份以后，可以分别划给它们的所有者持有：（1）国有企业的原有资本，绝大部分是属于国家所有的，因而股权应划归国有资本的经营机构持有。如果要避免国有股权过分集中于个别机构，还可以在公司化改制时通过划拨、换股等方式，实行股权的适度分散化，使国有股股权归若干不同的国有资本经营机构持有。（2）企业原有资产中，有一小部分是由企业留成基金再投资形成的，这部分股权，应属于企业职工集体所有，可以由他们的集体组织，如同仁基金会、基层工会等掌握。（3）负债的相当一部分，是对银行的负债。其中除今后仍应作为正常银行信贷保留在资产负债表上的以外，可以转为银行的投资，股权归银行持有。（4）负债中的另一部分，属于隐性负债：在企业的资产负债表上，它并不表现为负债，而是表现为国家投资或“企业积累”，可是它的来源，却是职工过去预交的社会保险金和住房基金，国家将它用来建设生产设施和公有房产，由此形成了一部分企业资产。这部分资产，显然应当归还给他们的所有者。不过，由于资产的性质不同，处理的方式也应有所不同。属于住房基金的部分，可以在住房改革过程中通过房价扣除，归还给职工。属于社会保障基金的部分，则宜于与其他企业资产一并划分成股份，归职工社会保障基金持有。

“就地改造”最突出的优点是可以加快国有企业公司制改造的进程，减少可能出现的摩擦。这是因为，我国目前还没有比较完善的资本市场，资产评估机构不但数量少，更重要的是缺乏应有的公正性，因而改制企业资产评估的速度、客观公正性都受到限制。而“就地改造”，可以把产权关系的重组限制在公有制范围之内。在这种公对公的交易中，即使资产估价不是很准确，也可以防止公共财产向小部分人的流失和社会财富占有不公平的加剧，因而可以在许多企业同时进行，然后随着资本市场的发育，再进行资产的调整和股权的进一步分散。这样，就可以降低改革成本和大大加快国有企业改制的进程。

二、关于“引资改造”

所谓“引资改造”，指的是现在的国有企业在进行公司制改制同时，除原有资本外，还从国内外引入新的资本，从而把企业改造成为国有持股机构、其他公有制法人组织和国内外个人和法人共同持股的公司；甚至由新的投资者收购接管，原所有者不再控股。

“引资改造”具有重要意义。它能够帮助我们克服原有国有企业改组为公司制企业碰到的某些困难，加快公司化改制的过程。

首先，我国原有企业产权过于集中于国家，作为股东代表的国家机关工作人员又不熟悉市场经济条件下公司制企业的运作规则，而比较习惯于计划经济下的工作方式。在这种条件下，新建立的以国家持股为主的公司往往不符合国际上公司制企业的一般规则和我国《公司法》的有关规定。公司建立以后，运作方式也难于脱离过去国有国营公司的窠臼。因而企业的运作效率往往大打折扣。通过“引资改造”，新股东的加入，特别是国外投资者的加入，使公司增添了新的血液。由于切身的利害关系，他们会努力维持自己在公司组织中的合法权益，更关心企业的经营，而且他们中的一些人来自非国有部门和海外市场经济，对市场经济以及其中独立企业的运作规则比较熟悉。所有这些，都有利于公司运作效率的提高。在国有企业公司化改制中遇到的另一个问题，是相当多的国有企业资金短缺，亟需注资。目前很多国有企业效率低，除机制上的原因外，设备老化，亟需进行技术改造，营运资本尚且不足，更无法追加投资也是重要的因素。“引资改造”在实现企业制度更新的同时向企业注资，可以取得更大的成效。因此，在企业改革的过程中，除小型企业可以用拍卖或出售股权的方式出卖产权外，大中型企业也可以用“引资改造”的方式进行公司化改制。

但是，“引资改造”也是有风险的。首先，如果我们有一个比较完善的资本市场，“引资改造”就能够比较顺利地实施。但是，这样的资本市场现在还不存在，短期内也很难培育起来。在这种情况下，买方和卖方的机会主义和败德行为就容易出现。目前已经出现的某些通过产权交易大量侵吞公共财产的活动和某些政府官员在主持产权交易时的贪赃枉法行为，已经引起各方面的强烈反映，必须引起足够的注意，及时采取有效措施加以防止。

为了有效地防止上述行为，特别需要注意的是，在“引资改造”

的过程中，一定要防止前一段“股份制试点”中所有者缺位的情况再次出现。为了保证在“引资改造”过程中原所有者，主要是国有产权的代表在场主持，我们认为，应当指定专门的机构，比如说国有资产管理局，作为卖方的代表主持出让股权或出售产权的工作。

三、“引资改造”中的外资控股问题

“引资改造”所引入的资本，从资本来源看，可以分为内资和外资两种：从引入资本在公司总资本中所占比重看，又可分为引入资本控股和不控股两种。目前在“引资改造”中，相当一部分外商往往都要求控股，现在我国饮料、化妆品、制药、洗涤剂等工业领域位居前几位的厂家不少已由外商控股，正在谈判的还有多起。

这种现象引起了经济界和学术界的很大争论[①]，参与争论者常常持有截然相反的观点：全然肯定者认为只要能引资改造，对我国的经济振兴有百利而无一弊，尽可以放手大胆地去干，有了问题再来总结弥补；全然否定者则认为向外商出售股权和允许外商收购控股，危险性很大，弄得不好，中国好一点的企业都被外商买走，民族经济就失去了基础。

我们认为，这两种意见都各有根据，同时也都有所偏颇。我们的意见可以大致归纳如下：

第一，资本市场的开放，符合当今世界各国经济开放和全球化（globalization）的总潮流，是我国改革开放政策的一个重要组成部分。外资投入我国企业，持股控股和独资经营，原则上都是应当允许的。

① 关于争论中提出的各种意见，可以参看胡舒立：《“中策现象”是与非——关于“引资改造”与“产权交易”的一场大争论》，《改革》杂志，1994 年第 3 期；秦海：《“中策现象”：有待更充分的剖析》，《改革》杂志，1994 年第 4 期。

第二次世界大战后，许多原来的殖民地和附属国从殖民主义的枷锁下解放出来，成为独立的主权国家，积极努力于自己的民族经济。它们对外资采取的政策各不相同，也都取得了不小的成果。

一些国家对外国企业直接投资采取限制的政策。其中比较突出的是韩国。韩国在工业化过程中，外资一直是投资的一个重要来源，见表 9–1。但是，第一，大多数外资是政府贷款或商业贷款，外国企业的直接投资一直没有在韩国的发展中起过关键作用。例如，在 1975—1984 年间，外国企业直接投资只占总的外国贷款和投资的 4.6%。第二，当允许外商直接投资时，它也是受到严格限制的，通常的做法是建立韩国人有控股权的合资企业，而不是独资的外国公司[①]。

表 9–1　外资占韩国国内总资本形成的比重（%）

年份	比重
1953	42.7
1955	57.6
1960	92.5
1965	50.9
1970	35.3
1975	36.7
1980	36.8
1984	不详

资料来源：根据基思·格里芬：《可供选择的经济发展战略》，经济科学出版社 1992 年中文版，第 161 页表 5.8 数据计算。

① 参见［美］基思·格里芬（1989）：《可供选择的经济发展战略》，倪吉祥等译，北京：经济科学出版社，1992 年，第 161 页。

第二，开放外商直接投资和允许外商收购企业和控股，并不等于一切放任不管。众所周知，即使工业发达国家，对外国投资所形成的股权，也有严格的限制。如美国，自 1970 年以来已有许多管理、控制和监督外国投资的立法提案，期望在美国投入巨资的外国政府，得预先同美国政府磋商，商务部、证券与交易委员会负责收集和分析一切外资公司的资料，监控其对美国经济和重要工业部门的影响；英国 1975 年的工业法授权国务大臣禁止非本国居民接管重要的加工制造业，拟接管的财产由政府接管；在法国，外国公司取得一家公司 25% 以上的股票，必须由联邦卡特尔局审查其合并事由；日本对外国投资的管理相对 70 年代有所放松，但仍持谨慎态度，一切有外国参与的公司都要向公平贸易委员会报告，逐项审查[①]。

主权国家政府需要对外资进行限制的原因主要有二：一是为了防止出现垄断。市场经济的正常运行，需要有一个公平竞争的环境。因此，保护竞争、防止垄断是市场经济各国政府的重要职能。当一个收购兼并行动可能造成单一企业的市场占有率达到 20%—30% 的局势时，反垄断当局就要立案研究，如果判定会造成垄断，这一收购兼并活动就会遭到否决。在中国这样的发展中国家，民族工商业本来不发达，实力雄厚的国外大企业无限制地收购兼并企业，更容易垄断市场。对于形成垄断的收购兼并行动进行干预，是政府的天然责任，外资企业不应例外。现在有一种授予外商控股企业或独资经营企业以行业特许经营权的做法。这种做法形同给予合法的垄断

① 联合国：《再论世界增长中的跨国公司》，北京：商务印书馆，1982 年，第 230—235 页。

权，不论对于外资还是对于内资都是不合适的。

二是出于国家安全的考虑。任何一个主权国家都不会容许把关系国防和国家安全的设施置于外国人的控制之下，因此，各国对于哪些企业外资不能进入和控股都会划定明确的范围。在我国的条件下，像国防生产、港口、机场、铁路干线看来一般不宜允许外商独资经营和控股。当然，这种保留的范围也不能规定得过大，如果认为任何重要行业的企业都不能允许外资独资经营和控股，那也是作茧自缚，不利于我国综合国力的增强。

第三，在与外商谈判收购兼并、合资等事宜时，必须做到作价合理，有利双方而不能偏利一方。

目前“引资改造”之所以引起社会上的纷纷议论，其中的一个原因是的确出现了一些当事人贱价出卖国有企业，或者将“肉”让给外方，“骨头”则让国家继续背着，以及其他使国家利益受到巨大损失的事例。

问题在于，我们不能仅仅停留在表面地观察问题和采取一点枝节措施上。为了防止损害中方利益的情况大量发生，需要采取以下的措施：

（1）多方开辟引进外资的渠道，改善投资市场状况。中国经济在过去十多年的改革中取得了巨大的进步，目前各国投资者看好中国经济迅速增长所提供的巨大经济机会和市场潜力，有进入中国投资市场的强烈愿望。问题在于我国资本市场还很不规范，没能为广大的投资者开辟投资门路，而使少数人凭借特殊“关系”和非法手段大发横财。如果我们能改善资本市场的环境，吸引更多的投资者前来投资，就能加强投资市场上买方竞争的强度，抑制不利于中方的因素。

（2）明确划分各级政府和各类人员在与外商谈判合资等事宜时的职权范围，国有资产作价要经国有资产管理部门批准，禁止未经授权的人员插手有关工作。

（3）严明纪律，凡查明在与外商谈判合资中有贪污受贿和渎职行为的，要严惩不贷。

（4）最为重要的是，为了保证投资市场的公平竞争，要加强中方在谈判中的地位。从目前合资过程中中方利益受损的不少案例中可以看到，中方之所以只能接受苛刻的条件，一个重要原因是企业亏损严重，财务处境困难，希望从合资和对方注资中得到解救，因而谈判地位虚弱，只能屈从对方的条件。从这个方面看，加快“就地改造”的速度，改善企业的处境，都能使平等竞争关系易于形成，而不致出现卖方饥不择食、贱价求售的情况。

9.3 国有资本的经营：建立国有持股公司

无论是采用“就地改造”的办法还是采用“引资改造”的办法来改造原有的国有大中型企业，只要企业没有为非国有资本收购，新创建的公司中就总是存在一部分国有股权。特别是采用“就地改造”办法建立的公司，在它建立的初期国有股还会占有相当大的比重。因此，就有一个由什么机构代表国家持股的问题。我国过去的经验告诉我们，以政府行政机关作为国有股权的代表会滋生许多弊病。在新建的公司中，决不能再沿用这种办法。汲取别的市场经济国家的经验，我们认为可以建立国有持股机构代表国家掌握国有股权。

例如，意大利在 50 年代为了保护银行系统不致因大量的工业企业倒闭而发生危机，建立了国家控股公司（IRI），在企业重组中发挥了显著的积极作用。瑞典国家控股公司（The States Foretag AB）是在 1970 年建立的，基本出发点也是拯救经营困难的国有企业。80 年代初期，该公司被分割为规模较小的多个集团。1988 年演变为公开上市的股份有限公司，通过股市操作，出让了一部分股权，并从股市上为新投资筹集了资金。目前，国家在该公司还保留 40% 股份。新加坡在工业化过程中建立了新加坡开发银行（DBS）、淡马锡（私人）有限公司[①]等政府全资的持股公司。前者除从事银行业务外，还拥有十几家全资子公司，其中某些子公司（如 DBS 资产私人公司）本身有着举足轻重的地位。

我们关于建立国有持股机构来经营国有资本的设想可以用图 9–1 来表示。

图 9–1 中，C_i（i=1, n）是指由公有资本经营委员会直接组建和拥有的国有持股机构，包括持股公司、投资公司等；C_{ij}（j=1, m）是指从属于 C_i（一级持股机构）的从事持股和投资的附属公司，可称二级持股公司；E_{ijk}（k=1, k）是指由国有企业转化过来的、由 C_{ij}（二级持股公司）所控制的直接从事工商业经营的公司，也可以称为运作公司；n、m、k 都是维数，是一级领导机构所属单位的数量，根据现代组织学的研究，一个领导机构可操作管理的下属单位，约为 10—30 个。

① 这里的“私人”，是英美法系用语，指明它不是一个股票可以向公众自由转让的公众公司；如果用大陆法系语言，就应当说它是一个有限责任公司。

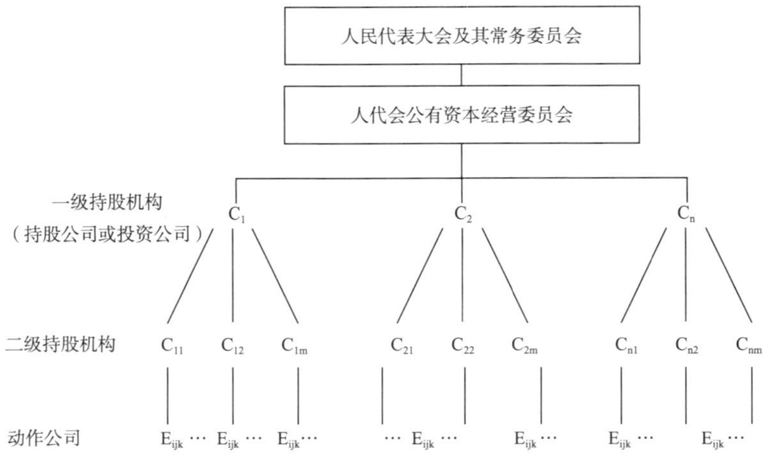

图 9-1 国有产权组织结构

在上述产权组织结构中：

（1）人代会公有资本经营委员会由人民代表大会常务委员会选举产生，它作为国有经济的董事会，要负责根据专业能力和经营绩效挑选和任命各一级持股机构的董事会成员，同时应对各一级持股机构经营情况，以及董事会成员的工作绩效进行评价和监督。委员会讨论情况、投票情况和作出的决议都应公开进行报道，从而使全体人民可以观察和了解有关的情况。委员会不分配红利，其开支完全依赖于财政预算。

成立人代会公有资本经营委员会的意义在于：保证所有权与行政权的分离，在每一个层级上建立起明确的制衡关系。从中央的层级上来看，国务院是国家的最高执行机关（行政管理机关），它的主要职能是组织实施人民代表大会作出的各项决定，执行人民代表大会制定的法律；而公有资本经营委员会主要的作用却在于，作为公有产权的代表，组织一级持股机构的董事会，并对其工作绩效进行评价和监督。地方行政当局与各级人民代表大会的关系与此相类似。

把两种职能分解开来，有利于相互制衡。把公有资本经营委员会设于人大常委会之下，是考虑到人大常委会是民选机构，因而可以更广泛地受到人民群众的监督；委员会中实行表决机制，不是一个人说了算，也不容易形成串谋。这样就可以在一定程度上防止和减少不受约束的不良行为的发生。从地方的层级上看，也同样可以形成地方政府和地方人大常委会公有资本经营委员会之间的制约与平衡关系。有的经济学家考虑到当前中国的实际情况，认为人民代表大会很难负起经营国有资本的责任。虽然这可能有道理，但我们认为，原则必须明确。而且，即使公有资本经营委员会设在政府系统，也必须从一开始就要按照政企职责分离的原则办事。

（2）一级持股机构是由公有资本经营委员会直接组建和拥有的、具有独立法人地位的、主要从事投资活动的国有公司。这些一级持股机构不同于现有的国有企业。在这里，一级持股机构的出资者是人代会公有资本经营委员会，只有人代会公有资本经营委员会一个组织（代表所有者）对它们行使所有权职能（当然也由它对国有资产的保值和增殖负完全责任），而不是像现在的国有企业，多个部门（计划、财政、物资、物价、主管部门）都行使一部分所有权，但都对其行为不负责或只负很少责任。由于有限的信息能力和组织上的局限，一级持股机构（以及二级持股公司和运作公司）的数量不宜过多，可限制在 10—30 个。

建立一级持股机构对于重构国有企业的产权结构具有重要意义，这是解决所有者缺位、产权虚置这一企业改革基本问题的出路。因为母公司是子公司的所有者，子公司又是孙子公司的所有者，它要行使资本所有者的职能，就要派出自己的代理人参加下一层级公司的董事会，选聘公司经理，参与对公司重大战略问题的决策，并承担经济后果。同时母公司对子公司的关系又不是过去那种行政干预的关系，而是遵循公司制度中的基本规则，这样就可以在保证所有者利益的前提下，保证企业的自主经营。因此，一级持股机构作为“母公司”，也是权力机关与国有资产经营部门的“结合部”或叫“界面”，只要国有资本经营委员会能够有效地激励其董事会成员，提高国有资本经营效率就有了体制保证。

（3）原有的国有企业经过公司化改组后，将转化为由附属于一级持股机构的二级持股公司所拥有的企业。这样，仅在中央一级，大约就可以有 1000—27000 个企业纳入这一框架。

持股公司具有一般公司组织的共性，有明晰的法人产权，同时，实行所有与控制的分离，由公司经理人员运用公司法人财产去进行投资。这样，它就很适合于成为政府所有者与企业之间的接口，或称“界面”。持股公司还具有一些有用的特性：其一，大型控股公司具有一种界定清晰的所有权“嵌套”关系（层级所有关系）。在持股公司的所有权结构中，母公司对于自己下属的全资附属公司、控股的公司和持股的公司拥有股权，而子公司又对自己下属的全资附属公司、控股附属公司以及持股的公司拥有股权；这样便出现一层套一层的“嵌套”式的所有权关系，而每一层级的股权关系和法人财产边界都是清晰的。其二，持股公司内部的组织结构具有多样化的特性，既可以设定为横向一体化的集团公司，也可以安排为纵向一体化的集团公司，还可以两者兼而有之，这样就为分权选择提供了更大空间。其三，持股公司内部各层级公司之间的关系具有可以灵活调整的特性。在组建持股公司时，可以根据特定的目标，设定不同的控股公司，如全资附属关系、控股关系和一般持股关系。不仅如此，随着时间、条件和目标的变化，持股结构也可以随之而改变，这样就为持股公司内部所有权关系的调整提供了可能性。

应当说明的是，图 9–1 提供的框架为了简明起见，只给出了最简单的层次性框架，实际上，如果包括持股公司 C_{ij} 对 E_{ijk} 的交叉持股，以及 E_{ijk} 之间的相互持股，就会形成比较复杂的所有权结构，大致如图 9–2 所示。

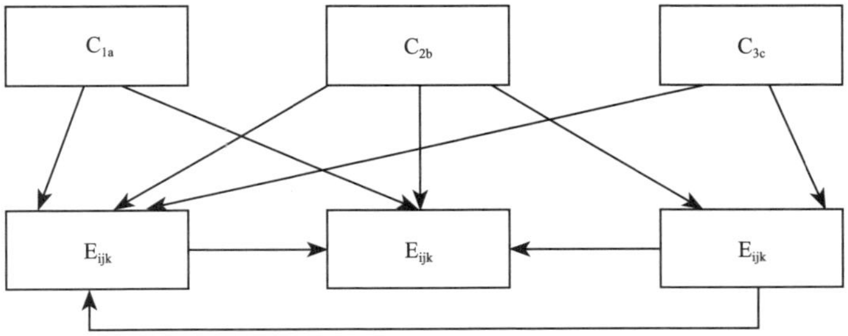

图 9–2　交叉持股

上面讲到的是中央一级的国有资本经营，实际上，地方各级也可以照此办理。如果不实行分级所有，要把目前如此众多的国有企业纳入到这种层级持股体系之中，那么这种“层级”就会很多，这无疑会增大管理的成本。

对于国有资本的分级所有，国外也有一些学者持赞同态度。比如英国苏萨克斯大学发展研究所所长阿·伍德（Adrain Wood）教授就认为：尽管中国国有企业属全民所有，但实际上每一个企业的财产权或者属于中央政府某个部门所有，或者属于某一级地方政府所有。他的建议的基本内容是按一定的形式重组国有财产权，使每一个企业的实际所有权分别由多个公共机构所拥有，从而使每一个公共机构都非常关心这一企业的盈利情况。在中国这样的大国，需要许多这种机构。所有这些机构都应当由国家出面组织起来。但是，在中国现已存在的地方政府拥有企业所有权的模式下，最好的办法是建立一些地区性的所有权持有机构，从而各级地方政府可以拥有不同地区企业的部分财产权。这种以地区为基础的制度可以避免由于把地方政府的所有权完全转移出去所产生的矛盾，同时可以对改造企业的绩效产生强大的激励。因为如果地方政府 A、B 和 C 与地方政府 D 一样成为一个企业的所有者，那么它们就不会像政府 D 那样关心其所在地区的工资、就业和产出，而更关心这个企业的运作效率①。

当然，在实行国有资本分级所有的时候，不能完全以现有的隶属关系为准，而要进行某些调整，以避免各地贫富过分悬殊。

如果实行国有资本的多级所有，企业之间的交叉持股就会呈现出更错综复杂图景，这对于公有产权的多元化是有很大好处的。

在上述设计方案中，我们采用层级持股关系重构国有产权框架，这样做有许多好处：首先，可以清楚地界定一级持股机构的股权，国家股权的委托代管人是人大常委会下的公有资本经营委员会；其次，一级持股机构对二级持股公司，以及二级持股公司对其下属公司的股份的所有权也是明确无误的。这样便可以清楚地界定企业的产权关系，解决了企业改革的一个基本难题。

9.4 创建新的公有制形式：投资基金

前面我们提出了建立国有持股机构来经营国有资产的设想，同

① Adrain Wood（阿·伍德）：“重组公共所有权的合股公司：我们能从最近中国和东欧国有企业的实践中学习些什么”，载《经济社会体制比较》，1994 年第 4 期。

时指出，这种国有资产经营方式，肯定会比现行的国有资产经营方式效率要高。不过，这种方式也有其缺点，即它的效率在很大程度上依赖于公有资本经营委员会选择一级持股机构董事会成员的工作质量的高低和董事会的工作是否得到了经常性的监督。由于人代会公有资本经营委员会也是一个政治组织，由它来负责选拔和监督公有资本的领导人员，往往会受到政治考虑的干扰。因此，各国国有持股公司中，还是搞得差的比较多，搞得好的比较少；像新加坡那样成绩卓著的国有控股公司，在世界上也是凤毛麟角。为了弥补国有制的缺陷，我们需要创建并大力发展新的公有制形式。近几十年来西方市场经济中涌现了一大批以养老金基金、共同基金等为代表的社会化的投资基金组织。这些组织在社会资本总量中所占比重日益提高，往往占到公司资本总额的一半以上。我们应当重视这种发展，并在我国社会主义制度的基础上引进这类做法，以创建公有制的新形式。

一、投资基金的两种基本类型

投资基金可以分为两种类型，即契约型基金和公司型基金。这两种类型的基金，无论从性质上看还是从运作方式上看都有较大的区别。

1. 契约型投资基金

契约型投资基金，是现金投资信托的一种，它通过发行受益凭证募集资金，然后用于证券投资或其他投资，并将收益分配给受益凭证持有人。

契约型投资基金的当事人主要有三方：基金管理机构、基金保管机构和基金受益人。基金管理机构是基金的发起人和管理人，由它申请成立基金，发行受益凭证，选择基金保管机构，作出基金的运用决策等。基金保管机构受基金管理机构的委托，保管信托资产，执行基金管理机构买卖证券的指令等。基金受益人即基金受益凭证的持有人，是基金实际的投资者。

契约型投资基金有封闭型、开放型和半封闭型三种。封闭型基金有一定的期限，期满时把全部信托财产分配给受益人，期限未满不能解约，也不追加投资。开放型基金一般不规定满期期限，允许追加投资，并可以解约。半封闭型一般也不规定期限，可以解约，但不能追加投资。

2. 公司型投资基金

公司型投资基金，可以看作是一种特殊类型的公司，即不是从事工商经营，而是投资于有价证券的公司。

公司型投资基金与契约型投资基金的主要区别在于投资者的地位不同，公司型投资基金发行股份，购买股份的投资者是公司的股东，并组成股东大会选举董事组成董事会对公司进行治理。而在契约型投资基金中，投资者即基金受益凭证的持有人，只是作为受益人分享基金经营的成果，但无权过问基金的实际经营。

公司型投资基金的运作与契约型投资基金也有区别：公司型投资基金董事会并不直接操作基金，而是委托给信得过的经理公司（investment adviser）进行操作。当然，委托契约要对基金的投资对象、投资限制等作出详细的规定，经理公司依此执行。

公司型投资基金有两种类型：封闭型和开放型。封闭型基金在股份发行结束后，不再发行新的股份，股份持有者也不能要求公司赎回其持有的股份，但可以在证券市场转让。封闭型基金一般有一定的经营期限，到期后由股东大会决定是否延长经营期限。开放型基金则相反，它可以发行新的股份，它的股份持有者也可以要求公司赎回其持有的股份。开放型基金一般也不规定经营期限。

3. 投资基金的各种具体形式

投资基金的具体形式有多种，比如共同基金、养老金基金、失业保险基金、医疗保险基金等等。这些不同形式的投资基金其建立目的是有差别的，比如养老金基金、失业保险基金、医疗保险基金，就是为了对养老、失业、疾病提供保障。而共同基金，则是一般意义上的积累财产。不过，为了达到这些不同的目的，这些不同形式的基金的共同之处是，它们都需要通过投资实现保值和增殖。

在这里，我们主要介绍一下养老金基金。

把分散的个人资金组织起来，以基金的形式提供养老保障，50年代初期在美国首先发展起来。通用汽车公司是先驱。当时，该公司实行养老基金是为了在政府的社会保障体系之外，为职工另外的养老保障。为了实现这一点，基金主要投资于通用汽车以外的公司股票。这样，基金的收入取决于许多企业的经营绩效，因而当通用汽车公司遇到经营困难时，也可以为职工提供养老保险，降低了风险。通用汽车公司的做法被许多大企业和大型组织如教师协会仿效，养老金基金迅速发展起来[1]。

作为发展中国家的智利，以养老金基金的形式提供养老保障做得非常成功。智利在1981年5月通过了改革已经运转不灵的旧的现收现付社会保障体制的3500号法令，实行个人账户储存、基金运营的新养老保险制度。其基本内容包括：（1）实行个人账户储存积累制，个人账户上的本金和利息均归本人所有。（2）养老基金由私营

① Drucker, P. F. (1976). The Unseen Revolution: How Pension Fund Socialism Came to America. Harper & Row.

机构管理，包括收款、管账、投资及发放退休金。

智利建立养老金基金十多年来，运行得很有效，到 1990 年，已有 374 万人参加这一制度，占国内就业人数的 80%；共积累资金 70 亿美元，占国内生产总值的 25%，占全国金融系统定期储蓄的 78.6%；不但解决了原先养老金支付困难的问题，减轻了财政负担，而且为经济建设提供了大量资金[①]。

二、社会保障基金持股的设想

战后发展起来的最重要的一种投资基金是社会保障基金。社会经济的发展和社会保障水平的提高，发达经济中社会保障基金积累到了很大的规模。在一些发展中国家，仅养老金一项往往就占到公司资本总额的 40% 左右。养老金基金等社会保障基金是由千百万人拥有和自己管理的，具有很高的社会化的性质。随着我国经济的发展，这项基金的数量也会越来越大。在我国的改革中，如果能把基金组织的建立和把现行社会保障体制改革结合起来，就可以收到“一石二鸟”之效：既改善了社会保障职能，又在政府之外创建了公司的新的机构持股者。

社会保障体制改革的核心，是将旧体制下的社会保障开支的现收现付制，改变成基金预筹制。所谓现收现付制，就是在国家统包的条件下，职工平时应交的社会保障费（税）都通过职工所在企业上交利税的形式交给了国家，国家用这些缴款投资建设新企业，再用企业的收入支付当期的社会保障开支；所谓基金预筹制，是指每个职工及其所在企业、事业单位必须按月交纳一定数额的社会保障

① 国家体改委“智利实行养老保险个人账户效果显著”，《经济体制改革参阅件》（1994）第 57 号。

费（税），这种交纳实质上是一种强制储蓄；由此积累起来的财产，就成为能够取得收益以应付未来社会保障需要的基金（可以是公有的，也可以是私有的）。由此产生了这样的问题：实行社会保障体制改革以后，“新人”采取新办法，开始预筹基金，“老人”的社会保障基金却没有着落，应当怎样解决？事实上，正如我们前面已经指出的，他们交纳的社会保障费（税），已经形成了现有国有资产的一部分。国家过去把一部分将来要用于职工养老和医疗保健的资金先用来投资，形成了一定量的资产。虽然这部分资产看起来是国有资产，但实际上国家并不能使用这部分资本的收益。所以在进行公司化改制时，应当把部分资产划出来，作为老职工的医疗保健基金以及已退休和行将退休的职工的养老基金，或者把这部分资产变卖，形成医疗保健基金和养老金基金。从这个角度来看，在作公司化改组时，如果明确折算出退休金和医疗基金的数额，就应将与之相对应部分资产从现在企业的资产中扣除出来，把代表这部分资产的股权划到社会保障体制改革中建立的社会保障基金去。

三、投资基金持股的重要意义

公众拥有的投资基金持股的最重大的意义在于，它为公有制提供了一种很有可能优越于“经过国家拐一个弯”的国有制的新形式。

有的经济学家认为，只有国有制和在国有制支配下的集体所有制才能称得上是公有制，因而怀疑养老金基金这类法人组织的“公有”性质，认为它们是私有的。的确，马克思主义的古典作家设想的公有制形态只有一种，即全社会的共同占有。其余的共有形态，包括劳动者的集体所有制，都算不得公有制。但是，人们的观念早就随着实践的发展而改变了。既然我们承认规模小到只有二三十户的农业合作社和手工业合作社也是公有制的经济组织，那么有什么理由把社会化程度更高的公众拥有的社会保障基金等法人组织排除在公有制经济之外呢?

既然社会保障基金一类新公有制形式具有如此重大的意义，我们一定要大力促进它的发展，并努力把它办好。

作为一种大众投资形式——投资基金，它的运作效率既取决于本身的运作机制，也取决于它的运作环境，包括政府的规制和管理。

从投资基金发展的历史看，在其发展的早期阶段，存在比较严重的欺诈现象，投资者的利益受到很大损害。为了规范投资基金的发展，各国政府针对暴露出来的问题，制定了一系列法律，对基金成立的条件、程序、基金经营者的资格、基金的投资对象、投资所应遵循的原则（特别是投资的安全性）、基金管理费用的多少、基金收益的分配等都作了比较详细的规定，并且要求基金要实行严格的信息公开制度。这样，基金的运作就处于法律的严格约束之下，有利于基金运作的规范化。我国基金组织还在草创阶段，政府一方面要保证新建立的基金的民间性质，实行自主管理，另一方面又要严加管理。要把近年俄罗斯和东欧国家由于管理不严，某些投资基金大肆进行诈骗活动，严重损害投资者利益的情况引为鉴戒。

投资基金本身的运作机制的改善也有利于其运作效率的提高。这主要体现在两个方面：

第一，基金经营者的收入可以真正做到与基金经营的绩效挂钩。这主要体现在两个方面：一是基金经营者经营基金，其经营费用包括其工资支出有严格的限制（一般是基金资产净值的一定比例），不得超出；二是对基金经营者的奖励严格按照基金资产增殖的大小决定。这样，经营费用、奖励费的大小，都严格地取决于基金经营的好坏。经营业绩优良，经营者得到的报酬就多；反之，就少。这样，就可以有效地激励基金经营者尽可能地把基金经营好。

第二，基金的投资者对基金的经营者具有很强的选择性。在契约型投资基金中，这种选择主要体现在对基金受益凭证发行者的选择上，在公司型投资基金中，则主要体现在对基金经理人员的选择上。需要注意的是，为什么由众多分散的持股者组织起来的公司型投资基金可以通过它的董事会有效地选择基金经理人员，而在一般的公众公司中却很难对公司的高层经理人员实施有效的控制。问题的关键在于对基金经理人员和一般公司组织高层经理人员控制方式的不同：对前者，由于目标单一，比较容易把经营绩效同报酬结合起来，而对后者，却很不容易做到这一点。

四、创建新的公有制形式：基金持股

投资基金的主要投资对象之一是公司股票。这样，就产生了一种区别于认股权的新型的股权——基金股权。在投资基金发展过程中，基金组织在很长一段时间内并没有在公司治理中行使基金股权，当它不满意某一公司的经营时，通常只是抛掉它所持有的该公司的股票。这种办法，在投资基金持股数量有限时，由于存在比较多的选择，是有效的。但是，当基金持股数量很大时，这种办法就失灵了：多家基金组织都这样做，由于大家对股市的判断不会有太大差别，往往出现同时抛售、同时购进的情况。这就迫使基金组织改变行为方式：在企业经营欠佳时，不再是简单地抛售其所持股票，而是行使基金股权，改组企业的董事会，更换不称职的经理人员。我们在 7.4 节中介绍的美国机构投资者罢免数字设备公司（DEC）、通用汽车公司（GM）、克莱斯勒汽车公司（Chrysler）等 13 家大型企业的首席执行官的情况，就是这种变化的典型例子。

基金组织行使“基金股权”、成为“积极股东”这一变化，对于我国国有企业的公司制改造具有重要意义，这就是创建新的公有制形式，建立公有制的基金组织，进一步提高改制后公司的运作效率。

从前面的分析可以看出，这是可以做到的。因为从资本主义国家的情况看，各种基金组织之所以运行良好，并最终成为“积极股东”，关键在于国家的严格管理、投资者对基金经营很强的选择性、基金经营者的收益只取决于其经营绩效，以及基金持股占公司股份的很大比例从而存在多家基金组织之间的激烈竞争。而这样一些条件，在我国公有制占主导的经济中也是可以创造出来的。

9.5 简短的结语

我国国有大中型企业公司制改造首先遇到的问题是这种改造能不能在我国目前的政治经济条件下实现，其中的症结，又在于公司制与公有制是否能够兼容。从现代公司的股权结构可以看出，自然人持股为主的公司制度已经成为历史，现代公司中居于主要地位的是银行、保险公司、各种基金、一般工商企业等法人持股者；有的国家国有经济占有重要的地位，它们采取了持股公司的形式来经营国有资本。由此，可以设想将我国国有企业改造为法人持股为主、个人持股为辅的公司：国有资产的经营采取在人代会设立公有资本经营委员会，并在其下设立层层持股的持股公司的形式；同时，大力发展新的公有制形式，其中包括各种基金持股，银行保险公司持股等机构持股。而且，从我国的情况看，在我国国有企业的公司改造中，发展这些法人持股者，不但可以提高企业效率，还可以收到其他方面的成效。

在公司产权框架重构、公司法人产权基础建立以后，所有与控制适度分离、所有者又保持着最终控制权的公司治理结构也完全可以依据党政职责分开、政企职责分开的原则按照公司的一般规范建立。这些问题得到了解决，我国大中型国有企业的公司化改制走出了这一步，在我国工商业中建立现代企业制度也就有了完全的保证。

第 10 章　国有大中型企业公司化改造的难点及其克服

在国有大中型企业改革的目标确定以后，接下来的问题，就是怎样从现实的状况出发，克服困难，实现预定的目标。国有大中型企业公司化的困难是很多的。“冰冻三尺，非一日之寒。”计划经济在它存在的几十年中，从产权制度、运行规则、工作习惯到思维方式形成了一套与之相适应的僵化的定式，成为企业制度变革的障碍。与此同时，经济体制带病运转，积累起一大堆“老大难”的问题，像注资不足和出现巨额未偿债务、人力不足和大量冗员同时并存，“企业办社会”等等，无一不是建立现代企业制度的障碍。本章的任务，就是探讨怎样克服国有大中型企业公司化改造中的这些难点。

10.1　怎样才能建立有效的公司治理结构

建立有效的公司治理结构，是公司化改制的核心。在我国的条件下，建立有效的公司治理结构往往会遇到三个方面的问题，需要妥善加以解决：（1）要使公司治理结构发挥效力，首要的条件是业主，或者说主要的业主（股东或股东代表）必须在位，统筹全局。在我国当前的条件下，至少在实现公司化的初期，国有成分在大公司资本总额中还要占相当比重，因此，国有股权由谁代表就成为一个十分重要的问题。（2）在现代公司制度中，控制权力实际在很大程度上掌握在高层执行人员手中。公司的这些领导人员必须有职有权，同时，业主按照公司的经营目标对领导人员进行选拔、考核和奖惩也成为公司治理结构是否能有效工作的关键。然而在我国，历史上形成的干部人事制度与建立有效公司治理结构上述原则却存在一定的矛盾，如何进行改革，也是一个重要的问题。（3）在各国计划经济向市场经济的转轨过程中，往往出现所谓“内部人控制”的问题。“内部人控制”在提高经理人员和一般职工积极性的同时，也会导致公司治理结构的扭曲和经理人员损害股东或外部股东利益的败德行为，造成资源浪费。因此，有必要探讨如何对“内部人控制”进行控制，以便恢复公司治理结构的有效性。下面对这三个问题分别进行讨论。

一、国有产权由谁代表

前面已经谈到过，在我国前几年的“股份制试点”中，公司化改制往往不是由原业主，而是由企业厂长、经理等雇员主持进行的，因而从一开始就存在“所有者缺位”的现象。在这种条件下建立起来的公司治理结构，也往往几乎没有所有者的地位。这种情况必须加以改变。

建立国有产权与企业经营之间的正确关系，关键是解决政府与企业的接合部，即“界面”[①]的问题。组织持股公司并没有最终解决这个问题。因为在一级持股公司—二级持股公司—运作公司的“嵌套关系”中，持股公司的建立解决了运作公司的“业主在位”的问

① 见 Milgrom 和 Roberts 前引书，第 498—499 页。

题，但是，持股公司作为一个法人制组织，也有一个所有者是否在位的问题。那么，哪一个组织最适合充当持股公司中所有者代表的职能呢？这是一个必须回答的问题。

有些论者主张由国有资产管理局来充当所有者代表的角色。不管在转轨以后还是在转轨过程中，都由国有资产管理局担任所有者的代表机构。

我们已经说过，国有资产管理局作为一个管理机关，对所有国有财产进行登记和审计，由它来充当原业主的代表，主持现有国有企业的公司化是适宜的。它的主要职责包括：确定现在的国有企业进行公司制改造的顺序；主持这些企业的资产评估和产权界定；把评估后界定为国有资产的产权转交给未来公司中国家股权的代表机构。

我们为什么认为国有资产管理局可能并不适于作为经营国有资本的机构呢？这是因为，国有资产管理局是一个国家行政机关，职能在于对国有资产进行行政管理，而且它的机构是按照行政系统自上而下构成的。而公司化后的国有产权代表机构，却要执行所有者的职能，对国有资本进行经营。有鉴于这种情况，我们认为它并不适于承担公有资本经营委员会的角色。但是即使在公司化后国有资产管理局仍应从企业外部对国有资产的保值和增殖进行监督。

在国有企业实现公司制改造以后，按照我们在第 9 章第 3 节中关于建立层级持股的国有持股机构经营国有资产的设想，国有产权的代表应是各级人民代表大会公有资本经营委员会。

从我们的设想可以看出，这时，政府与企业之间的“界面”（接合部）在于公有资本经营委员会。它的成员由人民代表大会指定，然后，又由它聘任各一级持股公司的董事，组成公司董事会。在它的上面，是作为政权机关的人民代表大会或人大常委会，而在它下面，则是作为企业的一级持股机构，这些机构是真正的企业，国有资产的企业经营由此开始。

对于公有资本经营委员会如何负起责任、当好国有资本的产权代表，我们在第 9 章里已经作过探讨。改制后公有资本经营委员会成为国有资本的总代表，行使所有者的职能，而不像现在把所有者的各种职能由不同的部、局来行使，每一个行政机构只行使其中的一部分所有权职能。因此，公有资本经营委员会要对国有资本的增殖负总的责任。这样，就可以有起码的压力使公有资本经营委员会要尽到国有资产产权代表的责任。为了使这一种制度运转得更为有效，我们认为还需采取措施，加强对公有资本经营委员会的监督，委员会讨论的情况、投票情况和作出的决议都应公开报道，使全体人民可以观察和了解有关情况。

确立人代会公有资本经营委员会为改制后国有资产的产权代表机构，也就否定了各部（委、局）成为国有资产产权代表的可能性。事实上，如果把这个权利给了政府的行政管理机构，它们仍然用传统的行政办法管理经济，那么效率有可能比在过去体制下还要低。

现在有的行业主管部门（或行政性公司）提出申请，要求把自己改组为持股公司，然后按层级持股的方式改组下属国有企业。我们认为，这种建议是可以接受的。把现有的行业管理机构（行政性公司）整体改组为持股公司，作为一种过渡方式，可以降低改革成本，加快整个行业的公司化进度。不过，采用这种方式进行公司化改造要取得成功，必须具备如下的前提：（1）新建立的持股公司是个真正的企业，不再保留任何行政职能，原来行政管理机关和行政性公司保留的行政职能，如发放许可证、在社会范围内调配资金和物质资源、审批基本建设投资项目等等，都要转交给适当的行政部门或行业的自治组织（行业协会）。（2）国家采取措施，逐步改变由行业领导机构整体转变为持股公司所必然造成的程度不等的行业垄断状态，通过售出部分股票、持股公司间换股等办法，降低持股公司在一个行业内持股的集中程度和实现持股公司股东的多元化。（3）持股公司的董事会，不再由行政机构任命，改为前面讲到的由公有资本经营委员会聘任的办法，以解决政府与企业间的“界面”问题。

以上我们对如何解决政府与企业之间“界面”问题的建议，只是一种设想，它是否可行，还有待进一步的理论探讨和实践检验。目前，对于如何解决这个“界面”问题有多种多样的试验。它们的做法值得我们结合国际经验进行深入的研究，以便存利去弊，加以推广。

当前最流行的做法，是所谓“国有资产授权企业经营”[①]。它的具体做法是：由政府国有资产管理部门在对企业原有资产清产核资基础上向“企业”（实际上是指企业领导人，在大多数场合下是董事长，有时是总经理）颁发授权证书，由后者全权经营授权范围内的国有资产，有权统一调配资金，决定企业的战略方针和经营事项，处置所属财产和选择下属公司的领导人。

这一解决办法的利弊得失，还需要一段运行时间才能得出结论。但是根据我国过去企业改革的经验和理论分析，“授权经营”可能存在所有权虚化和“内部人控制”强化的危险。问题的关键是这一授权办法把公司治理结构中的两重授权关系混同起来了。我们在第7章中讨论公司治理结构时曾经指出，两重性质不同的授权关系：在股东大会与董事之间，是信任托管关系；在董事会与高层经理人员之间，是

① 参见1994年7月6日《中华工商时报》和同一时期《深圳商报》的系列报道。

委托代理关系。双重授权的实质在于：在现代公司所有权与控制权分离的情况下，所有者信托董事会作为他们的代表人对执行人员（内部人员）进行经常性的监督。“授权经营”的特点，是所有者对内部人直接授权，这样，强化“内部人控制”的危险就增大了。

与此相关的一个问题，是大型企业集团的授权经营。在前一阶段改革中形成集团公司主要有两种形式：一是由集团中的核心企业领导充当集团的领导，如一汽集团就以第一汽车制造厂为核心；二是把几家企业组织在一起，成立集团，在这些企业之上新设一个“集团公司”，如重型汽车集团就是几家重型汽车厂合并组成。这些集团公司的财产关系不够清晰，公司治理结构也不规范，因此搞得好的似乎并不多，特别是所谓“强强联合”，在几个实力差不多的企业之上设立一个“集团公司”，由它来经营属于集团的国有资产时，情况更是如此。

对这类集团公司实行“授权经营”是否能改善它们的状况，现在还很难作定论。目前对集团公司“授权经营”的一般做法是，几家行政部门授权集团公司董事长或总经理[①]作为国有资产的产权代表，统一经营集团内的国有资产。这样，从集团内部总公司与各下属公司的关系看，产权关系可以说是理顺了，但从集团与它的所有者之间的关系看，产权关系并没有理顺。在此基础上，公司治理结构也无法建立起来，托管人的受托权利、特别是受托责任（Fiduciary Duties）不够明确，没有一种制度保证集团公司董事长或总经理真正负起国有资产产权代表的责任。而且，授权的是由几个行政部门共同“授予”的，它们本身未必有经营好国有资产的机制，因而缺乏

① 在目前董事会大都没建立的情况下，大部分由总经理担任。

足够的动力和手段去考察这个被授权者是否真正负起了责任。

二、现行干部制度与法人治理结构建立原则的矛盾

在国家控股和持股的公司里解决了主要股东即国家股的产权由谁代表的问题之后，公司法人治理结构的建立本来应当是很明确的：召开股东会，选举董事组成董事会，由董事会决定公司高层经理人员的聘任，由高层经理人员负责公司的日常经营。但是，这种公司制的习惯做法，同我们现行的干部人事制度有矛盾，因而不少大中型企业虽然已经改行公司制，它们的主要领导甚至中层领导，仍然由组织部门任命。

过去国有企业的主要干部和中层干部实行任命制，这样一种干部体制是由“社会大工厂”“国家辛迪加”模型直接派生出来的，虽然实践证明有很大的弊端，但一直没有找到更好的办法。在国有企业进行公司制改造之后，继续实行这种办法，就变得不可理解。这样做，董事长和董事会不是由股东会选聘，意味着他们可以不对股东会承担受托责任，股东会也很难对他们进行监督和要求他们按股东的意图行事。总经理和执行机构不由董事会任命，董事会就没有独立的受托责任。而且董事会代表股东对高层经理人员的监督和激励也被弱化。至于中层经理人员由企业以外的上级组织部门任命，更是违反了所有与控制分离（“所有权与经营权分离”）的原则。总之，不改变这种组织人事工作制度，整个公司治理结构就无法运转。何况在我国公司中，或多或少都会存在一些非国有股的股东。这些非国有股股东也要行使自己的权力，组织人事部门越组代庖直接任命领导人员，实际上侵犯了非国有股股东的法定权利。

主张在新建公司中继续维持老的组织人事制度的人们的主要理由是：中国共产党是我国社会主义建设的领导核心，坚持党的领导，

就得坚持党的组织领导。只有坚持这种组织领导，才能保证把政治可靠、品德优良的干部选拔到公司的领导岗位上来。

我们认为，这种想法的缺点，是企图用一种过于简单的组织手段来实现共产党的领导作用。中国共产党作为国家的执政党，她的领导作用首先体现在“执政”上。也就是说，通过党员参加各级权力机关（人民代表大会）和政府机构，在政府的政策制定和实际工作中贯彻党的纲领和路线。工商企业是经济组织，而不是以从事政治活动和政治斗争为目标的政治组织，其中的基层党组织（党委）的作用，不是制定政策，而是“监督保证”——监督党员并通过党员的群众工作，保证党的目标和路线的实现。

按照《公司法》的规定选拔公司的领导人员，有利于经济的繁荣，也就有利于共产党的大目标的实现。因此，在我国条件下，按照现代公司的一般规范选拔公司治理结构中的有关人员，与坚持共产党的领导并不是相互对立的。

三、对“内部人控制”进行控制

“内部人控制”（insider control）指的是一个企业的内部人员——经理和职工事实上具有对投资、利润使用等方面的控制权。因此，如果内部人并不拥有企业的全部资产，他们的利益与其外部投资人的利益很可能有冲突，于是就利用这种控制权来谋取自己的利益，在许多场合这会降低企业的经营效率。

斯坦福大学的青木昌彦教授在研究了东欧和独联体国家经济体制转轨过程中企业的情况后认为，“内部人控制”是“转轨过程中所固有的一种潜在可能现象”。这是因为，这些国家“在 70 和 80 年代”，当计划经济制度的停滞加深时，中央计划官员们试图用撒手放权、把大部分计划指标放给国有企业的办法来对付面临的问题。企业经理在自己的企业内部构筑起了不可逆的管辖权威，中央计划当局的逐步退让以其突然解体告终。那些已经从计划机关获得很大控制权的经理们利用计划经济解体后留下的真空进一步加强了自己的权力”。在波兰，“甚至在计划经济制度解体之前，由雇员选举的15人组成的工人理事会已经取得了相当于资本主义公司中董事会的实权地位，他们有包括任命经理和审批年度计划的权力”。“俄国是管理人员控制的例证。已经事实上把自己的企业变成了一个独立王国的国有企业经理，在计划机器解体后几乎成为不可征服的。任何私有化方案要想行得通，就必须承认经理们事实上的控制权。由于慷慨地容忍内部人的利益，主管大规模私有化的国家财产管理委员会（GKI）已成为政治上最成功的改革机构。”①

青木昌彦所讲的“内部人控制”问题，实际就是在讨论现代公司制度时已经提到过的公司治理中“所有者缺位”和剩余控制权与剩余索取权不相匹配的问题，这在我国改革中获得了“经营自主权”的企业、承包制企业以及大多数的“股份制试点”企业，也广泛存在。这种情况的出现，也是由于在以“放权让利”为主线的改革中，一方面，下放给“企业”的经营自主权事实上都落在了“内部人”手里，另一方面，未能下放的权力都掌握在各级行政部门手里，对企业的行政干预远未停止，企业内部业主不在位、对内部人的权力没有制约的问题没有被触及。与各级政府行政干预并存的“内部人控制”导致了资源的浪费和许多其他消极现象。

① 见青木昌彦（Masahiko Aoki）提交给1994年8月23—25日在北京举行的“中国经济体制的下一步改革”国际研讨会的论文：《对内部人控制的控制：转轨经济中公司治理的若干问题》，载吴敬琏、周小川等著，《公司治理结构、债务重组和破产程序：重温1994年京伦会议》，北京：中央编译出版社，1999年。

针对这种情况，不少中外经济学家指出，中国在公司化改制的过程中需要正视存在的问题，采取措施对“内部人控制”进行控制。

加强对“内部人控制”的控制，应当从多方面采取措施。

首先，在国有股份占相当比重的公司，保证业主在位，是控制“内部人控制”的一项根本措施。根据我们在第9章提出的建立国有持股机构经营国有资本的设想，解决我国企业中的“内部人控制”问题，关键在于加强公有资本经营委员会对一级持股机构的控制。而要做到这一点，首先又要考虑公有资本经营委员会本身的效能。这主要决定于四个方面：（1）委员会的产生程序和办法。在新的公有产权结构中，公有资本经营委员会是国有资产的最高管理机构，肩负重大的责任，这就需要全国人民代表大会（如果实行分级所有，那么还包括地方各级人民代表大会）直接决定该委员会的产生程序和办法。（2）委员会的开支。委员会的各级开支，包括委员的工资，要完全依赖于财政预算，不得参与企业分红。（3）委员会的人员构成。为了使委员会有效地开展工作，应使它有合理的人员构成。从委员会的职能看，主要是经营国有资本，基本目的在于实现资本的增殖，这就要求它的人员构成应以经济方面的专家为主。同时，由于它并不直接进行经营操作，而主要是任命和监督一级持股机构的决策层成员，这也需要委员会的人员构成应有一定程度的多元化，从而能够全面评价一级持股机构决策层成员的素质。（4）委员会讨论和决定事项，主要是与一级持股机构董事会的成员任命、考核、奖惩有关的规则。也就是说，委员会的运行，要以规则为基础而不是以人事关系为基础，而且，对一级持股机构决策层成员的管理规则必须明确、具体，具有实际的可操作性。

关于各级公司中的业主控制，关键是使董事会成员要真正代表股东的利益，而不致变成“内部人”的一分子。为了做到这一点，除董事会成员不应从任职机构取得报酬外，还可以借鉴德国的做法：董事会成员与公司高层经理人员不能交叉任职。这样，董事会成员由公有资本经营委员会任命，从委员会领取报酬并向它负责，这样，可以加强董事会成员与所有者利益的一致性，负起责任，代表业主对经理人员进行必要的控制和监督。

当然，也应当看到，加强国有股东的控制，未必能彻底解决“内部人控制”的问题。这一方面是国有制本身决定了要由行政官员代表所有者行使权力，而行政官员是否能够称职和尽心尽力，又决定于包括这些官员本人素质在内的多种因素，另一方面所有者控制权力削弱本来是现代公司制与生俱来的一个弱点。正像米尔格罗姆和罗伯茨曾经提到过的，当罗斯·佩罗（Ross Perot）的 EDC 公司并入通用汽车公司后，他就成了该公司最大的股东和董事会成员。他虽然在公司政策上不时地与董事长罗杰·史密斯（Roger Smith）发生争论，并对他看见的通用汽车公司制度化的官僚主义和冷漠表示不满，但他也无能为力，最终只好同意出售其股票。T. 波恩·皮肯斯虽然持有日本 Koito 公司 26% 的股份，是该公司最大的股东，但当他试图影响公司决策时，却遭到了有组织的断然拒绝。针对这种情况，有的经济学家建议我国采用日本的做法，发挥银行的力量来控制“内部人控制”。这种办法的要点是，由银行在企业财务状况欠佳时对这些企业进行干预。关于这一问题，我们将在下一节中进行讨论。

10.2 逾期债务的处理

目前，许多国有企业存在大量的逾期债务，并导致十分严重的后果：银行控制给企业贷款，企业普遍感到资金紧张，甚至维持日常生产的流动资金也严重短缺，更谈不上谋求更大发展；银行由于逾期贷款过多，经营风险加大，有的还开始动用营运资金交税；更为严重的是，使结算纪律遭到破坏，金融秩序混乱，资金配置失效。这个问题不解决，国有企业的公司化改造也不可能顺利进行。

一、解决这一问题的基本思路

对于企业的过度负债，目前提出了以下几种处理办法：（1）由国家财政向企业注资，企业用这笔资金归还逾期贷款；（2）核销企业债务，即从银行资产中将这部分贷款核销，同时冲减银行负债中相应数量的坏账准备金和银行资本金，或由国家财政向银行注资，补充银行资本金；（3）进行债权——股权转换（equity-debt swap），将银行对企业的债权转变为银行股权。（4）使存在大量逾期贷款、资不抵债的企业进入破产程序，银行的贷款损失则以冲销相应数量的坏账准备金和资本金（在坏账准备金不足时）来解决。

但是，所有这些设想，都失之于有些过于简单，未必能适应我国的复杂情况。特别是这些做法着重于解决眼前的问题，而没有从有利于经济体制改革和制度创新、有利于经济潜力的发挥的角度作长远的考虑。例如第1种办法要求财政出钱清债，由于多年积累，我国国有企业逾期债务高达数千亿元，国家绝没有这样的能力把它统统包下来。第2种办法由银行承担，这种办法的缺点也是明显的：不但银行无能为力，而且会开一个贷款“一风吹”的先例，使企业产生“债多不愁”的错误预期，与硬化企业预算约束的要求相矛盾。由于单一使用哪一种办法效果都不会理想，人们产生了将各种办法结合起来，与企业改革的进程相结合解决企业逾期贷款大量积累造成的困难的想法。

日本战后解决企业（包括银行）债务问题的经验也值得我们重视。第二次世界大战结束后，许多日本企业面临着严重的无力偿付问题，其主要原因是政府拒付军需品生产企业的巨额战时补偿费，而军需品生产公司的无力偿付则导致金融机构运行的困难。据估计，政府拒付所造成的总损失为 918 亿日元，约为 1946 年财政年度国民总支出的 20%。令人惊奇的是，在这样严重的情况下，日本并没有主要依靠使企业和银行破产来解决问题，而是通过清理资产负债表，使企业和银行在不影响现行经营活动的情况下得到了重整[①]。

清理公司（包括银行）的资产负债表分为三个步骤：（1）将企业的资产负债表分为新账户和旧账户。（2）企业使用新账户继续经营，同时，对其旧账户进行重整。（3）重整以后，再将旧账户并入新账户。

在分割资产负债表时，所有因战时补偿中断所导致的预期无法收回的资产被划到旧账户的资金项下，被冻结并等待重整。一部分资本和债务被划到旧账户的负债项，它们面临着被核销以抵扣不良资产（坏账）的风险。对旧账户的重整，即在核销资产损失的同时冲销资本和某些债务，大致上按下列顺序进行：（1）核销旧账户中资产的资本收益及其他利润，（2）旧账户的保留收益，（3）资本的 90%，负债（在银行则是所谓“冻结存款”）的 50% 到 70%，如此等等。重整后，新旧账户合并。这样做的结果，在重整期间，银行和非金融公司的业务继续正常进行，虽然绝大多数银行被迫显著地减少资本，在 64 家银行中，57 家的资本减少额超过 90%，但股东和债权

① 星武雄（Takeo Hoshi）：《清理资产负债表：日本在战后重建时期的经验》，“中国经济体制的下一步改革”国际研讨会（1994 年 8 月 23 日至 25 日，北京）论文，载吴敬琏、周小川等著，《公司治理结构、债务重组和破产程序：重温 1994 年京伦会议》，北京：中央编译出版社，1999 年。

人所承担的实际损失比原来预计的要小得多。这是因为，旧账户上资产的价值往往被保守估算，而且由于企业生产经营正常进行，当实际处理这些资产（比如出售）时，已产生了相当可观的收益，因而损失可以在很大程度上得到补偿。在65家银行中，只有一家未能偿付被核销存款的本金，5家未能支付到1959年3月为止被核销存款的利息，非银行企业股东和债权人的实际损失在总损失的32.8%以下。

日本在不影响银行和企业现行经营的情况下进行重整的做法对我们有重要的借鉴意义。不过，他们的具体做法、特别是大量核销债务和资本金的做法，虽然重整结束后实际的损失并不是太大，但在我国的国有企业和国有专业银行都属于同一个所有者，即国家的情况下，消极作用可能要大一些。

根据上面的分析，我们认为，解决企业与银行间大量逾期债务问题，应遵循如下的基本思路：

第一，对企业的资产负债表进行分割，设立新旧两个账户以便企业能够继续现在的经营，同时保护债权人的权益。为此，新账户的资产只能包括那些维持企业现在经营确实必需的部分。

第二，对旧账户进行重整。这需要根据企业的具体情况，采取不同的办法，以便保护一切有潜力的企业，使它们不致因历史上的积欠而破产，从而获得重振旗鼓的机会。

为了实现这个目的，斯坦福大学的刘遵义、钱颖一两位教授提出了很有意义的办法[①]。这就是，根据企业市场资本净值（它是企业迄今

① 刘遵义、钱颖一：《关于中国银行与企业财务改革的建议》，提交给1994年8月23—25日在北京召开的“中国经济体制的下一步改革”国际研讨会的论文，载吴敬琏、周小川等著，《公司治理结构、债务重组和破产程序：重温1994年京伦会议》，北京：中央编译出版社，1999年。

为止经营状况的累积结果）和企业现有核心经营业务的真实的可运行性（由营业净利反映），将企业分为四类：（1）市场资本净值为非负数，营业净利也为非负数，即**正常企业**；（2）市场资本净值为负数，但营业净利为正数，即**可正常化企业**；（3）市场资本净值为非负数，但营业净利为负数，即**潜在可正常化企业**；（4）市场资本净值和营业净利均为负数的企业，即**试用察看企业**。对于**正常企业**的重整，可适当放宽条件。比如可允许将原划入旧账户的大部分资产划入新账户，从而为企业扩大核心经营业务创造更好的条件。如果在重整旧账户的同时，向企业注资（资本金、债券、贷款等），这过程还可以加速。对于**可正常化企业**也应当适当放宽重整条件，允许一部分原先划入旧账户的划入新账户，重整时间也可适当延长。道理同正常企业一样，这有利于企业最终把债务还清。对于**潜在可正常化企业**，其重整条件应从严掌握，特别是要慎重将原划入旧账户的资产划入新账户。这是因为，虽然这类企业现在的市场资本净值为正，但由于营业净利为负，这些资产终将被耗尽，而不可能使资产增殖。但是，如果这些企业能够成功地开展营业净利为正的新业务，那么它们也可能走向正常化。这里的关键是债权人能否对企业进行有效的监督、特别是在改组企业领导层、选择更有能力的经营者上发挥作用。对于需**试用察看企业**，其重整条件更应从严掌握。不过，即使是这些企业，也不是都需要立即破产，如果能选择出有能力的经营者，有些企业也可以走向正常化。

第三，要对银行适当注入资金。在企业重整过程中，虽然逾期银行贷款相当一部分可以最终收回，但时间会比较长，而一部分则由于企业破产而无法收回，并要相应缩减资本金，对银行注资是必须的。这可采取多种方式，比如由财政拨款增加银行的国有资本金，也可以向社会发行优先股。

第四，可以采取多种措施，多渠道地向正常和可正常企业以及潜在可正常化的企业注资。注资方式只有少量是国家直接向企业注资，更多地是通过发行企业债券、特别是股票对企业注资。对前者注资，有助于它们创造更多的利润，尽快把债务负担卸掉，从而加快其发展；对后者注资，有助于避免更多的企业关闭，防止产生更严重的后果。

第五，要更多地发挥银行在解决企业逾期贷款问题中的作用。比如可以通过把银行对企业的债权转变为股权，这既可以解决逾期贷款问题，又可以使企业的股权结构更趋合理。也可以通过改造破产程序，加强银行对企业重整的监督。这两种办法，具有重要意义，我们将在后面作更深入的分析。

二、将银行债权变为银行股权

前面已经提到，在清理企业未偿债务（银行的不良资产）时，有必要将一部分银行债权转变为银行对企业的股权。在最近举行的“中国经济体制的下一步改革”国际研讨会中，不少中外专家提出了自己的进行债权—股权转化的方案[①]。

我国学者周小川提出的重建企业与银行关系的基本设想是：国家给银行配发一定数量的股份认购证，由它们用以购买企业股票。赋予银行向企业投资的职能，目的在于解决两方面的问题：即一方面，通过进行股权 / 债权关系的转换，使企业债务股权化，解除它们的债务负担；另一方面，银行购买一部分绩优企业的股票，能使银行资产的质量等级提高。这种做法，从当前看，满足了企业、银行

① 见刘遵义和钱颖一、青木昌彦前引论文，以及周小川提供给同一研讨会的论文：《企业与银行关系的重建》，载吴敬琏、周小川等著，《公司治理结构、债务重组和破产程序：重温 1994 年京伦会议》，北京：中央编译出版社，1999 年。

和财政三个方面的要求；从长远看，银行替代政府成为所有者，有利于解决国有企业所有者缺位这一根本性问题，并向建立中国式的主银行体制迈出了第一步。

实现这一思想的具体步骤如下：

第一步——**企业与银行之间进行债权和股权的转换**。

从银行方面来看，目前的基本问题是，由于企业的过度借贷，银行资产质量等级降低。贷款在银行的资产负债表中表现为资产。这些资产虽然数量很大，但质量上存在很大的差别。它们大体上可以分为不同的类型：大约一半属于正常借贷，其数量适当，效益也比较好。另一半属于过度借贷，不过这部分借贷的质量情况也不能一概而论。其中，大约 50% 是贷给那些经营效益好的企业用于维持和扩大经营；或是用于某些企业的技术改造项目，一旦改造项目完成之后，即可获得良好收益，等等；这些贷款的还款有可能逾期，但由于经济效益好，以后收回是没有问题的。还有另外大约 50% 贷给效益比较差的企业，其中有一部分可能是呆账坏账，有可能收不回来（详见图 10-1）。

图 10-1　银行资产负债情况

进行债权股权转换可以分几种情况来考虑：

（1）对于那些严重资不抵债的企业，应当按照《企业破产法》让它们破产，这类企业拖欠银行的贷款本来也属无法收回的贷款，损失是无法避免的，这部分贷款应予核销。从银行的资产负债表上看，表现为在资产栏中减少了一部分贷款，而在负债栏中银行自有资本也会减少相应的部分。

（2）对于一般的过度贷款，银行可以用取得企业的股票的方式，将其中的一部分转变为银行持有的股份。这样做，对于企业来说，减少了贷款，增加了股本，从而可以解决过度负债经营的问题；对于银行来说，把债权变为股权，一方面使贷款规模缩小了，解决了过度贷款的问题，另一方面，银行从贷款者变为股东，可以以股东的身份对企业经营施加影响，直至通过董事会撤换那些经营不善的企业的经理人员，使企业经营状况得到改善，从而使那些原来质量较差的贷款变成质量较高的资产。从银行的资产负债表来看，整个情况都发生了变化（详见图 10-2）。

但是进行债务股本转换后银行本身却面临一些必须解决的问题：第一，由于银行购买了大量股票，加大了投资风险，使银行资产的质量下降。第二，银行的贷款业务和投资业务混在一起，不符合巴塞尔协议①保证银行资产质量的规定。解决上述问题的办法是进行银行内部机构的调整。

① 巴塞尔银行业务和监管委员会（由比利时、加拿大、法国、德国、意大利、日本、荷兰、瑞典、瑞士、英国、美国和卢森堡的中央银行和监管机构的代表组成）为统一国际银行业资本充足比率而达成的协议。协议确定银行资本对加权风险资产的目标标准比率应为8%（其中核心资本至少为 4%）。协议对如何达到这一目标做了相应规定。委员会每年在瑞士巴塞尔的国际清算银行会晤。

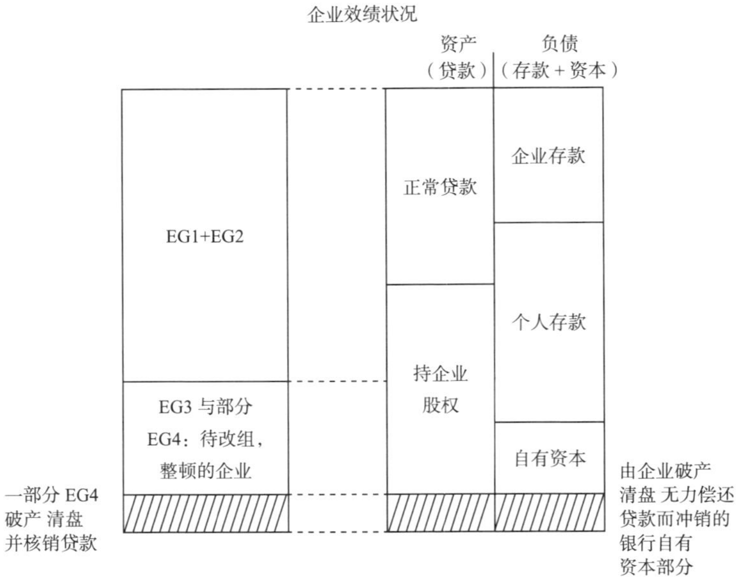

图 10–2　进行股本—债务转换后的银行资产负债表

第二步——**银行内部机构的重组与调整**。

根据巴塞尔协议，可以把银行分为两个部门，即资本金分开的商业银行部和投资银行部，投资银行部主要经营投资业务，商业银行部除经营贷款业务外还可经营债券业务。这样既有内部分工，也便于中央银行进行监控。

银行机构重组和调整的具体做法是：

（1）成立投资银行部。其资金来源有两个：一是从商业银行部拨出一部分资金作为投资银行的自有资本；二是发行债券，一部分卖给商业银行部，以销售债券的收入作为投资银行部的股本。然后，投资银行部再把这些资金用于购买企业股票。这样，投资银行的负债栏中，主要有自有资本和债券收入两项，在资产栏中就是股票一项。

（2）改组商业银行部。商业银行部不再经营股票，而是改为经营债券，同时还要拨出一部分资本金给投资银行部。这样，在商业银行的资产负债表中，负债栏中自有资本部分减少了，资产栏中企业股票项变为企业债券项。

当银行进行机构调整之后，从商业银行部看，仍然存在的问题是：由于商业银行部拨出一部分资金给投资银行部，其自身的资本金减少了；同时，商业银行部自身的资产质量还要取决于投资银行部债券的评级，而这些债券的质量等级又取决于投资银行持股企业的绩效，这些企业有的比较好，有的还待改造。所以总的看来，商业银行资产的质量等级不高。从投资银行部看，也有一些问题，主要是：资本金的比例比较低，股票的质量一般，总的来看，质量等级也不高。

要解决这些问题，还需要采取第三步措施：国家用给银行配发股份认购证（voucher）的办法给银行增资，由银行用股份认购证去购买那些经营业绩良好的企业。

当投资银行部得到股份认购证以后，就可以用认购证去购买那些效益好的企业，同时，还可以把原来商业银行部拨给它的那部分资本金退回商业银行部。

当这一过程完成之后，一方面投资银行部通过用股份认购证购买效益好的企业的股票，使股票质量等级提高了；另一方面，商业银行部收回了原来拨给投资银行部的那部分资本金，自有资本增加了，同时债券的质量等级也提高了。这样，不但企业的过度负债和银行的过度贷款问题将得到解决，而且企业与银行之间的关系也将发生重大的变化，银行将成为企业的股东。企业股权结构也会发生变化：一部分将由银行持股，而银行的持股资金有相当一部分实际上是来源于公众储蓄和各种基金组织，银行只是帮助这些基金组织投资。这样就会形成一种比较接近日本和德国的模式。

这样一种结构也能够对资本市场的发展产生有力的影响，推动资本市场的发育。

对于银行持股，也有相当多的人不赞成。他们的主要理由是：银行持股，与我国现行银行法规关于银行不得从事直接投资的规定不符；而且目前我国银行改革还没有取得根本性的突破，即使修改法规，它们也不一定能胜任这方面的工作。

我国银行法规的有关规定，源于英美银行体制。针对这一点，斯坦福大学的青木昌彦教授指出，中国经济界对美国的“格拉斯–斯蒂格尔法”存在误解。这一法律的基本精神在于要求商业银行与证券业务如承销、经纪业分开。事实上，日本也是实行“格拉斯–斯蒂格尔法”的（直到 1993 年），但这并不妨碍日本允许银行持有股份。如果允许银行持股，那么接下来的问题是对哪些企业的债权可以转变为股权。很显然，把银行对前面提出的潜在可正常化企业和需要察看企业的债权转变为股权，银行不会有太高的积极性。因此，应将一部分绩效好的企业对银行的负债转变为银行对企业的股权可能更为现实。

针对当前我国银行的素质问题，刘遵义、钱颖一教授提出了另一方案。它的突出的特点是：在重整企业之前，先重整银行。同时，实现银行的多元化和强化银行之间的竞争。这样，将有助于银行更好地执行投资者的职能。

三、关于破产程序的改进

在企业出现资不抵债的情况下，如果允许潜在可正常化的企业、特别是需要试用察看的企业继续经营，银行有可能受到更大损失。因此，银行为了保护自己的利益，更倾向于要求企业破产清盘，力求从企业剩余资产的清算中得到尽可能多的补偿。但是，这种做法的社会成本很高，不但会造成大量失业，而且本来有可能走向正常化的企业也失去了机会[①]。

事实上，上述经济学家反对贸然实施的破产程序，是指美国破产法第 7 章规定的破产程序，即清盘拍卖。美国破产法还有所谓第 11 章破产程序，即索赔人与债务人之间的“结构性商谈”（讨论企业应当被清盘，还是应当重组，公司的价值应如何分配等）。如果说第 7 章破产对企业十分严酷，第 11 章则过分宽松，以致有些经营不善的企业可以在破产保护下长时期苟延残喘。最近，哈佛大学的著名企业问题专家哈特教授与另外两位经济学家一起提出了一种改进了的破产程序[②]，这一程序的基本内容是：当企业破产时，首要的任务是进行债权和股权自动转换，原先的债权人变成公司的新所有者。然后，最大的原债权人（例如银行）挑选一名财务专家来代表新所有者的利益采取行动。财务专家的任务是对破产企业展开调查，设计一个能使新所有者可以得到的总价值最大化的未来计划。财务专家可能得出结论，认为最优方案是关闭企业，将企业资产分散出售；也可能认为应允许企业继续存在，或者由现在的经理人员经营，或

① 青木昌彦指出：“许多作者不赞成在转轨过程中机械地应用破产程序，他们指出的原因包括：由于没有健全的结算系统，许多有生命力的企业可以仅仅由于连锁反应而被迫破产。不存在资产注册，土地的私有权也没有恰当的法律限定。破产程序还可引起维持一个经济法庭系统的成本。接收者的专业知识和管理能力的缺乏，及关于债权优先次序的清楚规则的不存在，都会引起进一步的社会成本。”（见青木昌彦前引文）

② 见哈特（Oliver Hart）等：《论破产程序之改进》，提供给 1994 年 8 月 23—25 日在北京召开的“中国经济体制的下一步改革”国际研讨会的论文，载吴敬琏、周小川等著，《公司治理结构、债务重组和破产程序：重温 1994 年京伦会议》，北京：中央编译出版社，1999 年。

者选择更合适的经营者。在后一种情况下，新所有者如果同意，企业就可以退出破产行列。

哈特教授等认为，这一程序的优点是，成本低、时间短、有效率，律师和法庭参与少。而且，它也鼓励债权人将注意力盯住企业未来，避免发生谁该得到什么的冲突。最后，最重要的是，这一程序对经理人员施加了约束：如果企业无力还债，经理人员的职位就处于危险状态。他们还认为，中国现在就可以实施这一破产程序，而不必等到有了一个发达的股票市场。

我们认为，哈特教授的这一破产程序对我国企业债务问题的解决有重要意义。由于银行是我国负债累累的国有企业的主要债权人，应用哈特程序，意味着更多地发挥银行在进行企业改革中的作用，当银行成为潜在可正常化的企业和需要试用察看企业的所有者时，它就有更大的动力改善这个企业的经营，而不仅仅是想着把它的资产分掉。这样做，当然社会效益也更大。

最后，需要说明的是，我们关于通过银行债权变股权、改进破产程序使银行在企业经营中发挥更大作用的设想，有一个前提条件，这就是银行体制的改革，把现在的专业银行真正改造成为按商业原则经营的商业银行。

10.3 富余人员的安排

改革虽然已进行了十多年，但国有企业的效率仍然难以令人满意，企业中存在大量的富余人员是一个十分重要的原因。据劳动部门的抽样调查，目前全国国有企业富余职工总数约为3000万人，占全部职工总数的25%—30%[①]。由于有这样多的富余职工，企业只能让“3个人的活5个人干”。但这样做的结果是人浮于事，劳动纪律松弛，责任心下降，生产效率降低。更为严重的是，这种情况与僵化的劳动人事制度相结合，即使企业想改变这种状况也困难重重。国有企业在进行公司制改造之后，要按照效率原则组织生产，这样，在公司化过程中就存在富余人员的处理问题。

在处理企业富余人员上，首先需要强调坚持“效率优先、兼顾公平”的原则。这就是说，国有企业进行公司制改造之后，首先需要按照效率原则招工用人；在进行公司化改制时，一定要把富余职工从主体经营项目中分离出来，然后才是如何安置这些职工。

有一个问题需要进一步明确，这就是政府与企业在解决就业上各自应负的责任。我们认为，企业的责任在于按照效率原则发展生产，在扩大生产的基础上扩大就业，而不应认为“人越少越好”或者简单地把富余人员推出去不管。政府的责任则在于通过各种政策诱导企业多用工，以减少失业，并对无法就业的失业人员承担失业保障的责任，对结构性失业要通过职业培训、再就业教育等方式，帮助失业人员取得再就业的条件。总之，政府要动员整个社会的力量来解决失业人员的就业问题和富余人员的出路问题，而不能一味地让企业“自行消化”富余职工。

发展经济、扩大就业是解决富余职工问题的主要办法。我国城乡一方面“有人无事干”，公开和潜在失业人数众多，另一方面“有事无人干”的情况也并不少见。因此，需要动员各方面的力量，多方开辟就业门路，把失业人口数量减少到尽可能低的水平。

① 钱家骏、彭绍仲：《关于国有企业减少冗员问题的调查研究》，《中国工业经济研究》，1994年第8期。

首先，也是最主要的，是企业通过搞活经营、开辟新的经营领域，安排一部分富余职工。通过这种办法解决富余职工问题有着很大的潜力。比如国有大中型企业在基础原材料工业中占有主导地位，充分利用这种有利条件，积极向下游延伸，对原材料进行深加工，这些行业的国有企业就不但能够安置现在的富余职工，甚至需要新招职工以满足生产经营的需要。又比如轻纺工业现在不景气，富余人员相对更多，但许多企业都地处市区黄金地段，如果能够更合理地利用这些土地的价值，比如发展附加价值高的工业，兴办第三产业等也可以在一定程度上解决富余职工问题。

实际上，许多企业在这方面已经取得了很好的效果。比如武汉钢铁公司的企业改革，就是在把全公司12.3万人“包下来”的情况下进行的。他们认为，要发展武钢，壮大武钢，必须“精干主体”，把直接从事钢铁生产的部分人员数控制在4万—5万人；对于在“精干主体”中分离出去的人，他们并不是单纯地“甩包袱”，而是将分离出来的7万—8万非钢铁生产职工组成独立经营的实体，既为武钢主体生产提供有偿服务，同时又面向社会，为其他企业提供有偿服务。在过渡期内，这些经营实体与武钢公司保持一种若即若离的关系，但最终要成为独立法人单位。通过这样一些措施，一方面钢铁生产部分的人员减少了，专业化水平不断提高，劳动生产率和经济效益也将逐步提高；另一方面从主体部分分离出来的7万—8万职工可以开拓新的经营领域，进一步壮大武钢的力量[①]。

① 参见曹凤高：《按社会主义市场经济要求改革武钢经营管理体制》，《中国工业经济研究》，1994年第5期；同见杨家志：《从武钢的剥离重组看国有企业的股份制改革》，《中国工业经济研究》，1994年第7期。

武汉钢铁公司所采取的这些措施，对很多国有企业、特别是国有大中型企业都是适用的。这里的关键在于充分利用现有的各种有利条件，不断向新的经营领域拓展。

在企业搞活经营、扩大就业的同时，政府也需要采取各种措施，帮助那些企业确实消化不了的富余人员实现再就业。在这方面，可以借鉴德国政府的一些做法。

两德实现统一后，原东德的国有企业大都被私有化，东部失业率也显著上升，1991 年为 10.9%，1992 年为 15.3%。针对这种情况，德国政府同时把政策重点放在了创造更多的就业机会上。这些政策包括[①]：（1）短期工作制措施。为缓冲东部现从业人员被解雇和失业的威胁，联邦劳动局采取了由该局支付医疗和养老金保险而享受者则必须随时听从该局分配工作的短期工作制措施，并规定若享受者同时参加职业培训计划，还可获得其最后工资 65% 的生活费用，有子女的可达到 75%。到 1992 年第三季度，东部职工有 44 万人参加了这一计划。（2）职业培训和转业措施。包括对原东德高等及专科院校和其他教育机构从业人员进行的职业教育及就业措施；对东部现从业者的在职培训；运用联邦劳动局的特殊基金设立的职业深造机构及位置，以及对接受培训者的计划指导和咨询措施等。据统计，到 1992 年第二季度，有约 31 万人参加了各种培训计划，比上年同期增加了近 3 倍。（3）劳动创造措施。为促进社会公益部门如环境保护、交通、邮电和各类社会事务机构增加就业人员，联邦政府设立了 ABM 基金，对这些部门雇用失业者除给予几乎百分之百的工资

① 见周叔莲、王元：《关于原东德国有经济改革的考察报告》，《中国工业经济研究》，1993 年第 8 期，第 72 页。

补贴外，还发放约为工资30%的实物费用补贴，并为雇用单位提供低息的优惠实物货款。1992年第二季度，参加该措施的人数已由上年同期的10万人增加到40万人。

除上述措施外，联邦劳动局还对雇用年龄较大的失业工人的企业给予全额工资补贴；对自立开业的失业者给予若干月的开业补贴等等。这些措施已对抑制东部失业率上升起到了有效的作用。由于这些措施着眼于使就业与经济结构调整相适应，未来的作用会更加显著。

10.4 “企业办社会”机构的分离

国有企业进行公司制改造，原来的“企业办社会”机构，包括医院、学校、幼儿园、房建房管部门等，也需要从企业中“分离”出去。怎样“分离”，则应针对这些机构的不同性质和功能，采取不同的处理方法。

一、住房

为职工提供住房，是传统体制下“企业办社会”的最重要的、也是耗资最大、占用领导精力最多的一个项目。每个企业都有自己的房管部门，有些企业、特别是大型、特大型企业还有自己庞大的房建部门。实践证明，这是一种效率非常低的制度。在进行公司制改造时，必须通过住房制度改革，把住房部门从企业的主体生产经营中“分离”出来。由于房地产开发可以作为一项盈利事业，企业的房建房管机构可以从企业中“分离”出去，从单纯的福利事业转变成经营事业。需要注意的是，国家应该有恰当的政策，引导、鼓励这些机构多从事真正适合一般老百姓需要的房地产开发和住房建设，而不是去炒地皮、炒楼花。要做到这一点，国家对适合一般老百姓需要的住房建设用地应采取低价政策，使这些住房的价格合理，老百姓买得起。

住房部门同企业的主体经营“分离”不同于其他部门的特点在于，多数住房已经分配给职工居住。住房应当如何处理是一个十分复杂的问题，看来我国改革采取的是分两步走的办法。首先是提高房租，水平达到可以实现住房维修的程度。然后，实现住宅商品化。住宅商品化可以采用两种形式：一是经营住房的企业拥有住房，在商业化原则基础上向居民出租；一是把住房卖给职工，归他们私人所有。在住房改革中，房屋卖价和租价是一个十分关键的问题。我们认为卖价应当随行就市。但是，在实际交易时，要从房屋总价中，按照工龄和工作期间的最高工资级别将职工为社会住房基金作出的贡献扣除。假定一个国有企业的职工正常工作 20 年可以无偿分得一套住房，价值 10 万元，那么他一年的住房费用就是 5000 元。如果他今年工作正好 20 年，也在今年分了房子，那么他应当不必花钱而“买”得这套房子。如果他刚工作了 15 年就住上了同样的房子，他就要花（20－15）×5000=25000 元买这套房子。如果他已工作 21 年，那么他就应在得到房子的同时，得到（21－20）×5000=5000 元的“住房工资”。此外，如果采取房屋出租的形式，就需要开设房屋出租公司，经营房产；如果实现“住者有其屋”，也有大量房屋维修、清洁工作要由服务业企业来承担。所以，不论是哪种情况，原来企业所属房管部门在实现住房改革以后完全有可能发展成为盈利企业（在初期，可能还需要一定数量、其数额是递减的补贴）。

二、学校

企业办的学校一般是中小学，少数大型、特大型企业还办有职工大学。

企业办的中小学，除少数周围社区无法提供教学服务的，比如地处郊县、农村的企业，特别是地处深山的“三线企业”以外，原则上都应从企业“分离”出来，交给地方政府的教育部门。

根据我们了解的情况，当前大多数企业的领导愿意把企业办的学校“分离”出去，但企业职工、有些企业子弟学校的教职工和地方教育部门不愿意这样做。企业职工反对这样做，主要是担心影响子女上学。特别是有些企业职工的子弟，若通过正常的入学考试，在教育不发达的地方，根本就上不了学（中学），更谈不上在教学质量高的学校上学。而有子弟学校，子女至少可以上学；企业效益好的，还可以用高工资吸引高水平的教师，教学设施也可以搞得非常先进，有些学校教学质量也很高。效益好的企业子弟学校的教职工也反对从企业分离出去，因为这样原来可以享受的一些福利待遇就没有了。在教师地位不高、收入水平比较低的情况下，这种情况更突出。地方教育部门不愿意“接收”企业的子弟学校，也有他们的理由。比如目前教育经费紧张，维持现有的学校已经很困难，再把企业办的学校接过来，确实有困难。

办好基础教育，真正实行九年制义务教育，相应地就需要增加教育经费。应该承认，在财政非常紧的情况下，教育经费的增长幅度在过去十几年中是比较大的，国家做出了很大努力。但是，这还远远不够。不应仅仅看教育经费的增长幅度，而应当看所需的经费与实际拨付的经费之间的差距。

把企业办的学校从企业“分离”出来，往往不需要增加或只需要增加少量经费就能继续维持，因为现在学校已经在办着，这部分经费也在用着，只不过支出的渠道是企业而不是教育部门。把学校“分离”出去，这部分经费也应随之通过财政拨给教育部门。

至于九年制义务教育以外高中教育、高等教育，在我国还不能提供义务教育的情况下，就需要“有偿”受教育了，国家不应再通过企业办学这种方式为职工子女提供无偿受教育的条件，否则无异于用其他公民的钱为一小部分公民提供特殊待遇，是不公平的。企业办的职工大学，一般来讲，不是“分离”的问题，而是如何更好地为企业的生产经营服务的问题。从国外经济发达国家的经验看，在职职工的定期、不定期培训，对企业搞好经营是至关重要的。特别是一些技术发展快、产品更新迅速的行业，职工、包括一般技术工人和高级工程技术人员的知识老化速度非常快，只有经常地对职工进行培训，才能适应生产经营的需要。正因为如此，国外许多著名的大企业都有自己的高等学校。另外，有些企业从事的是高度专业化的生产，一般的高等学校难以提供这样的培训服务，新职工上岗前的培训也需要企业来解决，这也需要有企业自己的教育和培训机构。当然，并不会每个大企业都需要有自己的职工大学，一个城市同一行业有几个功能齐全、设施先进、管理水平比较高的这类学校就可以了。因此，企业也可以联合办学，把现有的职工大学适当合并。

三、医院

我国的国有企业一般都有自己的卫生所或医院。企业办医院，同我国国有企业职工的医疗保险制度是紧密相关的。按照现在的医疗保险制度，职工的医疗费用由企业负担，从企业福利费用中支出。企业为了方便职工，有利于更好地组织生产，也为了节省开支，大都自己办卫生所或医院。随着国有企业的公司制改造和我国医疗保险制度的改革，医疗保险走向社会统筹和个人账户相结合，这种单位自办医院的模式将发生很大的变化，相应地这些卫生所和医院也将从企业中“分离”出来。

不过，同学校的“分离”不同，医疗机构的“分离”可以有更多的选择。一种选择是从原企业中彻底分离出来，在政府医疗部门的管理下，成为独立的法人单位，独立自主地向社会提供医疗服务。另一种选择是并不同原企业彻底分开，而是作为企业的一个经营实体，同时面向企业职工和社会，提供有偿的医疗服务。我们认为，在当前我国医疗服务不发达的情况下，无论是哪一种选择都是行得通的。当然，没有必要每个企业都去从事医疗服务。特别是考虑到当前企业卫生所、医院大都技术力量有限、技术水平不是很高的情况，无论采取哪种形式，都需要有一个对现有医疗机构的调整和重新组合，提高它们的医疗水平。

10.5 简短的结语

把国有大中型企业改造成现代公司，不仅要设计出一种可行的模式，而且要解决从旧体制到新体制转变过程中遇到的一系列难题。其中最主要的是:（1）如何在国有制占有相当比重的情况下，妥善设定政府与企业之间的“界面”，避免重蹈政府直接经营企业的覆辙。（2）如何改革现行的组织人事制度，以确保公司治理结构的建立和有效率的运转。（3）在企业制度转轨的同时，卸下企业在旧体制下背上的包袱，如大量未偿还的贷款、大量富余人员和“企业办社会”的各种福利性设施。只有这样，新建立的公司才能轻装前进，通过平等的市场竞争创造自己的未来。

解决这些问题，哪怕是其中的一个，都绝不会是轻而易举的。要解决这些问题，必须依靠高层的决策和协调，也必须依靠地方政府、基层组织和广大群众积极性、主动性的发挥，就是说，要把“自上而下”的改革和“自下而上”的改革结合起来，群策群力找出有效的途径。

在这一章中，我们介绍了解决有关问题的各种方案与设想。这些方案与设想不一定都是很成熟的。但是，它们所包含的想法，可以帮助我们打开思路，去寻求更好的解决办法。

第 11 章　新组建公司将如何运行

国有大中型企业进行公司化改造后，新组建的公司要有效运作，还需要具备一系列条件，主要包括两个方面：一方面是在公司内部设置合理的组织结构，采用合理的生产组织方式，选聘合格的经理人员并对他们进行有效的激励；另一方面需要有适宜的经营环境，包括各类市场一定程度的发育，特别是资本市场的一定程度的发育，使企业能够在市场上筹集公司运转所需资本。要做到这些，仅仅靠企业自身的努力是不够的，在很大的程度上要靠整个社会市场制度的形成和完善。而后者的实现程度，又有赖于与企业改革相配套的其他方面改革的进程。本章主要围绕这些问题展开分析和讨论。

11.1　公司的内部组织与控制

我们在第一章已经指出过，企业是一个层级制组织，为了使公司的生产经营活动顺利进行，需要进行合理的组织，并实行恰当的控制。所谓组织，就是将为实现企业目标所必须进行的各种活动进行分类，并分配给相应的单位和个人，委以职责，赋以职权。与组织过程相伴随的还有控制活动，即各上级单位对下级单位和个人的活动进行检查、监督，并根据绩效给予激励，保证他们的行为符合企业的整体要求。

在企业内部，存在两种类型的分工：一个是从纵向看，存在着部门分工。企业是按不同层次组织起来的，例如一个工厂可以分为若干车间，一个车间又可以分为若干个工段。上一级领导较之下一级领导要处理更大范围的事务。另一个是从横向看，存在着职能分工。任何一项生产活动都是若干经济活动的综合。因此，一个企业又可以分为若干个职能单位，如生产、采购供应、营销、设计、研究开发（R&D）、财务等。合理的组织就是要根据本企业的特点，把这两种分工恰当地结合起来。

一、企业组织结构的基本类型

根据上述两种分工的不同结合方式，企业的组织结构有四种基本类型，它们是直线组织（line organization）、职能组织（functional organization）、直线—职能组织（line and functional organization）和矩阵组织（matrix organization）。

1. 直线组织

直线组织是一种最简单、也是最早使用的企业组织形式。直线组织的特点是：（1）上级组织与下级组织之间层次分明，一级统率一级；（2）各级领导人经赋予全权，在管辖范围内具有直接指挥权，下属必须绝对服从；（3）下属只向一个上级领导汇报工作，也只接受一个上级领导的命令（见图 11-1）。这种组织结构的优点是：（1）指挥系统简单，决策迅速，命令统一，容易贯彻到底；（2）企业内各级组织及其成员的权责明确；（3）组织结构简单，直接管理费用低。其缺点主要是：（1）要求领导人具有处理各种业务的能力，而且容易出现独断专行的弊病，决策时没有其他专家可供咨询；

（2）企业的各项业务活动之间缺乏横向联系，协调完全靠上级管理者的工作能力和责任心。

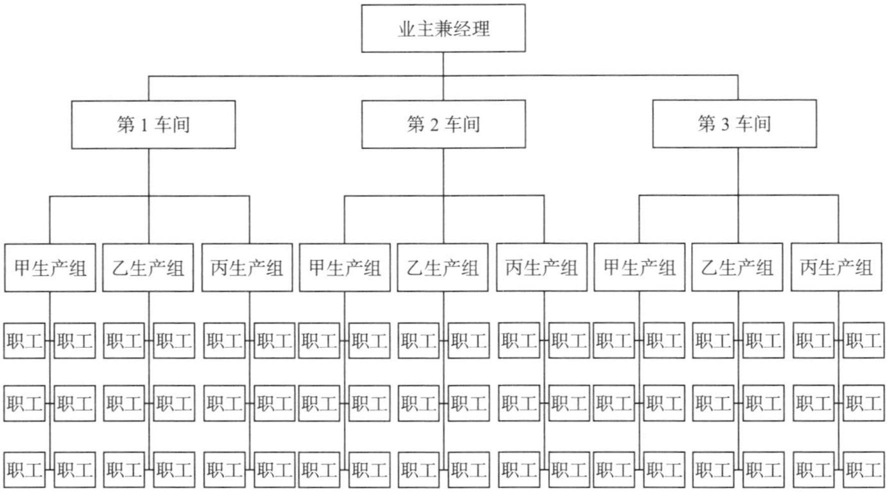

图 11-1　直线组织示意图

由于存在以上的缺点，一般说来，直线组织只适用于规模较小的业主制企业，经济活动头绪纷繁的现代大中型企业很少采用这样的组织形式。

2. 职能组织

职能组织是从泰勒倡导的“职能工长制”[①]演变而来的。它的特点是在企业的领导层次上建立各种职能机构，如生产、设计、财务、销售、供应、劳动工资等科室，分别掌握自身业务范围内的指挥权，

① 泰勒（Frederick W. Taylor）认为，一位称职的工段长应当具备多方面的素质，然而很少有人全面具备所有这些素质，因此，传统管理中由一个主管担任全面指挥的军队式组织形式是缺乏效率的。他认为，一个工段应由多个工段长领导，一个工段长只负责某种专业内的工作，这样，就可以收到专业分工的效果。

对下级执行机构和个人直接发布指令（见图 11-2）。职能结构的优点，是能够充分发挥企业中各专业的职能分工的优势，提高经济效率。缺点则是各部门之间协调困难，容易形成多头领导，使下级执行机构莫之所从。

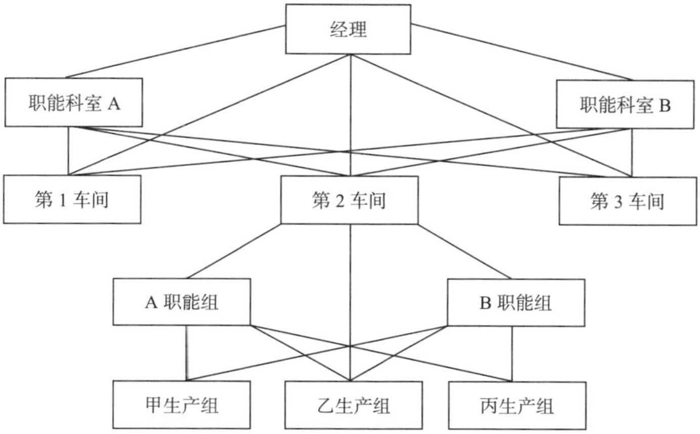

图 11-2　职能组织示意图

由于职能组织的上述缺点，它在大中型工商企业中很少得到应用。只是某些产品单一、职能分工也不太复杂的企业才适于采用这种组织形式。例如，美国 Blockbuster 录像带出租连锁商店把自己的领导机关分成三个部门：商店业务部、（录像带）分发流通部和营销部，由它们指挥 Blockbuster Video 在全美的几百个商店的活动。由于充分发挥了规模效益和职能分工的双重作用，Blockbuster 迅速击败了小型分散的“夫妻老婆店”（“mom and pop store”）式的租像商店，成为租像业的霸主。

3. 直线—职能组织

直线—职能组织的特点，是以直线型组织为主，把直线结构同职能结构结合起来。它把企业管理机构分为直线指挥机构和职能参谋机构两类，前者在自己的职责范围内有决策权和对下级的指挥权，后者则是前者的参谋。各级组织的决策权集中在企业指挥人员，如经理（厂长）、车间主任、工段长等手中（见图 11-3）。

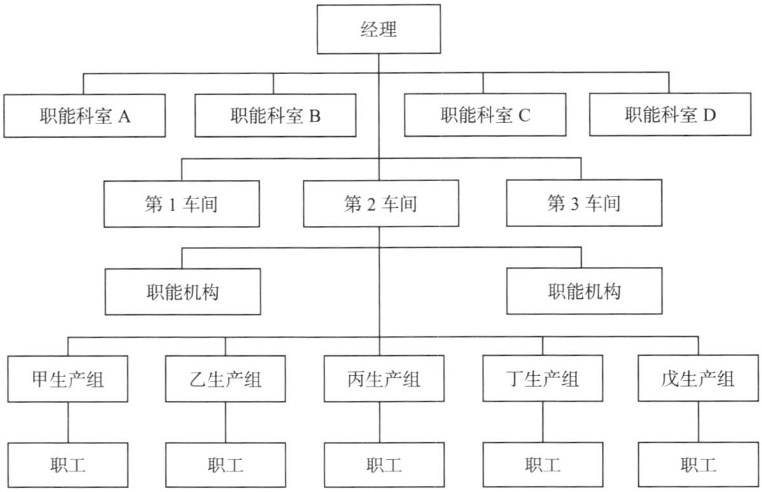

图 11-3 直线职能组织示意图

直线—职能组织兼有直线组织和职能组织的优点：一方面，各级直线领导人员有参谋和助手，能够保证决策的正确性；同时，又避免了多头领导和无人负责等混乱现象的发生。因此，目前产品品种比较简单、工艺比较稳定、市场销售情况比较容易掌握的企业大多采用直线—职能制的组织形式。但是在这种组织形式下，职能组织只起参谋作用，这对某些技术变化快、市场不易掌握的部门来说，也有不利之处。这样，矩阵组织就应运而生了。

4. 矩阵组织

矩阵组织是按职能划分部门和按产品划分部门相结合的一种形式。它首先在宇航等高科技部门以及城市改造、污染控制等部门出现，现在已广泛运用于科学研究、技术开发和产品市场管理等方面。

采用这种组织形式时，各项目除受负责该项目（产品）的经理人员管理，还受有关职能部门负责人的管理。这样，每一个工作人员都受两个上级的领导（见图 11-4）。

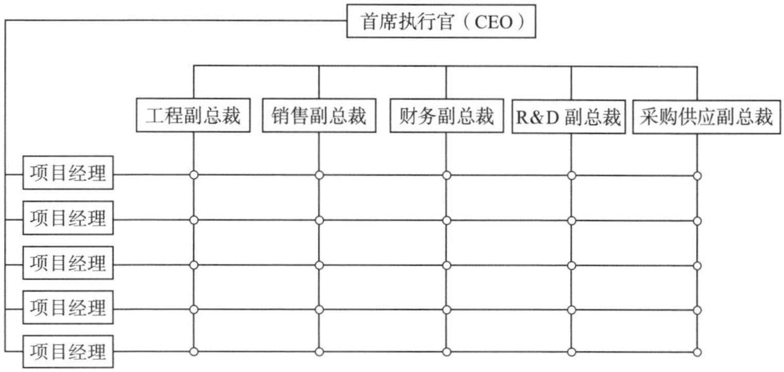

图 11-4 矩阵组织示意图

在采取矩阵结构进行管理时，可以把从事某一项目的研究、设计、试制、市场营销、物资技术供应等方面的专业人员集中在一起，通力合作，因而是处理具有较大不确定性和跨专业问题的良好形式。它的缺点是：（1）组织系统复杂，各项目经理和各职能部门之间常常发生“条块矛盾”；（2）在“条”“块”两方面的意见不一致时，受两方面双重领导的下级工作人员常常感到左右为难；（3）工作人员的工作任务常常发生变化，影响事业心的建立。

上面介绍的四种组织结构是最基本的结构。在实际生活中，在这些基本结构的基础上繁衍和变通，可以演化出多种多样的组织结构来。每个企业应当根据自身的生产经营特点，设计合适的组织结构。

二、责任中心—财务控制的组织形式

只是建立起合适的组织结构还不够，还需要实施必要的控制，检查各部门是否完成了所承担的任务。控制包括多个方面，比如生产控制、库存控制、质量控制、财务控制等。其中，前几种形式是我国企业比较熟悉的，这里着重介绍财务控制及其组织形式——责任中心（responsibility center）制。责任中心制是一种围绕中心的财务指标进行控制的制度。它产生于第一次世界大战后的西方国家，现在已经在市场经济各国的企业中普遍推行。最基本的责任中心有三种，这就是：成本中心、利润中心和投资中心。

1. 成本中心

所谓**成本中心**，指的是只对其投入（成本）实行控制的财务单位。作为成本中心的单位在财务方面要负责完成上级下达的成本指标，其经营自主权与这种责任相对应，一般都不大。之所以只对这种单位的成本进行控制，而不需控制产出，或者是由于它们只是整个连续生产过程的一个阶段，比如汽车的缸体铸造车间，只须控制成本——各种材料、人工的投入、铸件的废品率等，就足以控制全部生产过程；或者是因为它们只拥有该公司某种产品的部分生产能力，例如钢铁公司所属若干个炼钢厂中的一个，在市场需求既定的情况下，是否应当把它的生产能力开足，取决于整个公司的权衡，并不是它的产出越多就越好。

企业的职能机构是一种特殊的成本中心，通常称为**预算中心**。因为这些部门从事的是支持性服务，没有独立的产出，无法核算成本，所以对他们要以预算执行结果作为考核的依据。

2. 利润中心

对于一个**利润中心**，就不仅要控制它的成本，而且要控制它的销售收入，即把成本与收入相比较，以利润指标的完成情况作为考核的依据。作为利润中心的单位通常在经营上具有比较强的独立性，主管对生产经营、人事安排、销售和采购、费用和收益都有相当大的自主权。把它们确立为利润中心的好处在于，既有利于该中心的主管人员充分运用自己的自主权，发挥主动性和创造性。同时，也有利于对他们的考核和激励。需要指出的是，一个单位成为利润中心，并不意味着它们是“自负盈亏”的单位。事实上，成为利润中心与成为自负盈亏的法律实体是完全不同的事情。成为利润中心，只是说要根据上级颁发的利润指标对它们进行考核，至于盈亏的负担者，仍然是公司法人，说到底，是公司的所有者。

3. 投资中心

一般说来，一个独立的企业只有一个**投资中心**。既然公司的分支机构没有独立的财产，不能自负盈亏，所有的经营利润和亏损最终要由公司法人承担，对各种业务活动的投资是增加还是减少，要不要投资于新的产业和地区，这些决策都只能由公司的最高决策层做出。最高决策层考虑的是整个公司的投资报酬率。当然，对于一些特别巨大的企业，像大型的跨国公司，它的一些下属的全资子公司也可以在一定程度上具有投资中心的功能，由这些子公司负责本公司范围内的投资决策。但是，这必须经过总公司的授权。

在我国，对于财务控制中心的设置长期存在着误解，认为利润中心甚至投资中心设置得越低越好，因为这样可以“调动基层组织的积极性”。80 年代后期流行一时的“层层承包，一包到底”的口号，就是在这种不确切的认识背景下提出来的。由于把投资中心下放和把利润中心放得太低，造成了一些企业中小单位的本位主义盛行，各自谋取自身的利益，肢解整个企业的工业生产体系。财务控制中心如何设置，取决于不同单位生产经营的性质和特点，需要综合考虑内外部条件来决定。例如，钢铁业由于市场变动大、设备专用性强，控制中心需要设置得比较集中。在日本，甚至大钢铁公司所属年产千万吨的炼钢厂，通常也只是一个成本中心。这样总部可以指挥如意，开哪个厂、关哪个厂，都可以根据市场情况和公司的整体利益决定。否则的话，当市场需求不足时，就会出现各个分厂争市场、争资金、争原材料的情况，结果损害了公司整体利益。又例如，零售商业需要每个商店各自为战，因此，大商业公司的利润中心一般分散设置在比较低的层次上。但是，也不是越低越好。譬如在一个百货商店中把利润中心下放到各个柜台，就势必造成都只愿经营高利商品，而不愿经营微利商品，结果出现削弱了商店和整个公司的整体优势的情况。或者各个柜台都自行进行自己的创商誉、做广告等活动，减少了规模经济所能带来的好处，增加了成本。

三、大型企业的“事业部制”

在本节前面讨论企业组织结构的四种基本形式时，我们通常隐含地将企业组织的二级机构（工厂、分厂或车间）定义为成本中心。事实上，在大企业中，这种二级机构往往有比较大的自主权，是以利润指标为考核依据的利润中心。这种作为利润中心的二级机构，通常叫作事业部或事业本部（division）。

事业部组织的优点是：（1）战略管理和日常管理能较好地分工和结合；（2）各事业部之间有比较，有竞争，有利于企业活力的增强；（3）可以根据各事业部的盈亏状况，及时调整经营方向；（4）有利于各事业部领导者增长才干。这种组织结构的缺点是容易使各事业部形成部门本位主义和地区本位主义，出现某种“条块分割”的现象，而且机构重叠，用人较多。

事业部可按产品设立，也可以按地区设立，还可以按市场（销售对象）设立。这些事业部分别负责本产品、本地区或本市场的生产经营活动，总公司则只负责大政方针的决策、资本调度和事业部人事的任免。

实行事业部制的企业，可以按职能机构的设置层次和事业部取得职能部门支持性服务的方式不同划分为三种类型：

（1）**产品事业部结构**（product division structure）：只在总公司设置研究与开发（R&D）、设计、采购、销售等职能部门，事业部主要从事生产，它们所需的支持性服务都来自总公司有关职能部门。

（2）**多事业部结构**（multi-division structure）：各个事业部都设立自己的职能部门，进行科研、设计、采购、销售等支持性服务。这意味着事业部生产自己设计的产品，自行采购和自行销售。

（3）**矩阵管理**（matrix management）：它的情况与前面所讲的矩阵结构的情况相同。

一个企业的产品结构、业务特点、经济规模等决定了它采取哪一种结构最为适当。甚至同一公司的业务部门，也可以根据自己的业务特点，选择不同的组织结构。G. 琼斯在《组织理论：课本与案例》一书中假设了一个拥有三个事业部的公司：其中的汽车事业部由于产品品种简单，采用职能结构；个人电脑事业部由于要开发几个不同系列的电脑，采取产品事业部结构；家用电器事业部要对消费者复杂多变的需求迅速作出反应，采取了矩阵结构；至于整个公司，则属于多事业部结构（见图 11–5）[①]。

① 见 Gareth R. Jones. *Organizational Theory*: *Text and Cases*（《组织理论：课本和案例》）. Addison–Wesley Publishing Co., 1994, p.141.

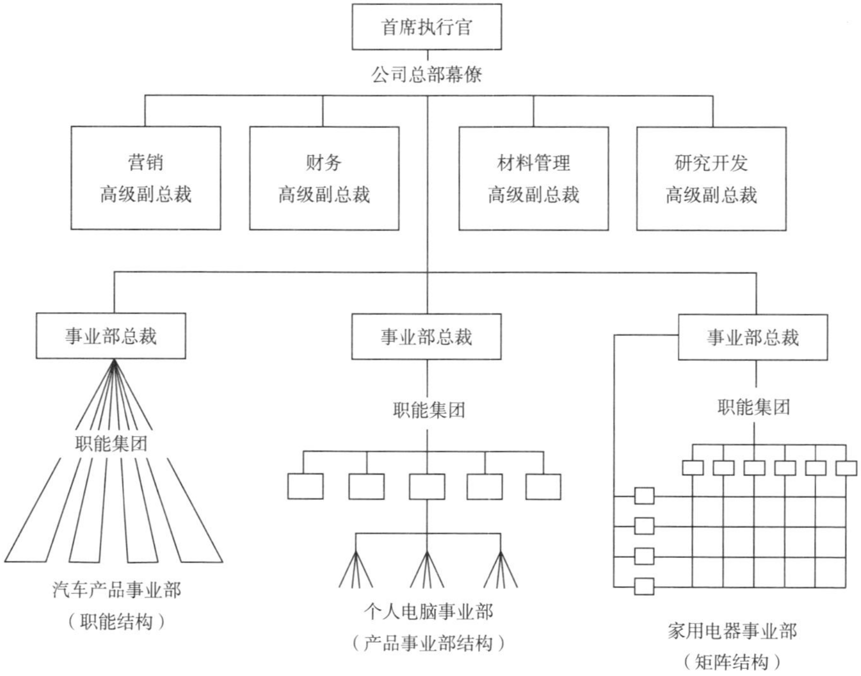

图 11-5 多事业部结构示意图

四、企业规模和生产组织形式的选择

在第一章《导论》中，我们曾经介绍过关于企业边界的理论，指出无论企业规模过小、达不到合理的边界，还是规模过大、超越了合理的边界，都会导致成本的上升和利润的下降。就目前的主要倾向而言，问题显然在于一些企业的规模过大。近几十年来，许多企业追求大型化，致使企业臃肿、机构重叠、官僚主义盛行和效率下降。进入 90 年代以来，以美国为代表，市场经济国家企业组织的主流趋势，是“缩小规模”（down sizing）。在进行“缩小规模”的十大美国企业中，IBM 已经裁减 8 万 5 千名职工；AT&T8 万 3 千 5 百人；通用汽车公司 7 万 4 千人；UPS 邮寄包裹公司 5 万 5 千人；西尔斯百货公司 5 万 5 千人；波音公司 3 万人；纽约电话公司 2 万 2

千人；郝福飞机公司2万1千人；GTE1万7千人；马丁·马瑞达1万5千人。值得我们注意的是，过去在计划经济的条件下就存在过孙冶方称之为“大型狂”的追求企业大型化的倾向。它的影响是十分深远的。我们需要从别人在处理企业规模问题上的失误中汲取教训，防止过分大型化在公司化的新条件下的重新发生。

美国企业规模过大，主要在两种情况下发生，一是片面地理解“多角化经营”的方针，兼并了一些与自己本业没有关联的企业；一是过分强调零部件的专用性，把自己需用的零部件的生产都纳入自身生产体系，自行生产。

关于第一个问题，现在美国大公司纷纷将与自己主业无密切关联的事业部或子公司出售，以便集中资源，搞好主业。

关于第二个问题，对于多零件产品的生产来说，存在两种基本的生产组织形式，一种是以美国企业为代表，零部件生产多在企业内部生产；一种以日本企业为代表，强调大企业与中小企业之间的分工协作，零部件多由大企业的“下请”企业制造。实践证明，采用后一种生产组织形式效率要比前一种高。战后日本企业特点是汽车、家电等重点产业的竞争力之所以迅速提高，一个重要的原因就是采用了这种效率更高的生产方式。在第一章《导论》中我们指出过，根据现代企业理论，凡是专用性强、合同的不完全性大因而市场交易成本高于企业组织成本的场合，应当把经济活动放在企业内进行。但在实际生活中，情况常常是错综复杂的。某些经济活动既有有利于由企业协调的方面，又有有利于由市场协调的方面，因而最理想的办法是把两种协调方式结合起来，取长补短，达到交易成本最低、效率最高的目的。看来，日本的生产组织方式就是一种在市场协调基础上引入的某些企业组织协调因素的组织协作的巧妙办法。

人们一般把日本企业的这种生产组织方式称为“下请体制”（即“下承包制”）。在日本，这种生产组织形式最早出现在20世纪20、30年代，当时由于中小企业过度竞争比较严重，大企业发现把零部件生产包给中小企业比自己生产有利得多。第二次世界大战后，处于汽车、造船、机床、家电等产业的大企业，为了增强竞争力，降低生产成本，继续采用了“下请”生产的方式，选择优秀的下承包企业，与之形成长期合同关系，为自己制造所需的零部件，并在资金和技术上对这些企业给予支持，为它们提供设计图纸、专用设备和工装模具，派技术人员到这些企业进行指导，甚至派自己的退休或在职人员担任下承包企业的领导。但在另一方面，下承包企业又是独立的企业，它们必须在强大的市场竞争压力下，靠艰苦努力，加强企业的经营管理和质量控制谋求生存和发展。资料表明，日本企业的这种生产组织形式在战后一直在发展。1966年，日本中小企业从事下承包的占53.3%，1971年是58.7%，1976年是60.7%，1981年是65.5%[①]。

日本企业的“下承包”生产方式之所以能够有效率，关键在于这种安排有利于分工的深化和发挥小企业成本优势。我国企业应当学习日本企业的这种做法，走专业化生产的道路。为了实现这一转变，除了有关部门要努力培育适宜的市场环境外，大中小企业都应该转变自己的思想。对于大企业，主要是需要改变追求“大而全”和“万事不求人”的想法，从强化分工协作中寻求效率，与中小企业共同建立新的生产组织形式。对于中小企业，则应认识到加入到

① 见小宫隆太郎等编（1984）：《日本的产业政策》，黄晓勇等译，北京：国际文化出版公司，1988年，第514页。在日本，中小企业指职工人数在300人以下的企业。

大企业的分工系列之中，是一种比孤立单干更好的选择。在现代的社会化大生产中继续按照我国传统的“宁为鸡首，毋为牛后”的想法行事，不为“牛后”，最后连“鸡首”也当不成，要被挤垮。

11.2 对经理人员的监督与激励

在第1章《导论》和第7章《什么是现代企业制度》中，我们曾经指出，在现代公司所有与控制分离的情况下，如何处理所有者与经理人员之间的委托—代理关系，以便降低代理成本和代理风险，是搞好公司经营的一个根本性问题。为了正确处理这种委托—代理关系，具有关键意义的是建立起对经理人员的激励机制。现在我们要进一步讨论，怎样来建立这种激励机制。

在前面我们提到过，公司高层经理人员受到三重约束，这就是：（1）商品市场竞争的约束；（2）资本市场竞争的约束；（3）经理市场竞争的约束。进一步的分析告诉我们，在上述三种激励机制中最直接、也是最重要的一种激励机制是经理市场的竞争，它通过经理人员人力资本价值的升降激励他们努力工作，改善经营管理，协调全公司职工，提高公司的收益。其他两个方面的激励虽然也很重要，但在很大程度上要通过经理市场的直接激励起作用。

拿产品市场的作用来说，哈佛大学的哈特对产品市场的竞争对经理人员产生压力的机制作了如下的分析：假定同一产品市场上有许多企业，它们各自的生产成本是不确定的，但在统计上是彼此相关的。也就是说，产品市场的价格包含着各个企业的成本信息。因此，在企业由经理人员来经营的情况下，虽然只有经营者才知道企业的成本，所有者并不知道，但产品市场的价格却可以向所有者提供这一信息。哈特进一步假定，社会中有一部分企业由经理人员控制，而另一部分企业则由所有者直接控制，后者会把成本尽量降低，从而压低产品市场的价格。这样，由所有者直接控制的企业越多，产品市场的竞争就越激烈，价格就压得越低，对经理人员的压力也就越大，从而促使他们想方设法改善经营，不至于在竞争中失败[①]。十分明显，产品市场是否对经理人员有压力，关键在于业主是否根据企业的经营绩效决定经理人员的报酬。

拿资本市场的竞争对经理人员约束来说，在各主要市场经济国家中，资本市场的作用各不相同。在德国和日本，大部分股票不在二级市场上流通，对经理人员的激励作用也不大。就是在美国，它对经理人员的影响也往往是双重的。这就是说，一方面，如果公司经营不善，股价会大幅度下跌，这就给经理人员施加了巨大的压力，促使他们改善经营。尤其是当由于经营的原因导致股价低于它的实际价值的情况变得十分明显时，就会引来外部投资者进行“敌意收购”，接管企业，撤换原有领导人员。由于企业有可能被接管，经理人员必须努力工作，防止出现这种事态。本书第 7 章《什么是现代企业制度》已经介绍过 80 年代美国杠杆收购（LBO）对于经理人员的强大激励作用。近年来，美国流行用股票期权（options）作为高层经理人员“报酬篮子”中的重要项目，即公司在与经理人员签定雇佣合约时规定他们可以三、五年后按定约时的价格购买若干本公司的股票，如果经理人员在此期间能够做到使本公司股价上升，可

① 参见钱颖一：《企业理论》，载汤敏等编：《现代经济学前沿专题》，北京：商务印书馆，1989 年。

以得到以百万、千万计的差价收入，因此股价涨落对高层经理人员的作用就更大。但是资本市场对经理人员的监督和激励作用离不开经理市场的竞争。不仅公司股票价格的升降要通过经理人员“报酬篮子”的安排起作用，“敌意收购”之所以具有强大的威慑力量，也是因为它造成经理人员个人资本在经理市场的彻底贬值。

强化经理市场竞争的中心环节，是合理确定经理人员的报酬。决定经理人员报酬的一般原则，无疑是使他们的收入与企业的经营绩效相适应。企业的经营绩效好，他们的报酬应该高；反之，就应该低；如果不称职，则应被撤换。我国过去的国营企业盛行平均主义的分配方式，责任重大的高层经理人员的收入水平很低。改革以来，经理人员的自主权有所扩大，收入也有所提高，但是，一方面由于平均主义的倾向仍然存在，真正奉公的高层经理人员的报酬的增加与他们做出的贡献无法比拟；另一方面，由于前面讲到的所有者不在位和“内部人控制”的问题，有的高层经理却能够利用自己不受所有者最终控制的控制权为自己谋私利，有时也可以达到肆无忌惮的程度。

进一步说，仅仅明确经理人员的报酬要与他们的经营绩效相适应是不够的。所谓经营绩效有多方面的表现，因此需要有多种报酬形式与之对应，才有利于解决经理人员目标和所有者目标之间的矛盾。经理人员的报酬可以有多种形式，如工资、奖金、股票和股票期权（options）等。这些报酬形式对经理人员的激励作用是不同的。固定工资为经理人员提供了一个稳定的收入，使他们能够专注于企业的经营管理，但不利于激励经理人员尽量发挥他们的潜能。奖金是根据企业当年的经营情况发放的，能够在更大程度上调动经理人员争取近期赢利的积极性，但也容易使经理人员产生短期行为。股票与股票期权，一般认为具有更大的激励作用，因为只有当企业经营良好、股价上升时，经理人员才能从股票和股票选择权上得到更多的报酬，因此有更强烈的激励作用，同时可以使经理人员对公司更有归属感和更长远的打算。但是，对于以股票和股票期权的形式向高层经理人员支付激励性报酬的做法是否正当和有益，也有不同的看法。例如，有的人认为，经理人员得到股票期权并没有投入资本，因而不存在风险。当股价上涨时，他们得到收益，但当经营不好、股价下跌时，他们也没有什么损失。经理人员掌握的股票数量，除了在经理人员收购（management buy-out，简称 MBO）的情况外，也不会占很大份额，而且可以随时出让，它是否能使经理人员就此建立长期的归属感，是值得怀疑的。还有人认为，在扩股增资时预留一部分保留股价作日后奖励经理人员之用，实际上侵犯了股东权益。此外，股市无常，股价高低由多种因素决定，并不总能准确地反映企业经营业绩，经理人员的努力程度也不能自动地从股价的波动中反映出来。另外，经理人员作为“内部人”，对本企业比其他人掌握更多的信息，他们也有可能利用这些信息从事“内线交易”（inside trading），为自己谋利。总之，以本公司股票和股票期权作为对经理人员的激励，是利弊兼存的。

由于各种报酬形式各有利弊，各国公司由于本国历史传统和公司文化的不同，往往各有侧重。在同一国家，也往往根据公司目标的差异和理解上的变化而作出调整。例如德国公司很少采用股票和股票期权作为对经理人员的奖励性报酬，就是奖金，在经理人员报酬总额中所占比例也不大。而美国公司则往往把与短期绩效相联系的报酬形式放到过分重要的地位。有人认为，这是近年来不少美国公司经理人员行为短期化的重要原因。更值得注意的是，美国公司经理人员的实际报酬事实上很少真正与公司绩效挂钩，他们从股票期权中获得的报酬快于公司利润和工业产出的增长[①]。在日本，高层经理人员的工薪报酬并不太高，奖金每年一般也只合一个月的工资。对于他们来说，在职消费（配备司机的专车、交际费、网球俱乐部会员证等）往往是报酬的重要内容。据说这种安排既有激励作用，又有助于缓解高层经理人员与一般职工的矛盾。

11.3 公司运作与资本市场

公司要维持正常的经营并求得发展，就需要不断地从金融市场上筹集资金。短期资金通过货币市场筹集，长期资金则通过资本市场筹集。

一、两种融资方式：直接融资和间接融资

长期资金的筹集有两种方式，即直接融资和间接融资。所谓直接融资，是指资本的最终需求者（企业）直接向资本的最初所有者（包括个人和法人）筹资。直接融资的主要形式是企业通过发行普通股和企业债券筹集资金。还有一种企业发行的优先股，这是一种介乎股票与债券之间的形式，因为优先股持有人虽然有优先得到股利的权利，却没有在股东大会上的投票权。所谓间接融资，是由企业通过商业银行及其他金融中介机构以贷款的方式筹集资金。这种贷款一般具有以下特征：（1）偿还期较长。定期贷款的期限一般是

① Geoffrey Colvin（1992）. How to pay the CEO Right（《怎样正确地给公司的首席执行官付报酬》）. *Fortune*, April, 6. 1992.

1年以上、15年以下。通常商业银行贷款的期限要短一些，3—5年的居多；保险公司、各种基金组织则长一些，一般是5—15年。有时，银行和保险公司等也会相互合作，组织贷款团贷款。（2）分期偿还。定期贷款一般是按预先的约定分期偿还的。（3）一般都需要担保。商业银行一般要求借款企业对贷款总额的60%至90%以股票、债券等抵押担保；保险公司一般要求以企业的不动产，对贷款总额的1/3作担保。（4）要签订贷款协定。贷款协定的主要内容一般包括：借款企业的流动比率和净流动资本必须保持在某一水平之上。借款企业除非得到贷款人允许，一般被禁止发生追加的长期负债，或者以资产抵押承担任何可能的义务，签署超出特定数额的长期租赁等等。贷款人还可以要求对企业管理人员的任何重大变动都要得到自己的同意。可以规定在一定时期内建立股权信托或授予自己代理人权力，以保证公司管理处于贷款人在作出贷款时所信任的那些人控制之下。借款企业应向贷款机构定期呈递财务报表以备检查。

直接融资和间接融资两种形式各有自己的长处和短处，以何者为主就成为各国企业融资方式安排的重要问题。不同的国家的不同发展阶段往往有不同的偏重。美国和英国等老市场经济国家的企业历来主要靠直接融资。70年代以前，通过企业债券和股权进行的直接融资约占企业外部融资总额的55%—60%；通过银行中介的间接融资占40%—45%。日本等亚洲后进国家则相反。1975年以前，日本间接融资在企业外部融资中的比重，约占80%—85%，直接融资只占15%—20%。70年代以后，情况才发生了缓慢的相反变化。美英企业增加了间接融资的比重，日本企业增加了直接融资的比重。

二、建设以间接融资为主的资本市场

美英等老市场经济国家过分依赖直接融资，存在着某些弊端。

哈佛商学院波特（M. E. Porter）教授领导的分析美国竞争力衰退原因的课题组对比了美国、德国、日本的资本配置方式以后指出，包括直接融资机制在内的美国投资制度有以下特点：

（1）由于公司注重追求现期收益，强调现期的股票价格而不是公司的长期价值，所以在总体上较少对投资起支持性作用。由此导致美国产业的平均投资水平低于日本和德国。（2）偏好于那些收益最容易度量的投资形式，使美国在无形资产等收益难以度量的方面投资不足。（3）美国的制度偏好那些容易评估的资产，而不重视较难评价且给现期收益拖后腿的内部发展项目。（4）鼓励在某些部门的投资，同时限制在另一些部门投资。这种制度对于明显属于高科技或新兴产业中的公司而言运作得最好，对那些增长迅速和预期发展潜力较大的公司尤其如此。美国制度还支持投资转移。在这些情况下，投资者认识到现期收益无关紧要，因而寻求其他的价值替代形式，如专利、新产品推销、新研究渠道和新服务点的增加。这可以解释为什么美国在一些产业上投资高于其竞争对手，而在另一些产业又少于其竞争对手。（5）导致一些类型的公司过度投资。例如，只要现期收益令人满意，或直到公司的财务状况明显恶化而有必要换手之前，经理人员仍然倾向于继续投资（及继续积累现金）。这可以解释为什么一些公司浪费资源而同时美国产业作为一个整体在投资上又落后。

总之，波特认为美国的制度虽然具有较好的反应能力和灵活性，却不能进行足够的投资，以确保在目前经营行业中的竞争地位。之所以出现这种情况，原因在于：美国的投资制度适合使短期的私人收益最大化；日本和德国的投资制度适合使长期的私人收益和社会收益最大化，由于重视企业的长期地位以及创造一种把各种对企业有重大利害关系的人群（stakeholders）即股东、银行、雇员、供应商、顾客和地方社区利益结合在一起的所有权结构和治理结构，日本与德国的投资制度能够更好地取得由个人投资所创造的社会利益①。

这两种投资制度，包括它们的融资方式各有利弊，而且近来出现了相互接近的趋同倾向。然而无可置疑的是，在发展中国家的经济起飞阶段，采取间接融资为主筹资方式，对于降低筹资成本、减少投资失误、增强企业竞争力以及保障居民金融资产的安全性确有不可低估的作用。不少国际文献对此作了分析：

第一，在一个国家的低收入时期，相对于资金的收益率，居民更重视金融资产的安全性和流动性（即变现能力），所以，这两方面性能都比较差的直接融资形式不可能为大多数居民所接受而占主导地位。由于在这个阶段上大多数居民的储蓄主要是准备用于意外条件下的不时之需，过早过多地发展直接筹资形式，不符合大多数居民的要求，也不利于社会的安定。日本个人金融资产的构成情况也充分说明了这一点（参见表 11–1）。

表 11–1　1989 年末日本居民个人金融资产构成②

项目	现金	银行存款	信托	保险	有价证券	其中“股票”	其他	总计
构成比	3.5	47.7	6.3	19.0	22.5	13.8	1.0	100

① Porter，M.E.，前引书，还可以参考同一作者的 Capital Disadvantage: America’s Failing Capital Investment（《资本失利：美国失效的投资制度》），*Harvard Business Review*, September–October, 1992.

② 本表取自吴家骏：《日本的股份公司与中国的企业改革》，北京：经济管理出版社，1994 年，第 41 页。

第二，在市场化程度很低的情况下，居民的投资决策能力和对市场走向的判断能力都较差，同时，不健全的市场所提供的信息也是扭曲的。此时大多数居民很难进行直接投资，即使进行也会有较大的盲目性。

第三，对于一个储蓄倾向很高的东方民族来说，能用较低的利率吸收存款，是经济高速发展得天独厚的有利条件。日本高速增长时期采取低利率政策为企业提供低息资金，是公认的成功经验。过早发展高收益率的直接筹资，会对银行低利吸储产生压力和冲击，不利于提高积累率，推动经济起飞。

第四，在发展初期进行投资管理的人才稀缺。在合格的投资管理人员人数较少的初期发展阶段，将优秀人才集中在少数金融中介机构以正确选择投资方向，指导企业改善经营，比过分分散地由个人和企业作出决策更有效地利用了人力资本资源，减少了投资决策的失误。

第五，在研究日本企业的竞争力何以比欧美企业强劲时，不少文献认为，由于股票市场对日本企业经理人员争取短期盈利的压力较小，经理不必将注意力集中在增加年度分红的短期考虑上，而可以更多地考虑企业的长期发展。所以日本企业在增加积累、加快技术进步和产品更新等方面要明显优于更注意股东短期利益的欧美企业。

亚洲一些后起的工业化经济运用了日本以间接融资为主的做法，也取得了良好的效果。

中国正处在起飞初期，各种社会经济条件与亚洲新兴工业化经济多有相似之处，所以在我国现阶段无疑应当采取以间接融资为主的方针，在积极发展直接融资的同时，把主要力量用来发展银行等金融中介机构和通过银行中介的间接融资。

以上所说直接融资为主还是间接融资为主的问题，是指整个国民经济而言的，至于对个别企业两种融资方式应以什么结构搭配，则取决于它们各自的具体情况[①]。

三、将股票市场引向健康发展的轨道

我们主张我国现阶段资本市场应当以间接融资为主，这并不意味着可以忽视直接融资的作用。包括它的最具组织性的形式——股票交易所在内的证券市场，是资本市场的重要组成部分，必须努力将它办好。然而正如我们在第8章第3节里曾经指出的那样，由于种种原因，在“股份制试点”过程中出现了一系列不利于股票市场健康发展的现象：（1）“股份化改革”没有把工作的重点放在企业制度创新上，从而使股票市场失去了企业制度的基础；（2）不少人把发行股票看作可以通过企业原有资产低估和高溢价发行使企业得到额外的资金和使少数人发财；（3）股票交易的制度不严整，规则不明晰，监督不严格。由于以上原因，使我国股市的发展极不正常，股市上弥漫着投机气氛，而它的正常功能却不能得到发挥，而成为少数人靠内线交易、“造势设局”等不正当手段聚敛财富的场所。在近几年中央银行采取了扩张性货币政策的情况下，我国股市不断出现“泡沫”现象。在“泡沫”吹胀时，股市市盈率可以上升到100倍、甚至200倍的荒唐高价位。人们被虚假的“财富”膨胀所吸引，以为股市是个摇钱树、聚宝盆，把自己的本业置于脑后，纷纷入市炒股。而这虚假繁荣的“泡沫”是必然要破灭的。在“泡沫”破灭时，大多数人被“套牢”，还有些人倾家荡产。于是，我国股市呈现出任何一个国家所没有见过的大幅度、高频率波动的状况，往往一

① 参见钱颖一前引文章第4节：《企业资本结构》。

年间就出现振幅在50%以上的飚升和崩盘，这种大幅度振荡对国民经济造成很大的冲击。至于这种投机市场的形成对人们工作道德和艰苦创业精神造成的破坏性影响，就更加深远了。

以上这些消极现象，不但已经妨害了股票市场本身的健康发展，而且对企业改革乃至整个经济体制改革造成损害，现在亟需采取措施改变这种状况，把股票市场引向健康发展的轨道。

从一级市场看，应该改变对股票发行实行规模控制的做法，把工作的重点转移到严格审查企业的公司章程、资产评估报告、验资报告、招股说明书和严格监督公司向社会公众披露公司情况上面。从这两年的情况看，还应注意：（1）政府决不能插手股票发行价格的制定，而应该交由发行股票的企业与证券承销商协商确定；更不能采取不正当的办法人为抬高股价，高溢价发行，坑害一般股民。（2）杜绝“权力股”、内部私分股票等违法活动。（3）国家不要干预股民的行动，购买股票是完全的私人行动，决策结果应由他们自己承担，国家不应该介入。（4）政府应当负责维持市场秩序，打击内线交易和操纵市场等违法行为，同时要对股民进行教育，普及与公司设立和股票发行有关的经济和法律知识，提醒人们注意投资风险。

从二级市场看，政府和证券交易监督机构要通过加强自己的监督和疏导工作，促进股市的健康发展：（1）坚持和提高股票上市标准，增加绩优股的上市量，使上市公司和市场运作逐步向国际标准看齐，股票交易中的一些基本准则如同股同价等必须得到贯彻。股份被分划为法人股、个人股、A股、B股，法人股不能流通等情况应当尽早改变。（2）严格执行股票市场交易规则，禁止以权炒股和内线交易，禁止操纵市场从中渔利，犯罪者必须得到惩治。（3）制止银行机构和行政机构用公款炒股等非法活动，抑制热衷于投机的风气。需要明确，政府的职责是监督执行市场规则，制止违法活动，以便保护大多数股民的利益，而不是直接对市场进行干预。采取行政措施“托市”和“救市”，不利于股市的正常化，只有利于少数人。

从 1993 年下半年开始，我国过热的股市开始降温，A 股股价逐步下落，特别是到了 1994 年中期，市盈率降到 10 倍左右，已有不少股票开始具有投资价值。这时，只要做好工作，改变人们在“泡沫”破灭后对股市失去信心的心理状况，同时在 A、B 股股价比较接近的情况下实现合并，逐步实现法人股加入流通，股市走向正常发展是有可能做到的。因此，不少经济学家呼吁政府不要用行政手段干预股市，而是要发挥政府的规制和引导作用，使股市逐步走上健康发展的道路。可惜的是，证券交易监督当局在 2 月末和 7 月末两次采取“救市”措施，使狂热投机死灰复燃。7 月末宣布三项措施以后，股价再度飚升，不到一个月，股价上升了将近 200%。这时，股票的平均市盈率再次上升到 30 倍以上，失去了投资价值；A、B 股价格再次拉开，失去了并轨机会；股价大幅度波动，股票的日换手率有时竟达到 100% 的超高频率，回复到投机活动占统治地位的状况。

11.4 加快进行有关重点领域的改革

我们在第 1 章《导论》中就已经指出，企业是一个与各方面投入品提供者，包括劳动者、资本所有者、土地所有者和产品购买者如消费者等之间合约关系的集合。撇开这些“联系”或“合约关系”，“企业”就不可能建立和营运。与此相适应，大中型企业的改革牵涉面极其广泛，它不仅影响方方面面，而且受制于方方面面。因此，为了顺利进行企业改革，必须同时推进与企业改革相联系的各项改革。经过 15 年的努力，绝大部分商品价格已经放开。经济体制中突出的落后的部分，除国有企业外，主要是财税、金融、外汇外贸管理和社会保障体系等。1993 年 11 月召开的中共十四届三中全会决定采取“整体推进、重点突破”的方针，加快进行这些方面的改革。

一、对 1994 年改革的评价

1994 年，我们在财税、金融、外汇等领域采取了一系列重大的改革措施。其中，财税体制改革和外汇体制改革的步子迈得较大，进展也比较顺利，甚至超出了预想效果。具体情况是：

第一，财税体制改革顺利推进，达到了预定目标。

目前，以增值税为主要税种，能够比较好地保证平等竞争环境的新税制的总体框架已经大体形成，各级预算按照税种划分收入的“分税制”也已经进入预定的轨道。新体制运转正常，并已开始对我国财政状况和经济运行产生积极影响。

第二，外汇管理体制改革的第一步：经常项目的可兑换，已在外资企业以外的领域中实现。这一步改革的重点是取消双重汇率制度，实行企业与银行间的结汇、售汇制，建立银行间外汇交易市场。从 1994 年上半年情况看，新的外汇管理体制运转正常，汇率稳中有升，国家外汇储备增加，银行间外汇市场交易活跃，进出口贸易发展势头良好，外商直接投资继续增加。

在进行外汇管理体制改革的同时，外贸管理体制改革也有新的进展。外贸管理体制改革的重点：一是落实外贸企业经营自主权，按照现代企业制度的要求发展外向型企业集团；二是在大大减少进出口配额的同时，逐步实现配额公开招标、拍卖制度。在外汇和外贸管理体制改革的推动下，我国进出口总值继续高速增长，其中出口增长更快。

但是，在以上两方面的改革取得了重大突破的同时，金融体制改革和建立社会保障体系的改革相对滞后。

首先，从金融体制改革看，自1993年6月开始实施旨在加强宏观调控的16项措施以来，银行方面做了不少工作，譬如：中国人民银行将吞吐基础货币和调节贷款规模的权力收回到总行，取消省以下人民银行分支机构的利润留成制度；割断了财政赤字与中央银行基础货币的直接联系，财政不再向中央银行透支借款，收不抵支时通过发行国债来解决；三家政策性银行的设立；等等。但是，最基本的工作没有到位。

（1）《中央银行法》至今尚未出台，人民银行的组织机构也未作根本性调整，货币政策委员会制度有待确立。因此，中央银行的独立性缺乏保证，贷款限额等直接调控手段仍起主导作用，公开市场操作、票据贴现等间接调控手段的运用还有待探索。

（2）金融改革未能取得预想成就的主要原因，是国有专业银行的商业化、企业化经营进展缓慢。1994年年初以来，国有专业银行虽已在加强系统内集中统一管理、强化内部管理、推行资产负债比例管理等方面做了一些工作，但由于贷款利率处于深度负利率的情况，银行不能不主要依靠行政指令、采用数量控制的办法来控制贷款项目；这样，资本资源的配置很难得当，同时，银行工作人员的腐败行为也难以遏止。

（3）虽然三家政策性银行已经基本建立，但是政策性融资的范围没有明确界定，且有扩大的趋势。更为重要的是，建立政策性银行的目的本来是为了使国有专业银行从政策性金融业务中脱离出来，如果专业银行向商业银行转制不成功，则新组建政策性银行的意义也就体现不出来，甚至有可能形成3+4个政策性银行的局面，使政策性贷款规模非但不会得到控制，反而还会继续膨胀。

金融体系的改革不取得重大的突破，竞争性的金融市场不能形成，企业改革就会遇到很大的困难，现代公司制度即使建立，也很难作为一个独立的法律实体运转。

第二，在建立社会保障体系方面动作不大，亟需组织力量进行攻关。只有建立起新的社会保障体系，才能解除职工在企业转制过程中的后顾之忧，使企业制度创新能够顺利进行。对于建立什么样的社会保障制度，过去认识一直比较模糊。十四届三中全会决定按照中国国情，建立多层次的社会保障制度；提出要使有关管理机关与业务机关相分离；要建立养老金等各种保险基金；提出建立个人账户与社会统筹相结合的社会保险制度。但是，这方面的工作迄今为止还未能实际展开，在一定程度上拖了企业改革的后腿。

二、今后配套改革的重点

根据上面的分析，今后除要以建立现代企业制度为重点，加快推进企业改革外，为了使企业改革更顺利进行，还应当加快金融体制改革和尽快建立新的社会保障体系。

1. 金融体制改革

加快金融体制改革，包括以下主要内容：

（1）中央银行改革。首先，要加快《中央银行法》的审议、修改进程，争取早日在人大会上获得通过。依法建立由中央银行代表、政府有关部门代表和专家组成的货币政策委员会。保证中央银行能够独立地执行货币政策，实现以稳定币值为主的货币政策目标。同时，要改革现有的人民银行组织机构，以适应职能转变的需要。可以考虑按经济区划改组人民银行分支机构，在全国大约设立8—10个跨行政区划的大区分行；地市级人民银行改为货币监理局。分行和监理局的主要职能是对金融机构和金融市场的监督管理。

（2）金融改革的关键是实现国有专业银行的商业化、企业化。随着利率的适当调整和通货膨胀率的逐步降低，有可能较快地实现利率的合理化、市场化。在此基础上，实现银行的自主经营、自担风险、相互竞争。各银行总行对本行的资产流动性和支付能力负全部责任。总行设监事会，监事会受国务院或人大常委会的委托，对银行的经营方针和国有资本的保值增殖情况进行监督，对银行行长的经营绩效进行评价和记录，提出任免、奖惩的建议。在初步完成上述改革后，国有商业银行的组织机构还要进行全面的调整。对于规模过大、调度不力的国有商业银行，要分立为多家银行。国有商业银行也应探索资本多元化、银行组织公司化改革的可能性。

（3）除以上国有专业银行外，我国现有的交通银行等全国性商业银行和若干地区性的商业银行、城市信用银行等，大多采用公司制的组织形式，在中央银行的监督管理下自主经营。这种商业银行现在数量远远不足，今后应当有一个大的发展。此外，还有大量的城市信用社和农村信用社。所有这些金融组织形式也应继续发展，尤其是城乡合作银行需要有一个大的发展，以此为主线，形成竞争性的融资市场，为企业创造良好的融资环境。

2. 建立新的社会保障体系

加快建立新的社会保障体系的主要内容是：

（1）改革目前的公费医疗制度，分行业或分地区建立医疗保险组织。医疗保险基金会是非政府的金融组织，除雇主承担部分费用外，个人也必须承担一定比例的医疗费用，以防止低收入阶段出现高福利现象。

（2）建立养老金基金制度。养老金分为两部分，即基本养老金和补充养老金。基本养老金由养老金基金发放。基金来源除企业和个人缴纳的保险费外，在进行企业公司化改革时，可划出部分产权交给养老金基金会，同时划出一部分职工作为该基金会的成员和服务对象。养老金应当实行个人账户制。至于补充养老金，则贯彻市场化原则，由个人自由投保。目前已经建立而且业务已得到很大发展的人寿保险公司和财产保险公司应当分设多家，独立经营、互相竞争。

（3）建立全国统一的贫困救济金制度，由民政部门具体负责。要使贫困救济（包括失业救济）工作在目前基础上有明显改善并形成制度，一个重要的前提是准确掌握全国低收入家庭的数量和分布状况，然后根据国力确定救济形式和救济标准。

（4）先从城市开始统筹建立全国失业保险基金，由税务部门代理征收，由劳动就业部门掌握使用；也可考虑将部分国有企业的股权划归失业保险基金，以后用股权收益作为部分资金来源。

除以上重点改革项目外，财税体制和外汇管理体制还需要进一步完善。财税体制改革需要着力进行的有三个方面：（1）建立和完善中央和地方税局两套税收征管体系；（2）界定各级政府的职能和事权；（3）设计转移支付的方法与计算公式。外汇管理体制在以下几个方面还需进一步探索改进的途径：（1）完善银行间外汇交易市场的运作；（2）对外资企业实行结汇、售汇制度；（3）在经常项目人民币可兑换体制运转保持正常的情况下，进一步实现人民币完全可兑换。

11.5 简短的结语

目前整个改革的形势说明，全面推进国有企业的改革，建立现代企业制度，是在 20 世纪末初步建立社会主义市场经济新体制的关键。既然整体推进改革的决定已经作出，攻坚战役也已经发动，现在要做的事情，就是组织力量把业已确定的改革方案付诸实施。

现代市场经济和现代企业制度都是市场经济几百年发展的产物，整个结构精巧复杂，绝不是靠老经验、老知识所能把握的。我们搞了多年计划经济，对这一套本来就很不熟悉。加之新情况、新矛盾还在不断产生，理论也在不断深化。这样，在我们面前有一巨大的学习任务：掌握新知识，研究新问题。

为了确保改革方案的顺利实施，创造和保持稳定的社会政治环境和宽松的经济环境至关重要。这是我国 10 多年改革的一条重要经验。没有稳定的社会政治环境，改革和建设都搞不成；如果各方面经济关系绷得很紧，甚至出现了严重的通货膨胀，也会妨碍改革的推进和国民经济的健康发展。

为了保证改革方案的顺利实施，还必须确保中央作出的改革决定能够坚决地、不折不扣地得到实施。因此，各级领导干部一定要加深对中央采取的重大改革措施的理解，强调坚决执行各项改革决定的必要性，防止在实际操作中或者降低改革措施的力度，使原定的改革要求无法实现，或者拖着不办。同时，各级机关和部门，尤其是改革者自身还必须努力掌握关于市场经济运作的知识和提高改革的自觉性，防止改革的原则被扭曲。

进行企业改革，建立现代企业制度是一个艰巨、复杂的过程。探索在中国条件下实现从计划经济体制到市场经济体制的转轨，更是前无古人的伟业。这就需要兢兢业业地工作，不断开拓创新。可以预期，只要按照建立现代市场经济的方向作出不懈的努力，在我国大中型企业中建立现代企业制度和在我国国民经济中建立社会主义市场经济体制的目标就一定能够实现。

主要参考文献

中文部分：

阿甘别吉扬，A.（1990）：《苏联改革内幕》，北京：中国对外经济贸易出版社，1990年。

阿尔钦，A.和H.德姆塞茨（Alchian，A. and H. Demsetz）（1972）：《生产、信息成本与经济组织》，参见《财产制度与制度变迁：产权学派与新制度学派译文集》，上海：上海三联书店，1991年。

奥村宏（1985）：《日本的股份公司》，北京：中国展望出版社，1988年；《法人资本主义》，北京：生活·读书·新知三联书店，1990年；1992，《法人资本主义结构开始动摇》，中译文载《经济社会体制比较》杂志1993年第2期；1993，《大众资本主义梦幻的破灭》，载《改革》杂志1993年第6期。

拜特（Bajt，A.）（1985）：《南斯拉夫经济体制改革的经验》，载中国经济体制研究会编：《宏观经济的管理和改革——宏观经济讨论会言论选编》，北京：经济日报出版社，1986年；《社会主义经济改革的范围》，中译文载《经济社会体制比较》杂志1990年第4期。

伯利和米恩斯（Berle, A. A. Jr. and Garder C. Means）（1932）：《现代股份公司与私有财产》，台北：台湾银行出版社，1981年。

薄一波（1991）：《若干重大决策与事件的回顾》，北京：中共中央党校出版社，1991年。

布哈林、普列奥布拉任斯基（1919）：《共产主义ABC》，北京：生活·读书·新知三联书店，1982年。

陈云（1956）：《社会主义改造基本完成以后的新问题》，见《陈云文选（1956—1985）》，北京：人民出版社，1986年。

邓小平：《邓小平文选》第2、3卷，北京：人民出版社，1993年。

恩格斯（1878）：《反杜林论》，载《马克思恩格斯选集》第3卷，北京：人民出版社，1972年。

富鲁布顿，E.、S. 佩杰维奇（Furubotn，E. G. and S. Pejovich）（1972）：《产权与经济理论：近期文献概览》，参见《财产权利与制度变迁：产权学派与新制度学派译文集》，上海：上海三联书店，1991年。

顾准（1957）：《试论社会主义制度下的商品生产和价值规律》，见张问敏、张卓元、吴敬琏编：《建国以来社会主义商品生产和价值规律论文选》（上卷），上海：上海人民出版社，1978年。

卡德尔（Kardelj，E.）（1971）：《社会主义自治社会中的经济关系和政治关系》，摘要见卡德尔《卡德尔回忆录》，北京：新华出版社，1981年；1972，《公有制在当代社会主义实践中的矛盾》，中译文见新华社编：《参考资料》1978年。

考茨基（Kautsky，Karl）（1891）：《爱尔福特纲领解说》，北京：生活·读书·新知三联书店，1963年。

科尔内（奈）（Kornai，Janos）（1980）：《短缺经济学》，北京：经济科学出版社，1986年。

科斯，R.（Coase，Ronald H.）（1937）：《企业的性质》，见科斯：《企业、市场与法律》，上海：上海三联书店，1990年。

柯西金，A.（1965）:《关于改进工业管理、完善计划工作和加强工业生产的经济刺激》，中译文见北京大学苏联东欧所编:《勃列日涅夫时期苏共中央全会文件汇编（1964.11—1976.2）》，北京：商务印书馆，1978 年。

利别尔曼（1962）:《计划 · 利润 · 奖金》；1962,《生产计划和增长定额》，中译文均见孙尚清、刘翰辰、章良猷编:《苏联报刊关于利别尔曼建议的讨论文集》，北京：生活 · 读书 · 新知三联书店，1963 年。

列宁（1917）:《国家与革命》，见《列宁全集》第 31 卷，北京：人民出版社，1985 年；1918,《在俄共（布）第七次代表大会上的中央委员会政治报告》，见《列宁全集》第 34 卷，北京：人民出版社，1985 年；1921,《在莫斯科省第七次党代表会议上关于新经济政策的报告》见《列宁全集》第 42 卷，北京：人民出版社，1987 年。

罗森堡，S.、L. 小伯泽尔（1985）:《西方致富之路》，北京：生活 · 读书 · 新知三联书店，1989 年。

卢因，莫舍（1975）:《苏联经济论战中的政治潜流——从布哈林到现代改革派》，北京：中国对外翻译出版公司，1983 年。

马克西莫维奇、伊万（1975）:《公有制的理论基础》，北京：中国社会科学出版社，1982 年。

马尔塞尼奇，D.（1980）:《南斯拉夫经济制度》，北京：人民出版社，1981 年。

马克思:《资本论》第 1、3 卷，北京：人民出版社，1975 年。

毛泽东（1956）:《论十大关系》，见《毛泽东选集》第 5 卷，北京：人民出版社，1977 年。

诺夫，亚历克（Nove，Alec）（1979）:《政治经济学和苏联社会主义》，上海：上海译文出版社，1983 年。

诺思（North，Douglass C.）（1981）：《经济史中的结构与变迁》，上海：上海三联书店，1991 年。

钱德勒，小艾尔弗雷德（Chandler，Alfred. Jr.）（1977）：《看得见的手——美国企业管理革命》，北京：商务印书馆，1987 年。

钱颖一（1989）：《企业理论》，载汤敏等编：《现代经济学前沿专题》，北京：商务印书馆，1989 年。

青木昌彦（Aoik，Masahiko）（1994）：《对内部人控制的控制：转轨中公司治理的若干问题》，提交给 1994 年 8 月 23—26 日在北京举行的“中国经济体制的下一步改革国际会议”的论文，打印稿。

萨穆利（Szamuely，L.）（1974）：《社会主义经济制度的最初模式》，长沙：湖南人民出版社，1984 年。

瑟罗，莱斯特（Thurow，Lester C.）（1992）：《二十一世纪的角逐：行将到来的日欧美经济战》，北京：社会科学文献出版社，1992 年。

沈四宝（1989）：《西方国家公司法概论》，北京：北京大学出版社，1989 年。

世界银行（1984）：《中国：长期发展的问题和方案（主报告）》，北京：中国财政经济出版社，1985 年。

斯大林（1927）：《在联共（布）第十五次代表大会上中央委员会的政治报告》，《斯大林全集》第 10 卷，北京：人民出版社，1954 年；1931，《新的环境和新的经济建设任务》，《斯大林全集》第 13 卷，北京：人民出版社，1956 年。

《苏联关于进一步改组工业和建筑业管理组织的文件》，北京：人民出版社，1958 年。

《苏联共产党代表大会、代表会议和中央全会决议汇编》第 1、2 分册，北京：人民出版社，1964 年。

苏联科学院经济所（1976）:《苏联社会主义经济史》第 1、2 卷，北京：生活·读书·新知三联书店，1979、1980 年；1980,《苏联社会主义经济史》第 6、7 卷，北京：东方出版社，1986、1987 年。

孙冶方（1956）:《价值规律和改进计划统计方法问题》，见孙冶方《社会主义经济的若干理论问题（续集）》（修订本），北京：人民出版社，1983 年；1957,《从“总产值”谈起》；1957,《把计划和统计放在价值规律的基础上》；1961,《关于全民所有制经济内部的财经体制问题》，以上均见孙冶方《社会主义经济的若干理论问题》，北京：人民出版社，1979 年。

铁托（1952）:《南斯拉夫共产主义者为社会主义民主而斗争》；1960,《社会主义建设和南斯拉夫劳动人民社会主义联盟的作用和任务》，中译文均见《铁托选集（1952—1962）》，北京：人民出版社，1983 年。

瓦奈克，扬（Vanek，Jan）（1972）:《工人管理的经济：南斯拉夫情况剖析》，上海：上海译文出版社，1982 年。

范尼克，杰罗斯拉夫（Venek，Jaroslav）（1972）:《工人参加管理的经济：变革的设想和发展策略》，中译文见《现代国外经济学论文选》第 9 辑，北京：商务印书馆，1986 年。

沃德，B.（Ward，Benjamin）（1958）:《伊里利亚企业：市场工团主义》，中译文载荣敬本等编《社会主义经济模式论著选辑》，北京：人民出版社，1985 年。

伍德（Wood，Adrian）（1991）:《重组所有权的公有股份公司：搞活中国国有企业的进一步思考》，载《经济社会体制比较》杂志

1991年第4、5期；1994,《重组公共所有权的合股公司：我们能从最近中国和东欧国有企业的实践中学习些什么》，载《经济社会体制比较》杂志1994年第4期。

吴稼祥、金立佐（1983）:《股份化：进一步改革的一种思路》，1985年8月3日《经济日报》。

吴敬琏（1987）:《“两权分离”和“承包制”概念辨析》,《吴敬琏选集》，太原：山西人民出版社，1989年；1989，“产权制度和大中型企业的改革”，载《经济社会体制比较》杂志1989年第6期。

吴敬琏、刘吉瑞（1991）:《论竞争性市场体制》，北京：中国财政经济出版社，1991年。

吴敬琏、钱颖一（1993）:《关于公司化》,《经济日报》1993年8月24日。

吴新平、高旭晨编著（1991）:《台湾公司法》，北京：中国对外经济贸易出版社，1991年。

小宫隆太郎（1985）:《竞争的市场机制和企业的作用——日中比较研究》（提交给1985年5月11—14日在冲绳召开的“中日经济学术讨论会”的论文），中译文见吴家骏、汪海波编（1986）:《经济理论与经济政策》，北京：经济管理出版社，1986年。

伊特韦尔、米尔盖特、纽曼（Eatwell，M. Milgate and P. Newman）编（1987）:《新帕尔格雷夫经济学大辞典》，北京：经济科学出版社，1992年。

詹森（Jensen，M. C.）（1990）:《公共持股公司的衰落》，中译文载《经济社会体制比较》杂志，1994年第4期。

周太和等（1984）:《当代中国的经济体制改革》，北京：中国社会科学出版社，1984年。

周小川（1987）:《对当前经济体制改革主流思路的不同预测及其分析》，见吴敬琏、周小川等 1990,《中国经济改革的整体设计》，北京：中国展望出版社，1990 年；1988,《中国经济体制中的企业改革问题》，见《改革》杂志 1989 年第 2 期；另见吴敬琏、周小川等 1990，同上书。

张春霖（1991）:《企业组织与市场体制》，上海：上海三联书店，1991 年。

张钟福（1990）:《联邦德国企业制度》，北京：中国法制出版社，1990 年。

中国社会科学院世界经济所（1981）:《苏联和部分东欧国家经济改革》，北京：中国社会科学出版社，1981 年。

英文部分：

Aoki, Masahiko（青木昌彦）1990, Toward an Economic Model of the Japanese Firm, Journal of Economic Literature, Vol. XXVIII.

Baron, D. P. 1989, Design of Regulatory Mechanisms and Institutions，Handbook of Industrial Organization, Vol.2, Elsevier Science Publishers. B. V..

Brus, W. and K. Laski 1989, From Marx to Market: Socialism in Search of an Economic System, Oxford: Clarendon Press.

Cheung, S.（张五常）1969, Theory of Share Tenancy, Chicago: University of Chicago Press.

Fama, E. F. 1980, “Agency Problems and the Theory of the Firm”, in Louis Putterman ed., The Economic Nature of the Firm, A Reader. 1986.

Fudenberg and Tirole 1991, Game Theory, The MIT Press.

Grossman. S. J. and O. D. Hart 1983. “An Analysis of the Principal–Agent Problem”, Economitrica, Vol.51, No.1.

——1986, The Costs and Benefits of Ownership: “A Theory of Vertical and Lateral Integration”, Journal of Political Economy, 94, pp.691–719.

Hannal, L. 1976, The Rise of the Corporate Economy, Methuen & Co. Ltd, London.

Jensen, M. C. and W. H. Meckling 1976, “Theory of the Firm: Managerial Behaviour, Agency Costs and Ownership Structure”, Journal of Financial Economics, Vol.3, No.4(Oct.), pp.305–600.

McAfee, R. P. and J. McMillian 1992: “Organizational Diseconomics of Scale”, Working Paper, Feb. 1992.

Melumad, N., D. Mookherjee and S. Reichelstein 1991, “A Theory of Responsibility Centres”, Working Paper, July 1991.

Milgrom, P. and J. Roberts 1992, Economics, Organization, and Management, New Jersey: Pentice Hall.

Myerson, R.1982, “Optimal Coordination Mechanism in Generalized Principal–Agent Relationships”, Journal of Mathematical Economics.

Porter, M. E. 1992, Capital Choices: Changing the Way America Invests in Industry, Washington DC: Office of the Council on Competitiveness.

Schrenk, M. and C. Ardalan and N. A. El Tatawy 1979, Yugoslavia: Self-management Socialism and the Challenges of Development,

Baltimore and London: The Johns Hopkins University Press, 1989.

Solomon, L. D. and J. D. Bauman eds.1992, Selected Corporation and Partnership Statutes, Rules, and Forms, St. Paul, MI: West Publishing Co..

Stiglitz, J. E. 1993, Economics, New York: W.W. Norton & Company.

Williamson, O. E.1975, Market and Hierarchies: Analysis and Antitrust Implications, New York: Free Press, 1975.

——1985, The Economic Institutions of Capitalism, New York: Free Press.

World Bank 1987, China: State Enterprise Management and Organization Reform Issues and Options(mimeo), International Symposium on State Enterprise Management and Organization, Beijing, Oct. 11–16. China Department, The world Bank.

索引

D

E

F

G

H

L

M

N

P

T

U

W

X

Y

Z